W0371382

burda

K 608

Handarbeiten leicht gemacht

BAND 2

© 1984 by Verlag Aenne Burda GmbH & Co. KG, Offenburg
Nachdruck, auch auszugsweise, ohne ausdrückliche
Genehmigung des Verlages nicht gestattet.
Projektleitung: Helga Burg
Bearbeitung: Christian Einig
Einbandgestaltung: Norbert Schäfer
Druck: Burda GmbH, Offenburg
Printed in West Germany
ISBN 3-88978-002-4

burda

Handarbeiten leicht gemacht

BAND 2

Knüpfen Weben Patchwork Weißstickerei

Ausführliche Lehrgänge zu den einzelnen Techniken mit über 100 der schönsten Modelle aus burda-Sonderheften, alle farbig abgebildet. Zu den Modellen genaue Anleitungen, Zählmuster und originalgroße Musterzeichnungen.

Handarbeiten leicht gemacht,
ein unentbehrliches Nachschlagewerk der schönsten und beliebtesten Handarbeitstechniken in vier Bänden:

BAND 1

Stricken, Häkeln, Sticken
Erscheinungstermin Frühjahr 1984

BAND 2

Hardanger-, Durchbruch-, Richelieustickerei, Patchwork, Applikationen, Quilting, Teppichknüpfen, Weben
Erscheinungstermin Frühjahr 1984

BAND 3

Gobelin-, Bargello-, Kelim-Stickerei, Stoffdruck, Stoffmalerei, Batik, Seidenmalerei
Erscheinungstermin Sommer 1984

BAND 4

Kunststricken, Brügger- und Irische Häkelei, Brügger Bändchenspitze, Occhi, Klöppeln, Makramee
Erscheinungstermin Herbst 1984

Handarbeiten leicht gemacht

umfaßt insgesamt vier Bände, von denen Ihnen der zweite hier vorliegt. In ihm gibt es, wie in den drei anderen Bänden, ausführliche Lehrgänge zu den Handarbeitstechniken und über 100 schöne Modelle zum Nacharbeiten. Auch hier wird der umfangreiche Farbteil durch genaue, einfach beschriebene Anleitungen, Zählmuster und Musterzeichnungen ergänzt, so daß selbst dem Anfänger das Nacharbeiten leicht von der Hand geht.
In Handarbeiten leicht gemacht Band 1 haben wir die Grundtechniken des Strickens, Häkelns und Stickens veranschaulicht.
In Handarbeiten leicht gemacht Band 2 werden die übrigen Grundtechniken vorgestellt: Teppichknüpfen, Weben, Applikation, Patchwork, Quilting sowie Hardanger- und Richelieustickerei.
Handarbeiten leicht gemacht Band 3 wird Sie mit den weiterführenden Techniken wie Bargello-, Kelim- und Gobelinstickerei sowie Stoffdruck und -malerei, Batik und Seidenmalerei vertraut machen und Ihnen zu diesen Techniken wieder eine Vielfalt von Anregungen bieten.
Handarbeiten leicht gemacht Band 4 schließlich ist eine Fundgrube für die Freunde besonders feiner Handarbeiten. Aber auch als Anfänger wird es Ihnen mit Hilfe der ausführlichen Lehrgänge und Anleitungen gelingen, Kostbarkeiten wie Kunststricken, Brügger Häkelei oder Occhispitzen herzustellen.
Handarbeiten leicht gemacht ist ein unerläßliches Buch für alle, die gern handarbeiten oder es lernen wollen. Mit insgesamt über 500 Modellen wird es über Jahre hinweg eine Fundgrube für Ihre eigenen Arbeiten sein.

INHALT

TEPPICHKNÜPFEN

darunter klassische Orientteppiche wie Medaillon- oder Reihengebetsteppiche nach Vorlagen aus Persien, Beludschistan oder Turkestan, Teppiche und Läufer mit chinesischen Symbolen oder in modernen Dessins

WEBEN

darunter viele schöne Bilder und Wandbehänge, aparte Lampenschirme, kuschelige Plaids und Bettdekken, modische Accessoires, prächtige Läufer und Teppiche

APPLIKATIONEN, PATCHWORK, QUILTING

darunter aparte Tischdecken, Sets und Servietten, Kuscheltiere nicht nur für Kinder, Patchworkwesten und eine Vielzahl von herrlichen Bettdecken, eine schöner als die andere

HARDANGER- UND RICHELIEUSTICKEREI

darunter klassische weiße Tischdecken, Mitteldecken und Läufer, farbige Varianten der Hardanger- und Richelieustickerei für das moderne Heim, Kissenbezüge, Untersetzer, Kaffeewärmer und Gardinen

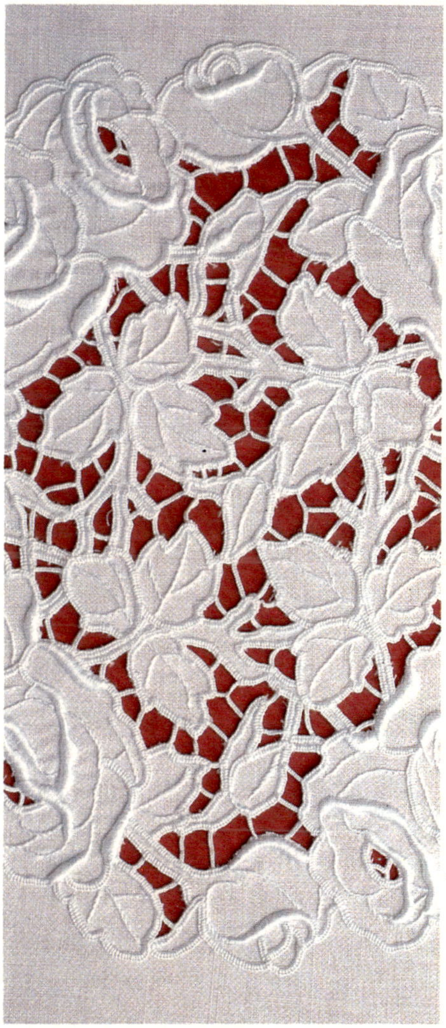

© Photographic Department of the Royal Tropical Institute Amsterdam

TEPPICHKNÜPFEN

LEHRGANG
Knüpfen

Wenn Sie noch nie einen Teppich geknüpft haben, sollten Sie sich, ehe Sie Ihr Erstlingswerk beginnen, in jedem Fall eingehend über alles unterrichten, was man im Hinblick auf Teppichgrundstoffe, Knüpfwolle und Knotenarten wissen muß. Dabei will Sie unser Lehrgang in Wort und Bild unterstützen

Teppiche knüpfen

Teppichknüpfen ist kinderleicht, jeder kann's in kurzer Zeit erlernen. Da aber noch nie ein Meister vom Himmel fiel, sollte man als Knüpf-Abc-Schütze doch so viel Geduld aufbringen, um den Knoten so lange zu üben, bis der Flor keine Unregelmäßigkeiten mehr aufweist. Wird mit vorgeschnittener Wolle geknüpft, kann man die „Probierwolle" sogar immer wieder verwenden, denn jeder Knoten läßt sich mit wenig Mühe lösen. Fürs Üben mit Sticknadel und Stäbchen, siehe Abb. 9 bis 12, kann man evtl. mehrfädige Strickwolle bzw. Handstrickgarn nehmen.
Noch ehe Grundstoff und Wolle eingekauft werden, sollte man bedenken, daß der Teppich für lange Zeit Wohnpartner sein wird. Gerade beim Selberknüpfen sind Größe und Farbe in allen Details auf die vorhandene Wohnumgebung abzustimmen. Ihr Handarbeitsfachgeschäft wird Sie in diesen Punkten gerne beraten.

Knüpfwolle

Man unterscheidet zunächst grundsätzlich zwischen Grob- und Feinsmyrna. Bei Grobsmyrna liegt die Knotendichte bei etwa 130 x 130 pro Quadratmeter (16 900 Knoten); die dafür empfohlene Knüpfwolle wird in der Regel als Smyrna- oder Teppichwolle bezeichnet. Für Feinsmyrna hat Sudanwolle die richtige Stärke; Knotendichte 180 x 180 auf 1 qm (32 400 Knoten).
Diese Gegenüberstellung sagt aus, daß bei Feinsmyrna fast doppelt soviel Knoten dieselbe Fläche füllen. Mehr Knoten bedeuten auch mehr Knüpfzeit!
Für RYA-Teppiche skandinavischer Provenienz gibt's Spezialwolle (Ryawolle) mit perlartiger Drehung; sie wird nie einfädig, sondern – je nach Fadenstärke und Musterung – zwei- bis vierfädig verarbeitet.
Schließlich sei noch erwähnt, daß für „Smyrna" auch synthetisches Teppichgarn angeboten wird, als Strangware und auch vorgeschnitten. Für Sudanwolle gibt's bisher noch keinen synthetischen Ersatz. Alle Wollsorten kann man entweder in Strängen oder vorgeschnitten kaufen, Abb. 1 und 2. Einschränkend ist zu sagen, daß nicht jede Sudanwolle auch vorgeschnitten zu haben ist. Manche Hersteller bieten Smyrna- und Rya-Wolle in unterschiedlichen Fadenlängen an – Smyrnawolle 5,5 cm lang für den Ghiordesknoten (Abb. 13a bis 13e) und 6,5 bis 7 cm lang für den einfachen Schlingenknoten (Abb. 14a bis 14d, Seite 12). Wer mit der Zeit nicht geizen muß, kann die Wolle auch selber vorschneiden. JMRA-Wollschneider werden für 5,5 bis 6 cm und 6,5 bis 7 cm Fadenlänge angeboten (Abb. 3).

1

2

3

4

5

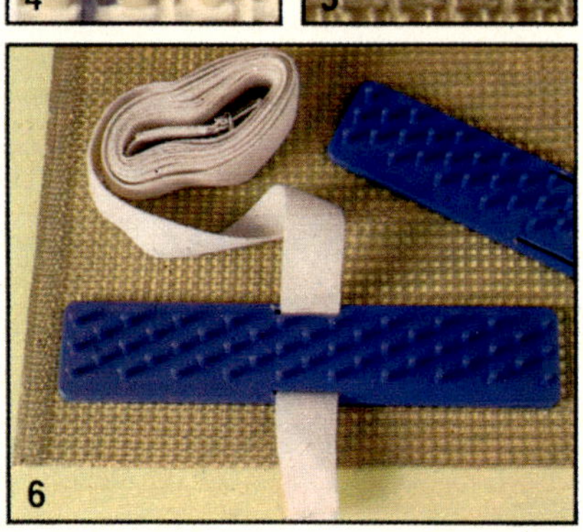
6

Der Wollverbrauch richtet sich nicht nur nach der „Lauflänge" (ca. 35 m auf 100 g Smyrnawolle), sondern in erster Linie nach der Höhe des Flors und nach der Knüpfweise (siehe Fadenlänge). Entscheidet man sich für die Knüpfweise mit Sticknadel und Stäbchen (Abb. 9 bis 12), ist die Stäbchenbreite bestimmend für die Florhöhe – je breiter das Stäbchen, desto höher der Flor und um so größer der Wollverbrauch. Man kann wählen zwischen 8, 11 und 14 mm Stäbchenbreite (Stäbchenlänge jeweils 22 cm).

Teppichgrundstoffe

Beim Grundstoff zu sparen, hieße an falscher Stelle sparen. Wir empfehlen nur beste Qualität aus mehrfach gezwirnter Baumwolle. Wird auf Jute geknüpft, ist der Teppich später grundsätzlich vor Nässe zu schützen bzw. sind naß gewordene Stellen sofort gründlich zu trocknen.
Für den „Stickknoten" lt. Abb. 9 bis 12 und den Ghiordesknoten lt. Abb. 13a bis 13e wird grundsätzlich zweifädiger Stramin verwendet. Für den einfachen Schlingenknoten lt. Abb. 14a bis d (Seite 12) kann auch „Dreherstramin" – Abb. 20 (Seite 13) – oder smyrnafix-Teppichgrundstoff (siehe Abb. 10a, b und 14a bis d, Seite 12) als Unterlage dienen.
Zweifädiger Stramin ist in unterschiedlicher Dichte zu haben. Wird mit Smyrnawolle geknüpft, messen ca. 13 Fadenkreuzungen 10 cm (Smyrnastramin, Abb. 4). Bei Verwendung von Sudanwolle müssen es 18 Fadenkreuzungen sein (Sudanstramin, Abb. 5 – jeweils in natürlicher Größe abgebildet).
Beim Knüpfen liegt der Grundstoff auf einem Tisch. Man beginnt in der Regel an einer Teppichschmalseite, in der linken unteren Ecke. Der überstehende Stramin liegt auf dem Tisch, und zwar aufgerollt (niemals zusammenlegen, denn an den Bruchstellen kann sich Appretur ablösen, was sich später beim Knüpfen unangenehm auswirken würde).
Der Stramin muß entweder mit Schraubzwingen festgehalten oder mit schweren Gegenständen von dem Verrutschen gesichert werden. Tapifix-Haltegeräte haben sich in der Praxis bewährt (Abb. 6). Die Plastiknoppen entsprechen der Maschenweite des Stramins (auch für Sudanstramin erhältlich).
Für 80 cm und 100 cm Knüpfbreite sind Knüpftische zu haben. Sie bieten den Vorteil, daß man die Arbeit ohne Zeitaufwand unterbrechen und wieder aufnehmen kann, so daß auch kurze Freizeitpausen zum Knüpfen ausgenützt werden können. Wer vorhat, nicht nur einen Teppich zu knüpfen, dem ist die Anschaffung eines Knüpftisches oder die Anfertigung eines einfachen Knüpfrahmens anzuraten. Ein halbwegs stabiles ausrangiertes Bügelbrett kann evtl. dafür verwendet werden.

Wichtige Vorarbeiten

Schnittränder im Stramin muß man vor dem Ausfransen sichern, am schnellsten geht's mit Klebeband. Noch vor dem 1. Knoten sollte der Grundstoff in Breite und Länge auf Muster- bzw. Teppichgröße ausgezählt werden. Will man den Rand vorher einfassen (siehe Abb. 15 bis 17, Seite 12), hat dies mit besonderer Genauigkeit zu geschehen.

Ist vorgesehen, den fertigen Teppich scheren zu lassen, muß der Rand zuletzt, d. h. nach dem Scheren eingefaßt werden. Ideal fürs Scheren ist es, wenn der Stramin an den Schnitträndern 10 cm, an Webkanten ca. 5 cm übersteht.

Ist die Straminbreite fürs Teppichmaß zu knapp (maximal 200 cm breit erhältlich), muß entweder in 2 Bahnen geknüpft werden, die man zuletzt zusammennäht, oder man muß die Straminbahnen vorher verbinden. Dies geschieht entweder lt. Abb. 7 mit Steppstich (Fadenkreuz muß exakt über Fadenkreuz treffen) oder im sogenannten Matratzenstich, Abb 8a, b. Mit reißfestem Faden nähen, z. B. mit Perlgarn. Beim Knüpfen den Nahtrand lose lassen (er wird zuletzt festgeklebt).

„Gestickte Knoten"

Grundsätzlich sollte von jeder Farbe ein eingefädelter Faden bereitliegen, daher soviel Smyrnasticknadeln wie Farben kaufen (Nr. 1 für Smyrna-, Nr. 3 für Sudanwolle). Knüpfnadeln haben keine Spitze.

Vor dem 1. Stich bleibt der Faden in Stäbchenbreite (= Florhöhe) hängen, ebenso beim Farb- bzw. Fadenwechsel. Nach dem 2. Stich ist der Faden jeweils von rückwärts nach vorn (oder umgekehrt) ums Stäbchen zu legen.

Den „Smyrnastich" erklären die Abb. 9a und 9b: Jeder Knoten besteht aus 2 Stichen um je einen der Kettfäden eines „Fadenpaares". Auf der Rückseite entstehen waagrechte Verbindungsstiche. Ist das Stäbchen mit Schlingen gefüllt, wird es bis auf 2, 3 Schlingen herausgezogen und die Arbeit fortgesetzt. Nach jeder Reihe sind die Schlingen einzeln aufzuschneiden – dabei die Schlingen straffziehen, damit der Schnitt exakt in der Mitte erfolgt. Sorgfältiges Aufschneiden kann später das Scheren überflüssig machen! Jede folgende Reihe über die vorhergehende Reihe knüpfen!

Der Smyrnaknoten kann auch auf smyrnafix-Teppichgrundstoff gestickt werden, Abb. 10a und 10b. Für den langen, zotteligen Flor, der bei Ryateppichen üblich ist, ersetzen die Finger das Stäbchen, siehe Abb. 11. Der smyrnafix-Teppichgrundstoff hat gegenüber Stramin unter anderem den Vorzug, daß er nicht so steif ist und daß die Rückseite „geschlossen" bleibt, da die Knoten nicht durchgreifen.

Beim „Perserstich" werden die Schußfäden erfaßt, siehe Abb. 12a und b. Mit gutem Augenmaß kommt man ohne Stäbchen aus, und das hilft Zeit sparen. Orientierungen für die Schlingenlänge sind die Schußfäden des Stramins. Auch den Smyrnastich kann man selbstverständlich ohne Stäbchen arbeiten.

7

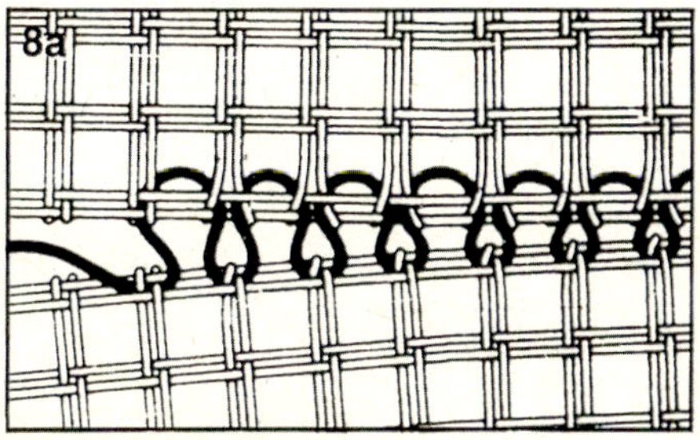
8a

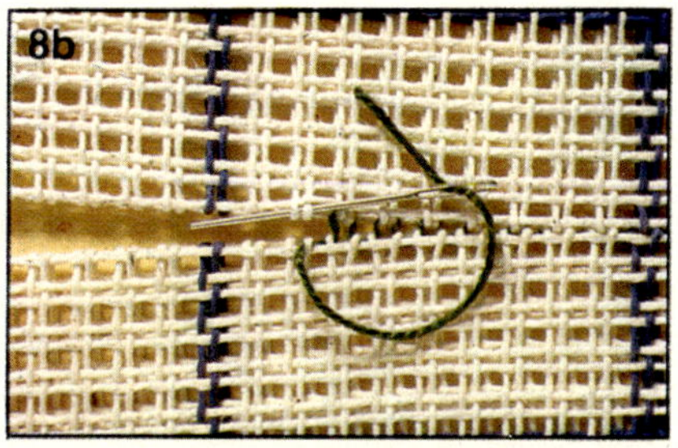
8b

9a

9b

11

12a

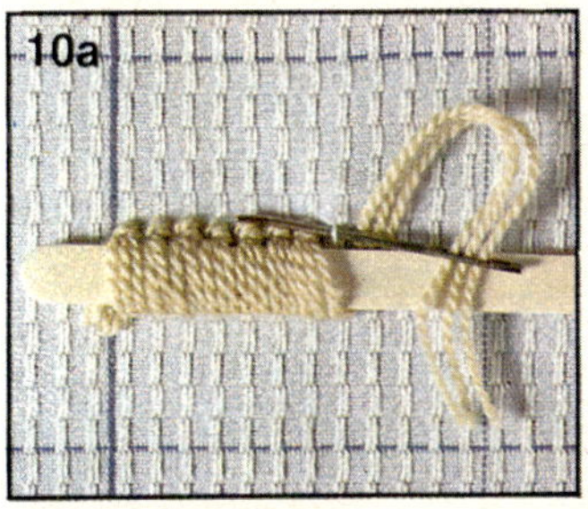
10a

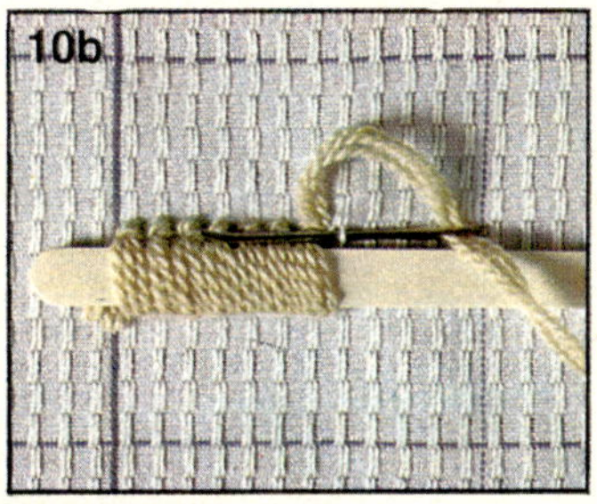
10b

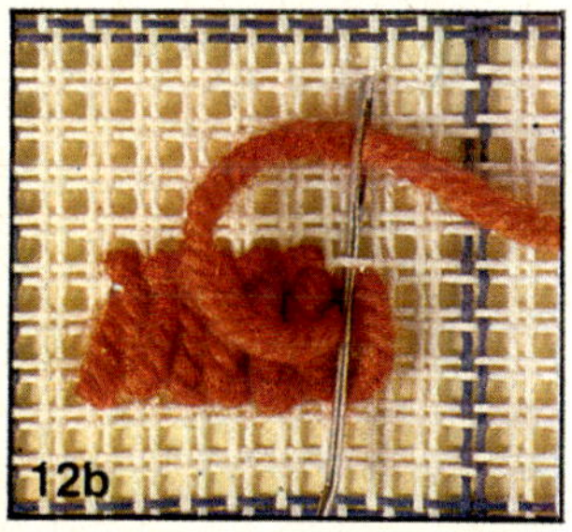
12b

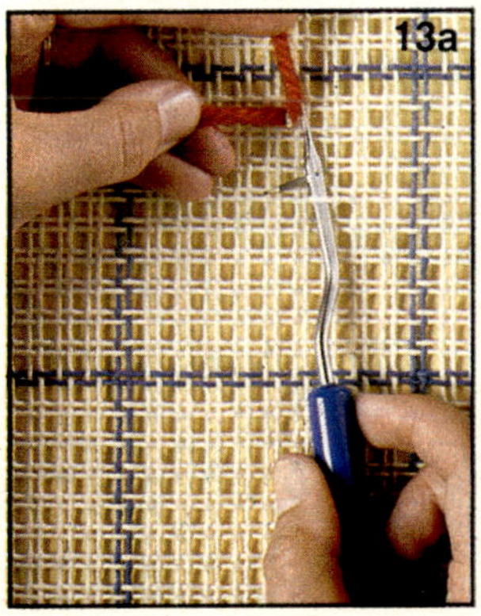
13a

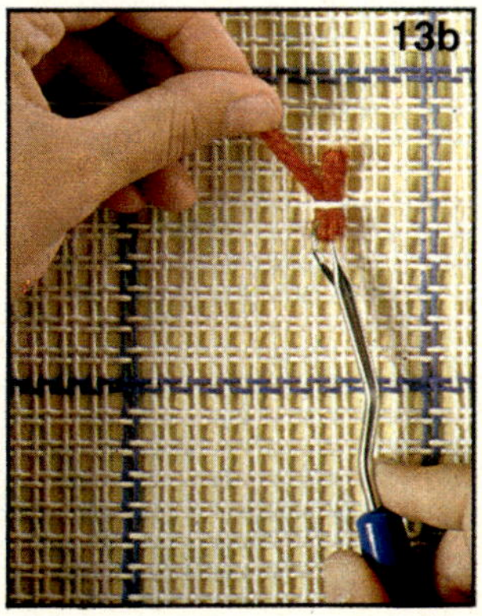
13b

13c

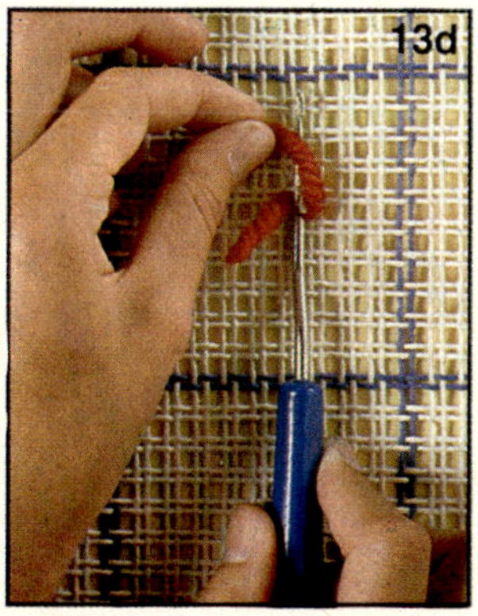
13d

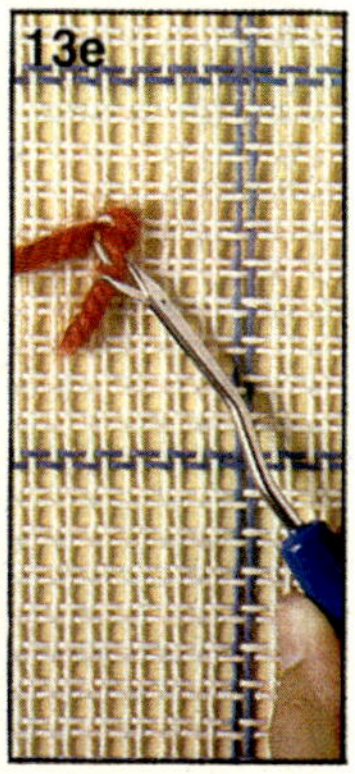
13e

Der Ghiordesknoten

Ebenfalls um die Schußfäden des Stramins, aber mit vorgeschnittenem Faden und Knüpfhaken, wird der Ghiordesknoten gearbeitet. Knüpfhaken mit einer beweglichen „Zunge" ausgestattet (JMRA-Knüpfhaken) gibt's für Smyrna- und Sudanwolle. Den Haken, nach links gerichtet, unter das Straminfadenpaar führen, mit kurzer, nach unten gerichteter Bewegung zwischen unterem und oberem Faden durchschieben – der Haken liegt jetzt obenauf. Danach so weit nach schräg oben schieben, daß sich die Zunge öffnen kann. Mit der linken Hand den Faden einlegen, Abb. 13a, Seite 11. Nach einer kurzen Rechtsdrehung liegt die Zunge obenauf; Haken nach unten ziehen, damit die Zunge sich schließt, mit kurzer Linksdrehung den Faden durchziehen, Abb. 13b, Seite 11. Das links liegende etwas kürzere Fadenende mit dem Daumen festhalten, Knüpfhaken unter dem oberen Straminfaden durchschieben, Abb. 13c, Seite 11. Haken nach rechts drehen (Zunge liegt oben) und das rechte längere Fadenende lt. Abb. 13d über den Haken legen. Haken nach links drehen, Abb. 13e, Seite 11 (Zunge schließt sich) und nach unten durchziehen. Fadenenden, exakt gleichlang, mit kurzem Ruck straffziehen. Jede folg. über die vorherige Reihe knüpfen.

Der einfache Schlingenknoten

Die Abb. 14a bis d erklären die Ausführung mit vorgeschnittener Ryawolle auf smyrna-fix-Teppichgrundstoff. Die Arbeitsweise mit vorgeschnittener Smyrnawolle (Fadenlänge 6,5 bis 7 cm) auf zweifädigem Stramin ist genau dieselbe, es wird ein Schußfadenpaar erfaßt.
Abb. 14a: Die Fäden bzw. den Faden unterhalb der Zunge um den Haken legen, Haken so weit nach oben schieben, daß die Zunge oberhalb des Fadenpaares liegt, Abb. 14a; Haken lt. Abb. 14b nach unten ziehen. Fadenenden oberhalb der Zunge über den Haken legen, Abb. 14c, danach den Haken nach unten ziehen (auf gleichlange Fadenenden achten), wobei sich der Knoten bildet, Abb. 14d.

Verarbeitung des Randes

Abb. 15 a zeigt den einfach umstochenen Rand. Der Stramin wird mit 1 Fadenkaro Zugabe umgelegt und danach der Rand umstochen. Nach je 10 Stichen sollte 1 Fadenkaro übersprungen werden, damit die Kante sich nicht wellt, Abb. 15b.
Eine sehr einfache Lösung: Der Rand wird mit festen Maschen umhäkelt. Über Eck ist der Stramin vorher lt. Abb. 16a zu beschneiden, dann umzulegen, Abb. 16b, und zu umhäkeln. Über den Ecken treffen 3 feste Maschen in eine Lücke, Abb. 16c. Eine 3. Variante: Mit „Zopfstich" umstechen, siehe Abb. 17! Die Zeichnungen a bis d erklären die Ausführung. Über Eck 5 bis 6 einfache Überwendlingsstiche arbeiten – der Stramin darf an keiner Stelle durchscheinen!

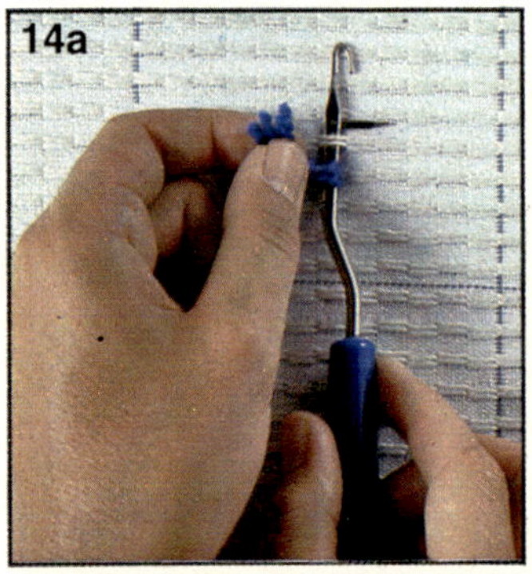
14a

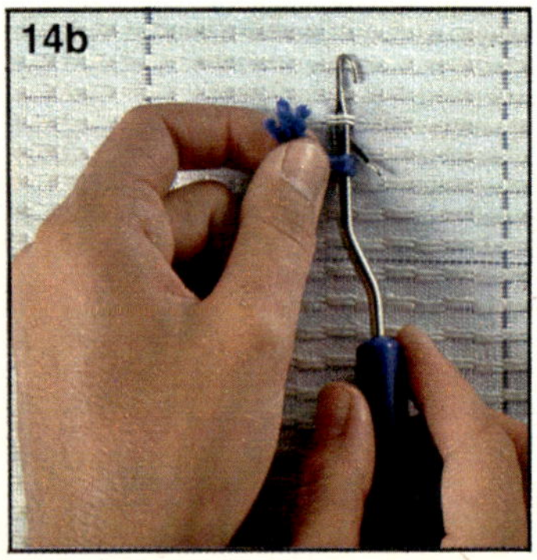
14b

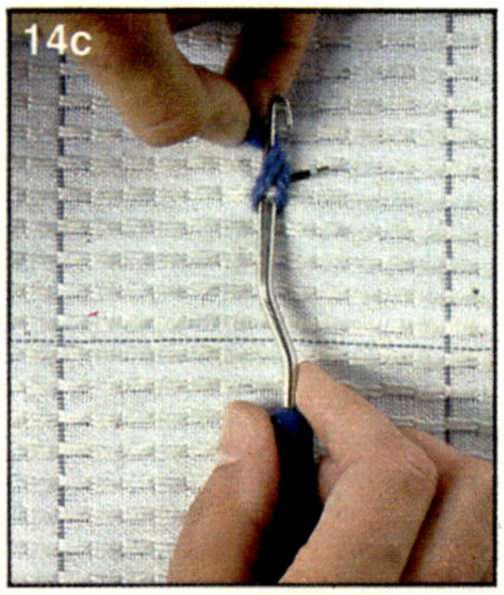
14c

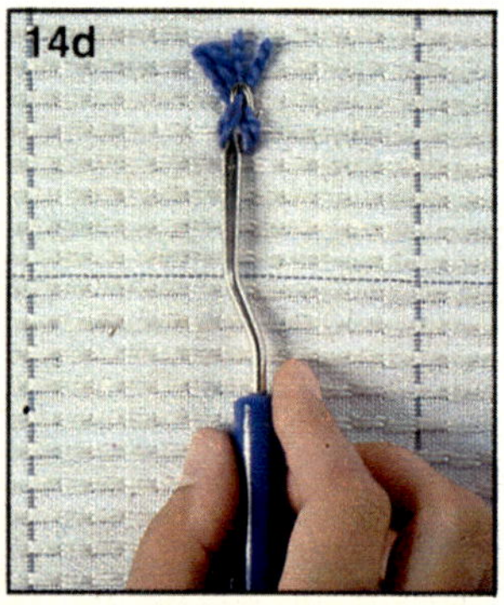
14d

15a

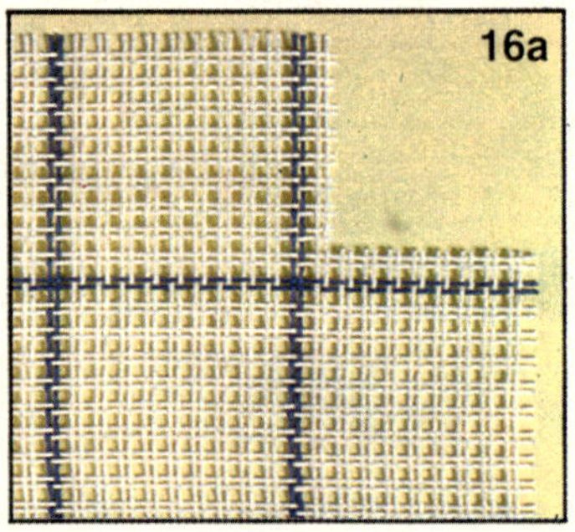
16a

16c

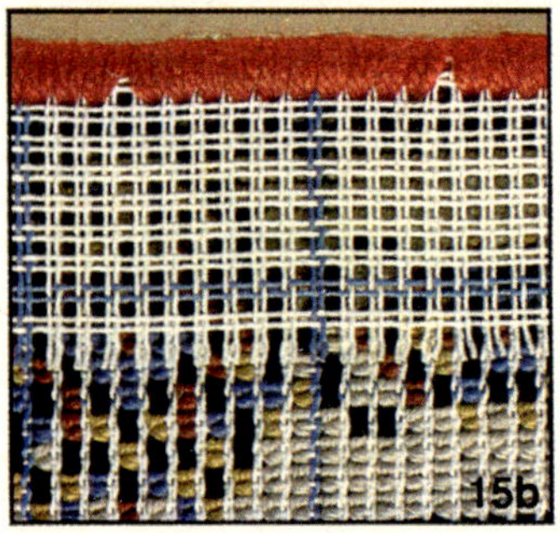
15b

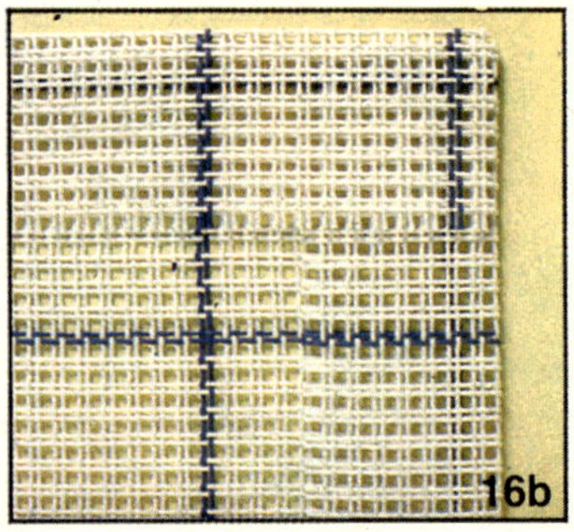
16b

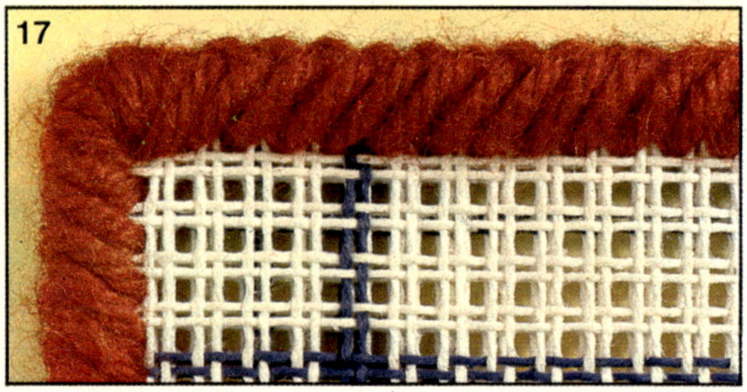
17

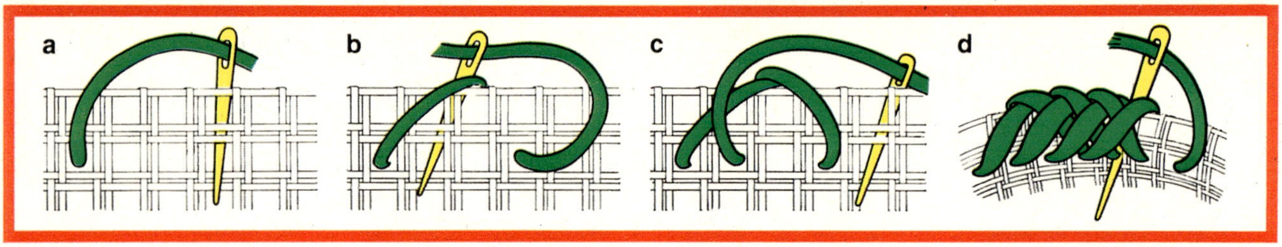

Knüpfen nach Zählmuster

Der Handarbeitsfachhandel bietet eine große Auswahl an vorgemalten Straminen an. Aber Individualisten unter den Teppichknüpfern geben Zählmustern den Vorzug. Man ist nicht bis ins Detail festgelegt, man kann eigene Vorstellungen realisieren (z. B. die Farben ändern). Wer Talent hat, entwirft seinen Teppich selbst! Wem es zu mühsam ist, nach einem Typenmuster, wie sie z. B. auf dem Bogen dieses Buches zu finden sind (Abb. 18a zeigt einen Ausschnitt), zu knüpfen, kann mit Farbstiften oder mit Pinsel und Stoffmal- oder Plakafarben die Vorzeichnung auf den Stramin übertragen!

Schon vorgezeichnete Konturen können eine spürbare „Zählhilfe" darstellen, siehe Abb. 18b. Noch besser ist es natürlich, wenn auch der Farbwechsel eingetragen ist, Abb. 18c – in beiden Fällen auf smyrnafix-Teppichgrundstoff, vorgezeichnet mit einfachen Filzstiften. Für zweifädigen Stramin (Abb. 19a, b) oder Dreherstramin (Abb. 20) ist es empfehlenswert, mit Pinsel und Farben zu arbeiten. Das farbig eingewebte Karonetz ist eine nützliche Orientierungshilfe beim Auszählen. Ein 2. Pinsel sollte immer bereitliegen, damit man zügig vorankommt, Abb. 19a. Da man die Farben nicht immer 100%ig mit der Wolle übereinstimmend mischen kann, wird außerhalb des Musters die Farbskala aufgemalt und als Orientierung jeweils 1 Wollfaden eingeknüpft, Abb. 19b. Der Fond in Bordüre und Mittelfeld bleibt unbemalt. Für größere Farbflächen verwendet man einen breiteren Pinsel. Abb. 20 (auf Dreherstramin vorgemalt).

Tip: Beim Malen mit Pinsel und Farben den Stramin mit einigen Schichten Zeitungspapier unterlegen.

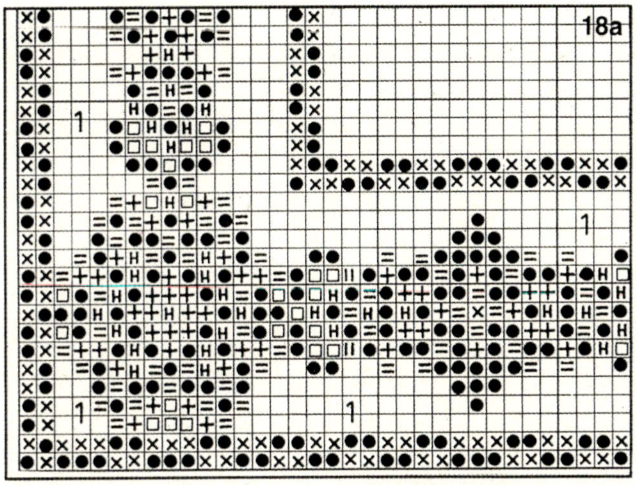

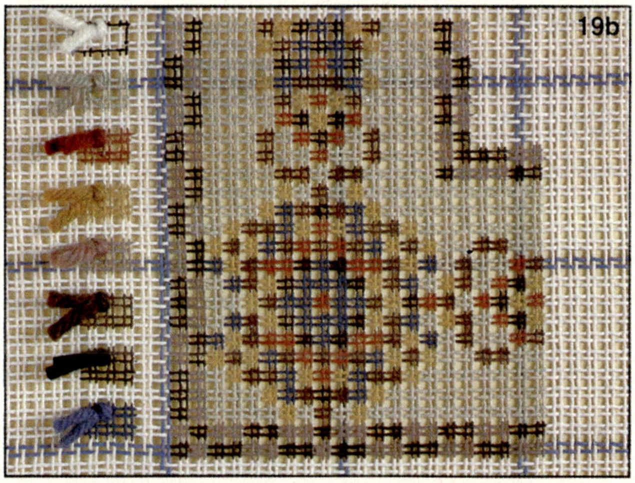

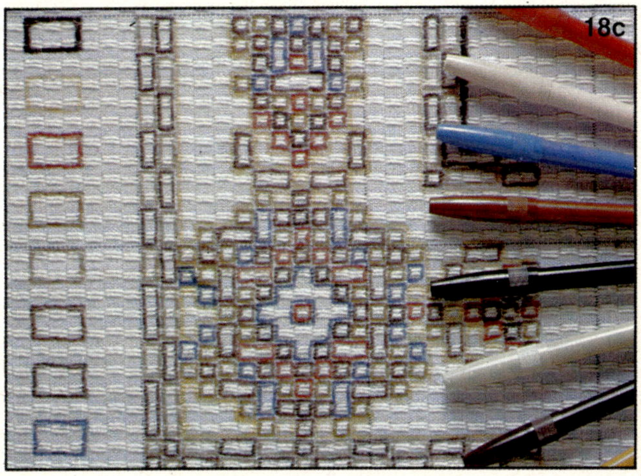

01 Das rote Zierstück mit der aufwendigen Schmuckborte wirkt am schönsten auf dezentem Untergrund. Wolle: Schoeller.

02 Afrikanischer Nomadenteppich aus naturfarbener Schafwolle. Asiatische Nomadenteppiche weisen übrigens sehr ähnliche Dekors auf.

Den Orientalen über die Schulter geschaut

03 Einige Treppenstufen oder einen Flur schmückt dieser ausdrucksvolle Läufer (ca. 129 x 248 cm). Wenn Sie einen noch längeren Teppich brauchen, können Sie das Motiv im Mittelstück wiederholen und die Randborte beliebig verlängern. Wolle: Patons.

04

Geheimnisvolle Symbolik aus Asien

04 Das Vorbild für diesen Teppich (88 x 179 cm) stammt aus Samarkand. Nicht selten findet man auch in Ostturkestan das sonst für China typische Glückssymbol, hier als Ausschmückung der Ecken. Wolle von Springer.

05 In Belutschistan entstand das Original, nach dem dieser Teppich entworfen wurde. Die Innenfläche schmückt ein blühender Lebensbaum. Auch innerhalb der beiden rechteckigen Mihrab-Giebel sind kleine Lebensbäume zu sehen. Format in Feinsmyrna: ca. 104 x 186 cm.

06 Kermanteppiche, auch als Kirman bezeichnet, zeigen sehr verschiedenartige Musterungen. Hier ein Medaillon-Teppich mit großer Uni-Fläche, auch »Spiegel-Kermans« genannt. Smyrna-Wolle von AMC.

05

06

07

Teppiche mit orientalischem Zauber

Prachtvolle Reihengebetsteppiche, wie sie im Orient kaum hätten schöner geknüpft werden können!
07 Fünf reich verzierte Gebetsnischen sind hier zu einem Familiengebetsteppich zusammengefügt. Geknüpft wird mit Kelimwolle; Größe: 60 x 130 cm.
08 Bei diesem Gebetsteppich mit den fantasievollen Blumenmotiven sind die einzelnen Felder von Mäandern umgeben. Sein Format: 252 x 136 cm.

08

09 Aus dem unerschöpflichen Schatz alter persischer Teppichknüpfkunst stammt dieser prächtige Gebetsteppich mit den üppigen Ranken- und Blütenmotiven. Wenn mit Sudanwolle geknüpft wird, hat er die Größe von 125 x 229 cm.

10 Diese Art der Mustergestaltung war typisch für ein Nomadenvolk Südpersiens in der Gegend von Schiras, deren Farbstellung meist dunkel im Fond ist, während das Muster wenige helle Kontrasttöne aufweist. Größe: 240 x 340 cm. Wolle: AMC; Stramin: Zweigart.

11 Das Vorbild für diesen in vielen verschiedenen Farben gearbeiteten Karoteppich in der Größe von 175 x 240 cm stammt aus Westpersien. Die einzelnen Felder sind fantasievoll mit abstrakten und floralen Motiven geschmückt. Wolle: Schoeller; Stramin: Zweigart.

Persische Nomadenteppiche

12 Dieses dezente Modell (145 x 192 cm) ist verziert mit Päonienblüten, dem Symbol des Reichtums.

13 Der Drache, Sinnbild für Kraft und Güte, und das Wolkenband (Tchi) schmücken den Teppich (153 x 191 cm).

14 Das beziehungsreiche Glückssymbol in der Mitte dieses Teppichs im China-Stil ist von zierlichen Blütenkränzen umgeben. Wolle von Schoeller.

Chinesische Symbolik verheißt Glück und Reichtum

15
16

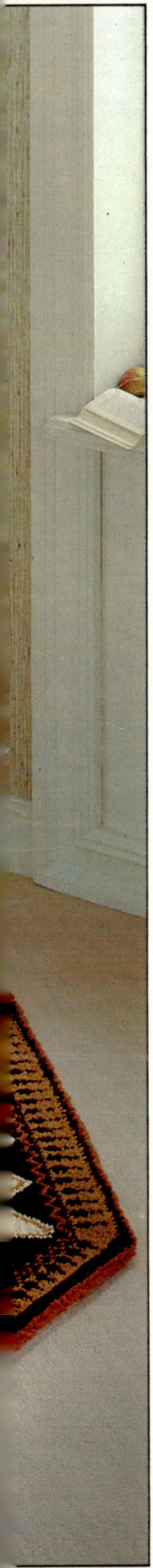

15 Eine besonders harmonische Ergänzung zum Teppich: Wandbehang (ca. 71 x 102 cm) mit Fransen.

16 Natur- und Brauntöne bestimmen den Charakter dieses achteckigen Teppichs in Berberart (ca. 213 cm ∅).

17 Zu jeder Einrichtung, ob konservativ, modern oder ländlich-schlicht, passen die dezenten Farben dieses Teppichs (Größe ca. 138 x 240 cm).

18 Mit etwas Geschick kann man das ausdrucksvolle Muster dieses Läufers beliebig verändern. Größe ca. 98 x 208 cm. Material für alle Teppiche von AMC.

Der Natur-Touch unversponnener Schafwolle

Zauber lebhafter Farben

19 Alten Orientteppichen wurde das Muster dieses lebhaft-bunten Prachtstücks nachempfunden. Stramin: Zweigart; Wolle: Patons.

20 Wer gerne und häufig Teppiche knüpft, hat im Laufe der Jahre sicherlich eine umfangreiche Restekiste ansammeln können. Verwerten Sie sie zu solch einem hübschen Patchworkteppich und machen Sie ihn so groß, wie Ihre Reste reichen.

Ein jeder Teppich wird zum Blickfang

21 Beeindruckend wirkt dieser runde Teppich mit ca. 144 cm Durchmesser. Die Farben der Wolle kann man auch passend zur Einrichtung, z. B. in Braun-Beige, wählen. Material: Schoeller.

22 Das geometrische Muster nach einer orientalischen Vorlage ist vereinfacht und stark stilisiert zum Blickfang geworden. Smyrnawolle und Stramin von Patons.

23 Typisch für Teppiche aus Kairouan (Tunesien), einer der vier heiligen Städte des Islam, ist der sechseckige Spiegel. Oft trifft man solche Dessins auch in Naturfarben an. Wolle: AMC.

22

21

23

24

Neue Welle für Teppichfreunde

24 Dieser extravagante Teppich (135 x 185 cm) ist schon beinahe avantgardistisch in Form und Farbgebung. Das Muster ist wie ein sprühend buntes Feuerwerk über die ganze Fläche verstreut. Wolle: Junghans; Stramin: Leibfried.

25 Nicht nur für junge Leute, sondern für alle, die jung geblieben sind und das auch in ihrem Wohnstil ausdrücken möchten, haben wir diesen tollen „Popteppich" entworfen.
Er ist der modernen Malerei gekonnt nachempfunden und eignet sich auch gut als Wandbehang. Größe: 145 x 210 cm. Wolle: Lindhorst; Stramin: Leibfried.

© Photographic Department of the Foyal Tropical Institute Amsterdam

WEBEN

LEHRGANG

Weben

Gewebefragmente fand man schon in den Gruften der alten Pharaonen. Ohne das Weben hätte auch fast keine andere textile Technik entwickelt werden können, denn Weben ist die Verbindung von senkrechten Fäden, der Kette, und horizontalen Fäden, dem Schuß, zu einem Gewebe. Diese traditionelle Textilkunst wurde wiederentdeckt. Wie bei jeder Technik gibt es Grundtechniken und zahlreiche Mustervarianten, von denen wir einige vorstellen.

Allgemeines

Weben im weitesten Sinne ist das Verkreuzen von längslaufenden, parallelen Fäden, den Kettfäden (kurz: Kette), mit querlaufenden Fäden, den Schußfäden (kurz: Schuß). Grundsätzlich benötigt man demnach ein Gerät, die Kettfäden zu spannen, sowie ein Hilfsmittel, die Schußfäden mit der Kette zu verkreuzen und sie mit einem Webkamm an das bereits gewebte Stück anschlagen zu können. Die Art, wie Kette und Schuß miteinander verkreuzt werden, nennt man Bindung. Sie kann auf mannigfaltige Weise geschehen und wird mit den verschiedensten technischen Hilfsmitteln erreicht. Die einfachste und wohl auch häufigste Bindung ist die Leinen- oder Leinwandbindung, durch die Anwendung anderer Bindungen erreicht man Musterungen im Gewebe in einer nahezu unbegrenzten Zahl.

Nachfolgend die drei Grundbindungsarten; sie sind so aufgezeichnet, daß die Kettfäden schwarz, die Schußfäden weiß gezeichnet sind:

1

Leinwandbindung, s. Abb. 1

Das Bindungsbild sieht wie ein Schachbrett aus, weil jeder Schußfaden nur über einen Kettfaden hinweggeht und unter dem nächsten durchgeführt wird. Die Schußreihen werden jeweils um einen Kettfaden versetzt gewebt.

Köperbindung, s. Abb. 2

Hier wird ein Schußfaden immer über 2 Kettfäden und unter dem 3. hindurch geführt. Die Schußreihen werden jeweils um einen Kettfaden versetzt gewebt. So entstehen Diagonallinien.

Satin- oder Atlasbindung,

s. Abb. 3

Auch hier entstehen Diagonallinien, allerdings berühren sich die Fadenkreuzpunkte nicht, sie sind jeweils um mind. zwei Kettfäden versetzt. Die Abbildung zeigt einen sogenannten Schußatlas, da auf der rechten Seite mehr Schußfäden zu sehen sind, bei mehr Kettfäden, d. h. das Bindungsbild ist umgekehrt, spricht man von Kettatlas.
Der Zwischenraum, der durch das Heben und Senken der Kettfäden entsteht, wird „Fach" genannt. Je nach Art und Technik des Webgerätes erfolgt die Fachbildung von Hand (z. B. beim Freien Weben), mit einer Pinne (z. B. beim Gobelinweben), mit einem Stahlkamm oder Rispenkamm (z. B. bei Tischwebrahmen, Schulwebrahmen) oder mittels Litzen und Schäften (bei Webstühlen).

Webgeräte

Je nach Art des Webstücks und Kenntnissen der Webtechnik wird das Webgerät ausgewählt. Für die ersten Webstücke kann durchaus ein Bilderrahmen, Keilrahmen oder einfach fester Karton ausreichen. Wichtig ist vor allem, daß die Kettfäden gleichmäßig und mit gleichem Abstand gespannt werden können. Hierzu kann man z. B. jeweils in den oberen und unteren Rand eines Kartonstücks Einkerbungen oder Löcher stechen, durch die die Kettfäden gespannt werden. Bei einem Bilderrahmen kann man entsprechend kleine Nägel einschlagen. In unserer Abb. sehen Sie ein Webbrett (Simex) mit entsprechenden Leisten (Fadenkämmen), in die die Kettfäden eingehängt werden. Für den Schußeintrag genügt oftmals eine Teppichnadel oder eine spezielle Webnadel. Für Gobelins verwendet man sog. Pinnen, für Webrahmen und Webstühle Schiffchen, auf die das Garn gewickelt wird. Unbedingt erforderlich ist auch ein Webkamm, mit dessen Hilfe der eingetragene Schuß an das Gewebe geschoben bzw. geschlagen wird. Der Fachhandel bietet spezielle Webkämme bzw. Anschlaggabeln an. Bei manchen Geräten, wie z. B. beim Gurtwebgerät, wird das Webblatt bzw. Webgitter auch gleichzeitig zum Schußanschlag verwendet.

Webtechniken

Spannen der Kette, s. Abb. 4
Kette gleichmäßig und straff auf das Webbrett oder Webrahmen spannen. Die Musterzeichnung wird auf Transparentpapier gezeichnet und unter die gespannte Kette gelegt.

5

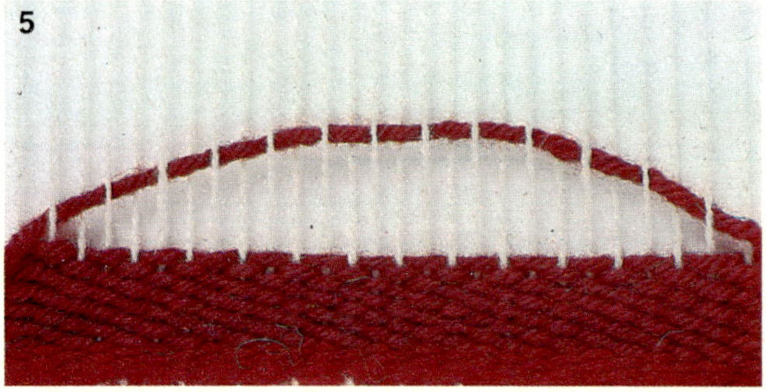

6

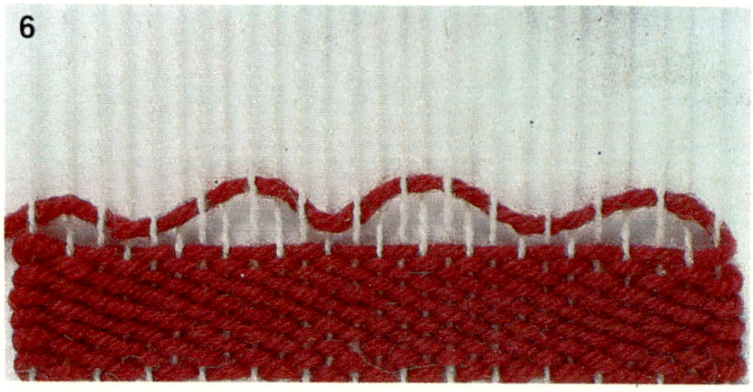

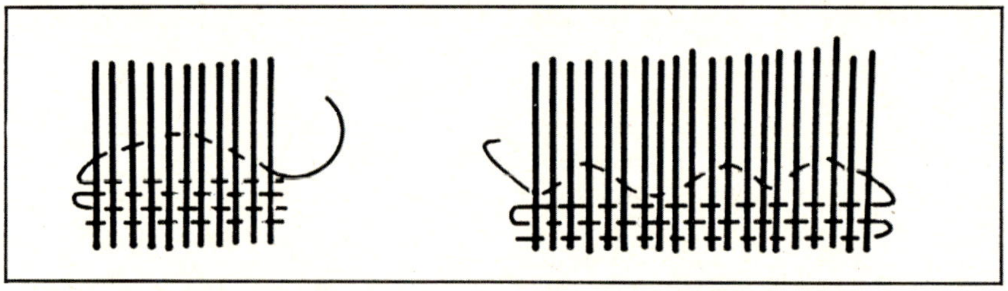

Einlegen des Schußfadens,

s. Abb. 5 und 6

Damit das Gewebe keine „Taille" bekommt, ist sorgfältig darauf zu achten, daß der Schußfaden locker und gleichmäßig eingelegt wird. Hierzu 2 Möglichkeiten:
Schuß im Bogen einlegen und anschlagen (Abb. 5) oder bei größeren Flächen mehrmals mit der Nadel den Schuß „verteilen", dann anschlagen (Abb. 6)

7

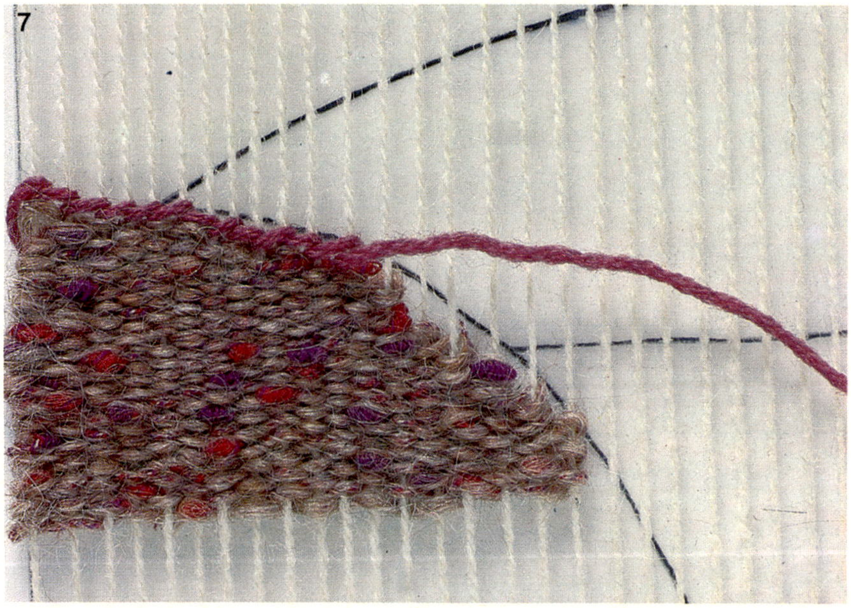

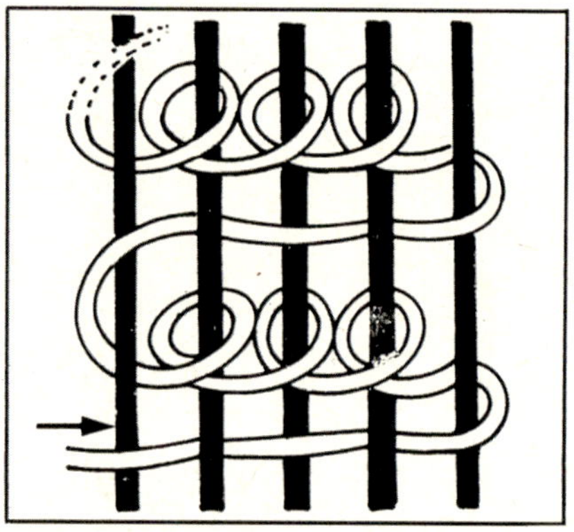

Sumak-Schlinge, s. Abb. 7

Diese Schlinge eignet sich ebenfalls zum Begrenzen von Flächen oder Umranden von Motiven. Sie können auch diagonale oder kreisförmige Linien beschreiben. Die Sumak-Schlinge, die jeweils über 2 oder mehr Kettfäden geführt wird und den 2. dann umschlingt, locker arbeiten.

8

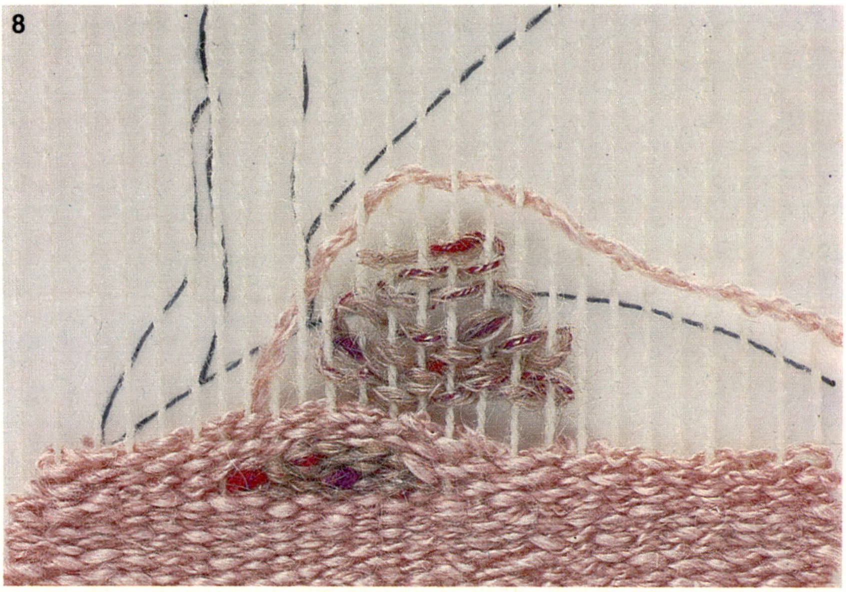

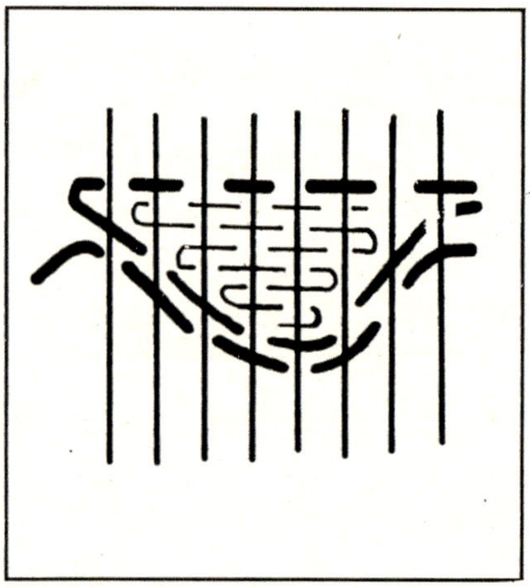

Einrahmtechnik, s. Abb. 8

Zunächst wird eine kleine Fläche „vorausgewebt", die folgenden Schußreihen werden locker darübergelegt.

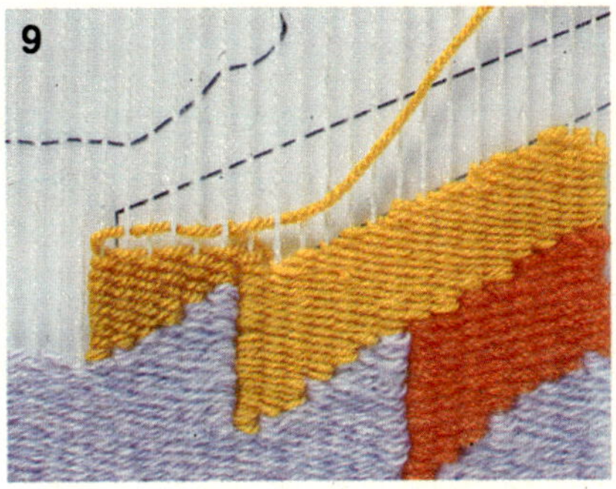
9

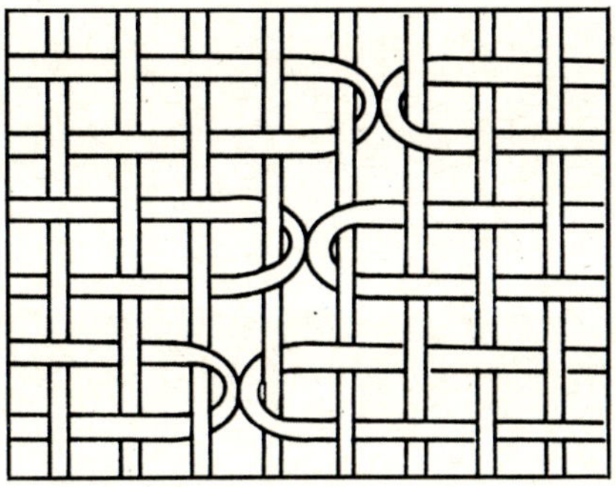

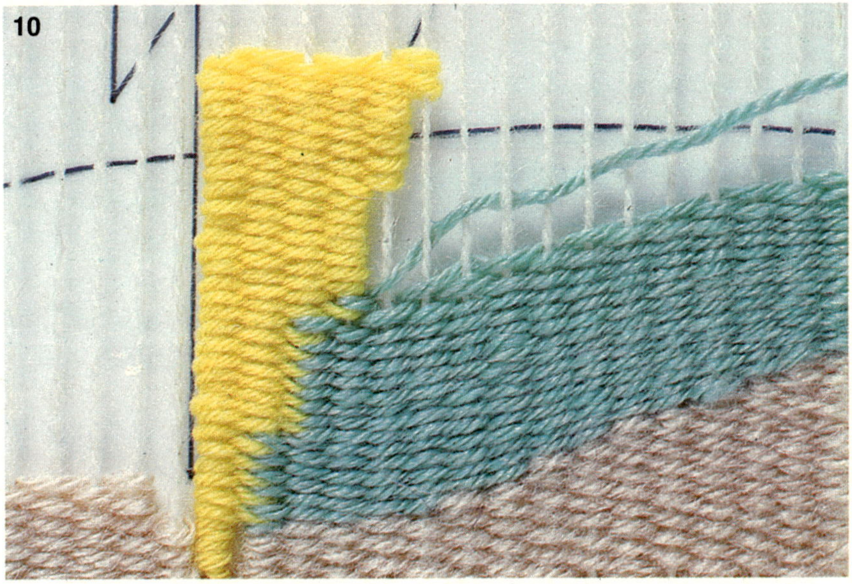
10

Kelimtechnik (Schlitzweberei), s. Abb. 9

Bei der Kelimtechnik wird eine klare Abgrenzung nebeneinanderliegender Flächen erreicht; es entstehen Schlitze. Die Schußreihen werden je um einen Kettfaden gewendet.

11

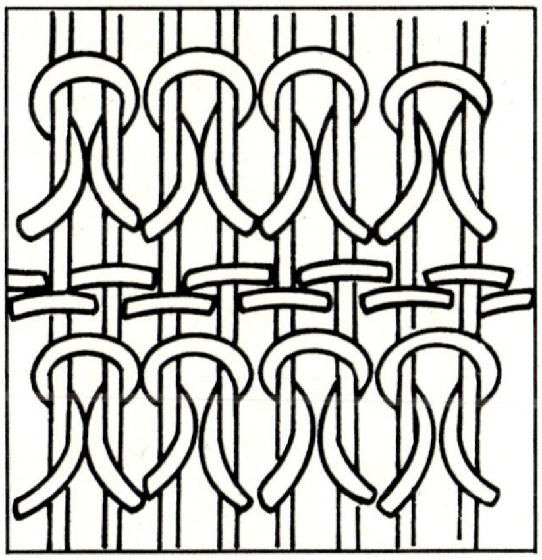

Diagonale Abgrenzung, s. Abb. 9, 10

Eine diagonale Abgrenzung wird erreicht, indem man jeweils um einen (oder mehrere) Kettfäden versetzt wendet, d. h. man webt eine fliehende und eine steigende Fläche.

Gobelintechnik, s. Abb. 10

Hier werden die Flächen miteinander „verzahnt". Dieses kann erreicht werden, indem man den von rechts und links kommenden Schußfaden um den gleichen Kettfaden wendet. Eine weitere Möglichkeit besteht darin, die beiden Schußfäden zwischen zwei Kettfäden miteinander zu verschlingen.

12

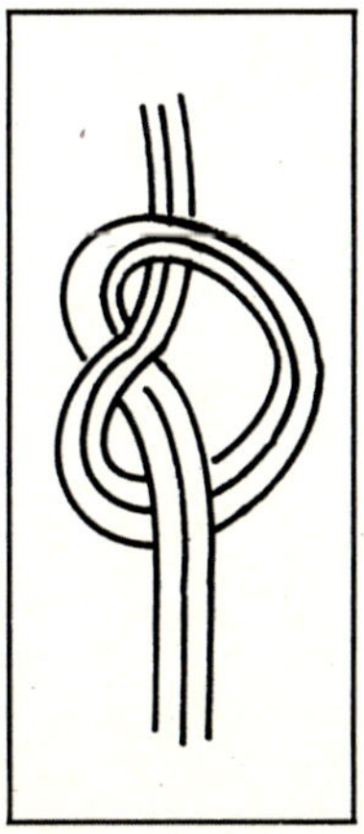

Ghiordesknoten, s. Abb. 11

Das vorgeschnittene Garn wie gezeigt um 2 Kettfäden schlingen und an das Gewebe (Schußreihen) schieben. Dabei nicht zu fest anziehen, da sich sonst evtl. die Abstände der Kettfäden zueinander verändern können. Zur Befestigung zwischen den Knüpfreihen jeweils mindestens 1, besser aber 2 Schußreihen in Leinwandbindung weben.

Fransen – als Abschluß, s. Abb. 12

Nach dem Abnehmen des Gewebes aus dem Webgerät werden mehrere Kettfäden mit einem Schlingknoten direkt am Geweberand verknotet. Somit werden die letzten Schußreihen und Kettfäden gesichert.

Farbenfroh gewebte Landschaften

26

26 Dieses Bild entsteht im eigenen Rahmen. Vorn wird die Papiervorlage befestigt, nach der man webt, auf der Rückseite werden die Kettfäden gespannt – und schon kann es losgehen. Nach Fertigstellung wird die Vorlage entfernt, das Bild im Rahmen ist fertig!

27 Dieser außergewöhnliche Wandbehang (35 x 27 cm) wurde nach einem unkomplizierten Entwurf gewoben. Um ihn zu weben, bietet sich ein Webbrett (Simex) an. Den plastischen Effekt erzielt man, indem einzelne Partien teils grob, teils sehr fein noch zusätzlich geknüpft werden.

28 29

30 31

Spiel mit Farben und Formen

28–31 Vier hübsche Bilder für die junge Wohnung. Der Reiz des Birnen- und des Apfel-Bildchens liegt in der teilweise offen gelassenen Kette. Durch die Kelim- oder Schlitztechnik entstehen bei diesen beiden Motiven und dem Sonnenbild zusätzliche Effekte. Alle vier Bilder haben das Format 31,5 x 31,5 cm.

32 Der Sinn freien Webens ist es, daß man seine Fantasie spielen lassen kann! Farben und Formen können ganz nach Belieben – also der momentanen Eingebung folgend – angeordnet werden. Wer unser Modell im Original nachweben möchte, findet Musterzeichnung und ausführliche Anleitung im Anleitungsteil.

32

33 Kleine Stadt – ganz groß! Und so leicht wird's gemacht: einfach über einem Kartonstück die Kettfäden aufbringen, die Musterzeichnung unterlegen und die einzelnen Flächen farbig nachweben.

34 Auch das 17 x 12 cm große Landschaftsbild ist auf die oben beschriebene Art zu weben. Die Kartonstükke werden später nur mit dem fertig gewebten Bild in den Rahmen gedrückt.

35 Wie dekorativ streng grafische Motive sein können, beweist dieser schöne, 30 x 19 cm große Wandschmuck. Die verschiedenen Materialien bringen reizvolle Strukturen und Effekte.

33

34

Impressionen zum Thema „Freies Weben“

36

37

38

39

36 „Chinon" nannte die Gobelinweberin dies wunderschöne Blumenarrangement. Es ist – wie alle Modelle auf diesen Seiten – ein echter Gobelin, ganz nach alter Tradition gewirkt. Die vielen, fein aufeinander abgestimmten Farbnuancen sprechen für sich. Die Musterzeichnung, Carton genannt, wird um 90° gedreht und unter die gespannten Kettfäden geschoben. Das bedeutet, das Motiv wird von einer Seite zur anderen und nicht von unten nach oben gewebt. So verläuft später der sehr dichte Schuß senkrecht.

37 + 38 Die beiden Heidschnucken tragen die Titel „Die Böse" und „Die Gute". Die Böse fraß die Blüten und nahm deren Farbe an, während die Gute nur inmitten der Heideblüten steht. Diese beiden aparten Bilder sind 17 x 20 cm groß.

39 Ein goldfarbener Paradiesvogel zeigt ganz stolz sein Gefieder. Hier wurde nicht nur feine Wolle, sondern auch kostbare Seide eingewirkt. So trägt der Vogel ein glänzendes „Häubchen" und hübsche „Lichter" in einzelnen Federn. Der blaugrün gestaltete Blatthintergrund hebt die gelborangen Farbtöne besonders hervor.

Gobelin – eine Technik mit Tradition

40

40 + 41 Wollpomponpilze wachsen plastisch aus der gewebten Baumscheibe. Die einfallsreichste Künstlerin im Entwerfen von Mustern, Strukturen und Formen – die Natur selbst – stand bei diesen Modellen Pate, wie die Fotos ganz rechts unten zeigen. Nicht nur die interessante Gestaltung der Pilze, auch das durch Moos und Feuchtigkeit entstandene Sternmuster sind äußerst reizvoll. Auf den nebenstehenden Fotos sehen Sie Aufbau und Beginn der Arbeit; in den Anleitungen ist alles ganz ausführlich erklärt.

41

Baum-scheiben nach dem Vorbild der Natur

42

42 Eingewirkte Gräser machen den fantasievoll umwebten Lampenschirm zum leuchtenden Blickfang. Mit hellem Stoff unterlegt, ist er auch bei Tageslicht ein aparter Anblick. Gestell: Trex Textil Hobby; Garn: „Stjern", Solberg.

43 Der duftige kleine Fenstervorhang ist in drei Bahnen auf einem Webgitter hergestellt. Eine Arbeit, die man wegen des kleinformatigen Gerätes – fast wie ein Strickzeug – leicht überall hin mitnehmen kann. So wächst Streifen für Streifen auch ein riesengroßer Vorhang.

44 Auf einem Rahmen aus Schweißdraht – den Ihnen der Fachhandel gerne zurechtbiegt und auch verschweißt – ist dieses fantasievolle orientalische Fensterbild gewirkt. Es regt zu weiteren eigenen Entwürfen geradezu an. Garne von MEZ.

Zarte Gewebe – außergewöhnliche Blickpunkte fürs Heim

43

45

45 Weben Sie sich dieses große, mollig-warme Plaid. Es wärmt Sie auf Reisen oder an langen Fernsehabenden. Gewoben wird in Leinwandbindung. Ein attraktives Modell, um das Sie sicher jeder beneiden wird!

46 Der Poncho ist das traditionelle Kleidungsstück der südamerikanischen Inkas. Wie modern er wirken kann, zeigt dieses Modell.

Warmes für kühle Abende

46

48
47

Wer sich gern individuell kleidet, findet sicherlich sofort Gefallen an dieser bequemen Freizeitmode. Grundlage für alle drei Modelle sind ca. 25 cm breite Streifen, die auf dem Gurtwebgerät („Webgerät in der Schachtel") gewebt und dann entsprechend zusammengenäht werden. Durch die Wahl der Farben und des Materials bestimmen Sie das Endergebnis selbst.

47 Gerade Streifen aus Mohairgarn wurden hier zu einem federleichten Mantel kombiniert. Die gewebten Bänder aus Seide setzen Akzente an Halsausschnitt und Ärmelkanten.

48 Aus drei unterschiedlich langen Gewebebahnen wird dieser Stufenrock zusammengesetzt. Die jeweilige Weite wird eingehalten, die Taillenweite in Falten gelegt. Ein Ripsband überdeckt die Nähte und wird auch gleich als Bund verwendet.

49 Auf die gleiche Art entstand auch das duftige Kleid, bei dem noch ein großer Rollkragen angestrickt wurde.

Lässiger Chic für kühle Tage

Zurück zur Natur – ein Webrahmen zum Selberbauen

Zum Aufbringen der Kette werden um das untere und obere Holz (Warenbaum und Kettbaum) Kettfäden in möglichst gleichen Abständen gespannt. Nach dieser Vorbereitung wird mit zwei Schußfäden in Leinwandbindung begonnen. Dann folgt eine Knüpfreihe, in der die einzelnen Fransen jeweils über zwei Kettfäden eingeknüpft werden. Nach jeder Knüpfreihe folgen zwei Schußreihen, die den Halt der Knüpfreihen gewährleisten. Mit einem kleinen Trick kann man ein Verrutschen der Kettfäden verhindern: Wenn vor dem Spannen der Kette auf den beiden Querhölzern doppelseitig klebendes Tesaband aufgebracht wird, hält dieses die Kette buchstäblich in „Reih und Glied".

Mit einer Häkelkette (Loopschlingen) am unteren Warenrand werden die Kettfäden zum Weben in eine Ebene gebracht.

Die Herstellung dieses urtümlichen, einfachen Holzwebrahmens aus Material, wie die Natur es liefert, stellt für Bastler keine Schwierigkeit dar. Unser Modell ist 127 x 113 cm groß.

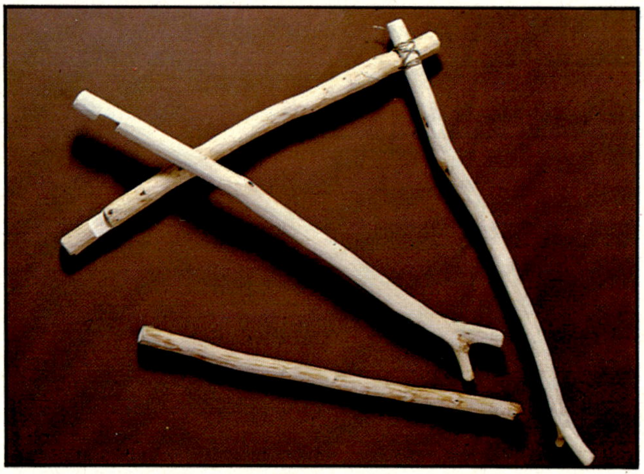

Sie benötigen zwei stabile Hölzer mit Astgabeln und zwei ebenso kräftige Querhölzer.
Das obere Querholz wird in die beiden Astgabeln eingelegt. Erst die gespannte Kette hält es fest.

Zur Stabilisierung des Rahmens werden die beiden Seitenstreben und das untere Querholz so eingekerbt, daß sie fest ineinander gefügt werden können.
So ist auch die Breite des Rahmens fixiert.

Um diese Verbindung noch zu stabilisieren, sollte sie anschließend mit Sisalschnur umwickelt werden.

Hier geht's ganz rustikal zu

50 Um stolzer Besitzer dieses zauberhaften Kuschelteppichs zu werden, brauchen Sie lediglich das Baumwollgarn besorgen. Das Material zum Weben und Knüpfen sind in Streifen geschnittene, kunterbunte Stoffreste.
Dieser farbenfrohe Blickfang ist nicht nur als Teppich schön, auch als Wandbehang verfehlt er seine Wirkung nicht.

APPLIKATIONEN, PATCHWORK, QUILTING

LEHRGANG
Applizieren

Bei einer Applikation wird ein Grundstoff durch das mustergemäße Anbringen weiterer Stoffteile verziert. Im Gegensatz zum Patchwork (Lehrgang siehe Seite 62–65) sind der Formenvielfalt und -darstellung beim Applizieren keine Grenzen gesetzt. Besonders kunstvoll und reich applizierte Bettdecken besaßen begüterte Familien in der Blütezeit des englischen Reiches. Mit Hilfe von Vliesofix ist diese einst sehr schwierige Technik heute auch von Anfängern zu meistern.

1

2a

2b

3a

3b

Muster abzeichnen

Wird ein Motiv appliziert, muß zunächst eine einwandfreie Zeichnung angefertigt werden. Die Vorlage bzw. der Musterbogen liegt dabei auf einer glatten Unterlage. Über dem betreffenden Motiv wird Transparentpapier mit Tesafilm befestigt, damit es während des Durchpausens nicht verrutschen kann. Man arbeitet mit einem gut gespitzten Bleistift, siehe Abb. 1. Nach dieser Vorlage kann dann das Motiv mittels Kopierpapier auf den Stoff übertragen werden. Abb. 2b. Ist der Stoff hell, kann es auch Grafitpapier sein, das man sich selbst herstellt, indem man die Rückseite der Zeichnung mit weichem Bleistift übermalt oder mit Grafitstaub (aus dem Bleistiftspitzer) bestreicht.
Arbeitet man mit Schablonen lt. Abb. 3a und b, genügt's, nur die Konturen lt. Abb. 2a auf den Stoff zu zeichnen.

Schablonen anfertigen

Wiederholt sich in einer Applikation ein Motiv sehr oft, so lohnt es mitunter, für die einzelnen Motivteile Schablonen anzufertigen. Wir haben dafür Zeichenkarton in zwei verschiedenen Farben verwendet, Abb. 3a, b. Wer über Kurvenlineal und Schneidemesser verfügt, sollte beides zu Hilfe nehmen. Auch hier gilt die Regel: Je besser die Vorlage, um so perfekter das Resultat.
Beim Übertragen ist zu bedenken, daß die Schablone um „Linienbreite" kleiner sein sollte. Als Beispiel dient Abb. 3a: Hier liegen die einzelnen Schablonen über der Vorzeichnung; an den Außenrändern stehen die Linien über bzw. die Vorzeichnung ist sichtbar (die hellen Schablonen für die Schürze liegen über den gelben für Rock und Oberteil).
Diese geringe Differenz ist deshalb so wichtig, weil beim Übertragen auf Stoff oder Haftvlies der Bleistift am Rand der Schablone entlangzuführen ist (Abb. 5a). Wäre nun die Schablone genauso groß wie die Vorlage, fiele der Ausschnitt zwar nur minimal größer aus, aber doch um so viel, daß später beim Applizieren die Stoffteile überlappen würden.
Abb. 3b macht deutlich, daß einseitige Motivteile spiegelverkehrt zu schablonieren sind – z. B. Wams und Hose. Den Wanderstab wird man nicht applizieren – er ist viel schneller aufgestickt (evtl. auch die Hände).

Mit Haftvlies arbeiten

Haftvlies gibt's in Packungen mit ca. 11 x 20 cm großen Abschnitten oder als „Vliesofix" vom laufenden Meter, Breite 90 cm; erhältlich in Stoffgeschäften, Resteläden oder Kurzwarenabteilungen vieler Kaufhäuser (Bezugsquellen durch Freudenberg, 6940 Weinheim, Postfach 18 09).

Ehe man einkauft, gilt es zu überlegen, ob die kleinen Abschnitte ausreichen oder 90 cm breites Vliesofix vorzuziehen ist. Anstückeln sollte man tunlichst vermeiden!

Jede Packung enthält neben 10 Abschnitten Haftvlies eine ausführliche, bebilderte Gebrauchsanweisung und außerdem einen Musterbogen mit knapp 5 cm hohem Abc aus Blockbuchstaben sowie sehr vielseitig verwendbare Motive, Abb. 4.

Beim Aufbügeln liegt die beschichtete Seite auf dem Stoff; Bügeltemperatur auf Baumwolle einstellen.

Welche Seite die „Bügelseite" ist, kann man leicht erkennen – es ist die beschichtete rauhe Seite des Vlieses. Vliesofix und Haftvlies sind wasch- (bis 60°) und reinigungsbeständig.

Ehe man das Vlies auf die Stoffrückseite bügelt, ist zu überlegen, wie groß der Abschnitt für die erforderliche Motivzahl sein muß. Man kann sehr „sparsam" vorzeichnen, d. h. eine generelle Nahtzugabe erübrigt sich. Mit dem Vlies kann man nicht nur zwei Stoffteile ohne Naht verbinden (auch für Filz, Leder, Bast o. ä. geeignet), sondern die Schnittränder werden gleichzeitig auch vor dem Ausfransen gesichert.

Beim Vorzeichnen hält die linke Hand die Schablone bzw. sie drückt sie unverrückbar auf den Stoff (große Formen sollte man an einigen Stellen mit Tesafilm festhalten), und die rechte Hand umgrenzt die Kontur mit spitzem Bleistift (er sollte nicht zu weich sein), siehe Abb. 5a.

Genauso exakt müssen die vorgezeichneten Teile nachher ausgeschnitten werden. Je kleiner die Form, um so kleiner sollte auch die spitze Schere sein – man kann mit einer großen Zuschneideschere unmöglich enge Rundungen exakt ausschneiden, Abb. 5b. Danach muß das „Trägerpapier" abgelöst werden, Abb. 6. Nun kann man die Form auf die Stoffunterlage bügeln, Abb. 7.

Applikationen, die im Gebrauch keinerlei Strapazen ausgesetzt sind (z. B. Wandschmuck), muß man nicht zusätzlich befestigen – sie sind fertig, nachdem man sie von der Rückseite unter feuchtem Tuch überbügelt hat.

4

5a

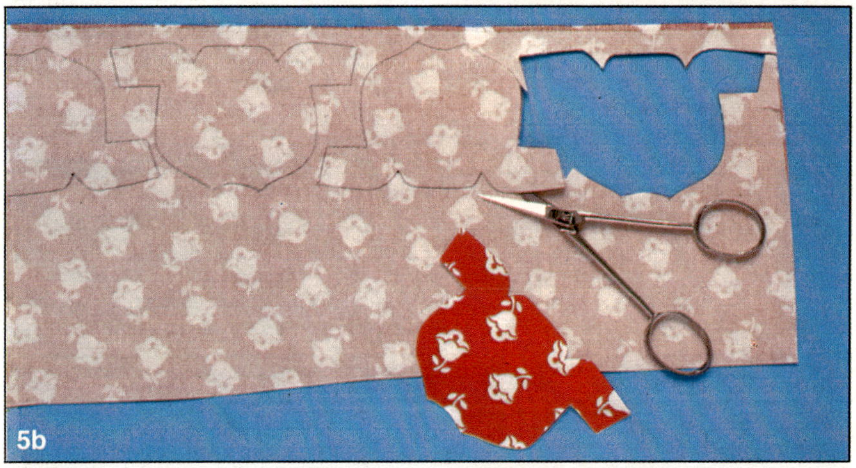
5b

6

7

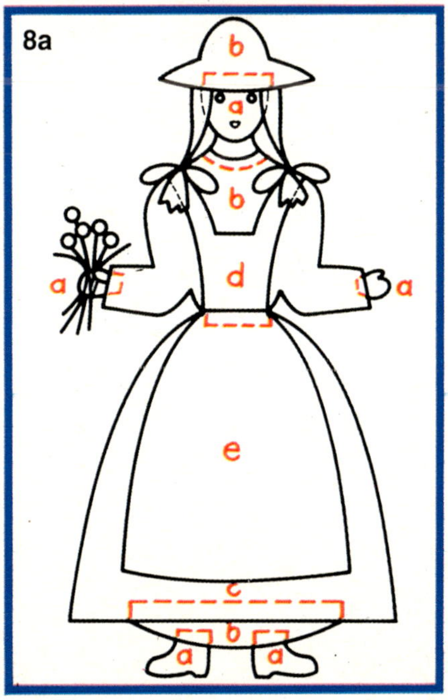
8a

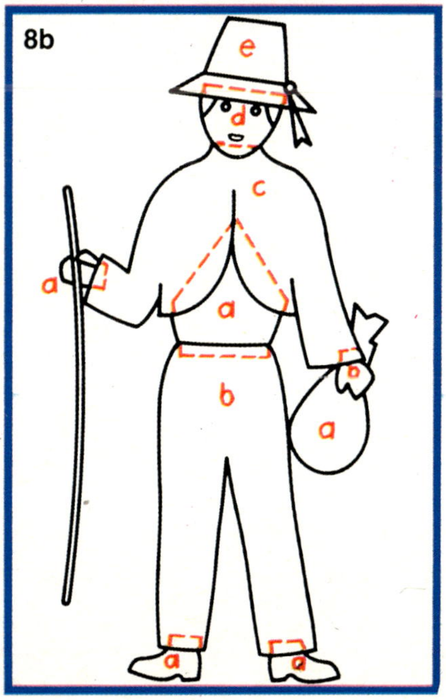
8b

9a

9b

10

11a

11b

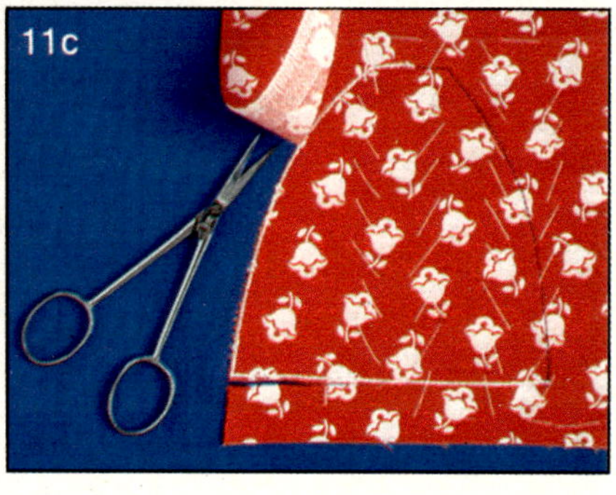
11c

Dabei wird das Eisen nicht hin- und hergeschoben, sondern Stelle um Stelle ca. 8 bis 10 Sekunden aufgedrückt, damit die Hitze gleichmäßig einwirken kann.
Sollte man beim Applizieren einen Fehler gemacht haben, ist das weiter nicht schlimm. Die fehlerhafte Stelle wird unter feuchtem Tuch überbügelt und das Motiv abgelöst, solange die Stelle noch warm ist. Rückstände von der Haftmasse werden mit Brennspiritus angefeuchtet (Vorsicht, leicht entflammbar!) und mit einem Tuch abgerieben.
Will man Haftvlies und Vliesofix aufbewahren, ist darauf zu achten, daß die beschichteten Seiten aufeinanderliegen und keinesfalls mit anderem Material (Stoff, Papier) in Berührung kommen.

In der richtigen Reihenfolge applizieren

Man kann viel Zeit sparen, wenn man vorher überlegt, in welcher Reihenfolge die Einzelteile zu übertragen bzw. zu applizieren sind.
In den Abb. 8a und 8b (s. Seite 59) schreiben die Buchstaben a bis e die Reihenfolge vor, und mit gestrichelten roten Linien sind diejenigen Ränder durch „Untertritt" ergänzt, die das folgende Teil an der betreffenden Stelle überdeckt. Deshalb ist es nicht notwendig, diese Ränder exakt auszuschneiden bzw. aufzunähen. Beispiele zeigen die Abb. 9a und 9b. Die Ränder sind mit schmalem Zickzackstich zusätzlich befestigt.
Abb. 10 zeigt das fertig applizierte Trachtenpaar. Gesichter, Blumen und Wanderstab sind aufgestickt. Für die Zöpfe sind einige Fäden Sticktwist mit je einem Vorstich befestigt, die Fadenenden bleiben auf der Stoffoberseite in gleicher Länge hängen. Danach Zöpfe flechten, mit bunten Fäden Schleifen einbinden.

Ohne Haftvlies applizieren

Wieviel mehr Vorarbeiten das Applizieren ohne Vlies erfordert, zeigen die einzelnen Phasen lt. Abb. 11a bis 11c. Zunächst ist die Vorzeichnung spiegelverkehrt auf die Stoffrückseite zu kopieren, Abb. 11a. Dann den Stoff über der Stoffoberseite sorgfältig aufheften, damit er während des Steppens nicht verrutschen kann, Abb. 11a. Die Musterlinien mit Geradstich, danach mit schmalem Zickzackstich übersteppen, Abb. 11a und b. Schließlich muß der überstehende Stoff mit spitzer scharfer Schere sorgfältig abgeschnitten werden, Abb. 11c. Will man die Kontur sehr plastisch haben, wird über der schmalen Zickzacknaht noch eine etwas breitere, dichtere Zickzacknaht ausgeführt.

„Plastisch" applizieren

In den Abb. 12 sind Rock und Schürze am Taillenrand eingereiht; der Rock bleibt unten, die Schürze unten und seitlich lose. Mit wieviel „Überweite" diese beiden Teile auszuschneiden sind, zeigt Abb. 12a; die roten Linien gelten für den Rock, die grünen für die Schürze. Rock- und Schürzensaum sind mit einem Spitzchen besetzt. An Stelle des applizierten Unterrocks ist eine ca. 2,5 cm breite Spitze aufgesteppt, sie überdeckt die Ansatzränder der Schuhe, siehe Schraffur in der Abb. 12a. Die Seitenränder der Schürze werden schmal umgebügelt und mit Zickzackstich abgesteppt (überstehenden Stoff sorgfältig abschneiden). Nun den oberen Rand von Rock und Schürze auf „Taillenweite" einreihen. Zunächst den Rock seitlich mit Zickzackstich applizieren, über der Taille offenkantig aufsteppen, Reihfäden entfernen, Abb. 12b. Die eingereihte Schürzenbahn wird mit dem Schürzenoberteil verbunden. Beim Applizieren des Oberteiles die Taille feststeppen. Abb. 12c. Nun könnte man zusätzlich zu beiden Seiten winzige Ösen schürzen und ein schmales Band einziehen, über der Mitte zur Schleife binden.

Eine Applikation lt. Abb. 12 wäre z. B. für einen Wandbehang oder einen gemütlichen Kannenwärmer ein hübscher Blickfang!

12a

12b

12c

Tip: Je nach Verwendungszweck wird man entscheiden, auf welche Art appliziert werden soll. Für einen echten Gebrauchsgegenstand, der später oft in die Wäsche muß, z. B. das Kissen mit Karoblende, nimmt man am besten soliden farbechten Baumwollstoff und befestigt die mit Vlies aufgebügelten Teile zusätzlich mit schmaler Zickzacknaht.

Kissen, 43 x 43 cm

Material: 45 x 90 cm einfarbigen, 45 x 45 cm karierten Stoff, bunte Stoff- und Garnreste für die Applikation, Nähgarn, 1 Reißverschluß.

Ausführung: Figuren in die Mitte der 45 x 45 cm großen Kissenoberseite applizieren, siehe Abb. 1 bis 10. Danach für die 5,5 cm breite Blende inmitten des Karostoffes ein 30 x 30 cm großes Feld ausschneiden, so daß ein 7,5 cm breiter Rahmen übrigbleibt. Die inneren Ecken mit Schrägblende verstürzen, Nahtrand 1 cm breit, Nahtrand über Eck bis dicht an die Naht einschneiden. Schrägblende und Innenränder 1 cm breit umbügeln, Blende am Innenrand knappkantig auf die Kissenoberseite steppen. Beim Ansteppen der Kissenrückseite (rechte Seite liegt innen) die Blende am Außenrand mit in die Naht fassen. Nahtränder über den Ecken abschrägen, versäubern. Kissen wenden und bügeln. Am unteren Rand den Reißverschluß einnähen.

Patchwork nannten die Quäker in den USA eine von ihnen entwickelte Technik, Reste von meist bedruckten Stoffen zu einem hübschen und vor allem nützlichen Flickwerk zusammenzusetzen. Aus zum Teil kleinsten Stoffteilchen nähten sie von Hand in mühevoller Arbeit

LEHRGANG

Patchwork

prachtvolle Decken zusammen und entwickelten dabei viele Mustermöglichkeiten, die noch heute die beliebtesten und typischsten für diese Technik sind. Charakteristisch für Patchwork-Muster ist, daß die einzelnen Stoffteile meist einheitlicher und stets geometrischer Form sind.

Stoffreste sammeln

Jeder Stoffrest – ob neu, ob alt, ob einfarbig oder bunt gemustert, gestreift, getupft oder kariert, ob dünn oder dick – ist fürs Patchworken zu verwenden. Grundsätzlich sollten aber entweder nur alte, d. h. gewaschene, oder nur fabrikneue Reste für ein Stück verarbeitet werden, letztere wenn möglich von gleicher Qualität, damit nicht zu befürchten ist, daß nach der Wäsche einzelne Partien stärker einlaufen als andere. Verarbeitet man Reste, die aus abgelegter Kleidung stammen, dann natürlich nur solche, die einwandfrei beschaffen sind und daher auch Haltbarkeit garantieren – denn sonst lohnt der Zeitaufwand nicht. Grundsätzlich sollten nur Stoffe einer „Faserfamilie" (nur Seiden-, Synthetik-, Woll-, Baumwoll- oder Mischgewebe) in ein Patchworkmodell gemixt werden. Für ein Erstlingswerk sollten „Patchworker" Baumwollreste sammeln, sie lassen sich am leichtesten verarbeiten. Auf Sonderangebote achten, die letzten drei Tage des Schlußverkaufs nicht verpassen, mit Bekannten Reste tauschen.

Sortieren

Vor dem Patchworken steht das Sortieren der Restesammlung. Unis von Gemustertem, kleine von großen Musterraporten, hell- von dunkelgrundigen, Blümchendrucke von geometrischen Dessins trennen usw. Erst dann kann man die Musterung festlegen, die Ausmessung der Grundelemente bestimmen, sich über die Größe der fertigen Arbeit klarwerden und entscheiden, ob evtl. etwas dazugekauft werden muß.

Zuschneiden

Als „Schnitt" dient eine Schablone, die aus steifem Karton sehr exakt auszuschneiden ist. Sie muß auf den Millimeter genau stimmen, denn sie ist die Basis für den korrekten Ausfall der Arbeit. Die Schablone enthält auch die Zugabe für die Nahtränder; die Nahtlinien werden entweder durch vorgelochte Punkte markiert, Abb. 1, oder man fertigt eine „Fensterschablone" an, Abb. 2, mit Hilfe welcher man Schnittform und Nahtlinien mit spitzem Bleistift oder „scharfer" Schneiderkreide auf die Stoffreste zeichnet. Auf übereinstimmenden Fadenlauf in allen Teilen ist zu achten. Reicht ein Stoffrest für mehrere Teile, werden diese ohne Zwischenraum, also Schnittlinie an Schnittlinie grenzend, vorgezeichnet, siehe Abb. 1, 1a.

Wählt man z. B. das Quadrat als Grundform, kommt man ohne Schablone aus. Mit Lineal und rechtwinkeligem Dreieck wird das Stoffstück in ein Netz mit quadratischen Feldern aufgeteilt. Es genügt, die Nahtbreite in jedem Feld (evtl. nur in jedem 2. Feld) mit Punkten zu markieren, Abb. 3. Genauso verfährt man bei rechtwinkeligen Dreiecken: Die Quadratfelder einfach diagonal in Dreiecke teilen, siehe dazu Abbildung 4.

Mit scharfer Schere (mit der Zackenschere werden die Stoffränder gleichzeitig gesichert) genau den Linien folgend zuschneiden, Abb. 5. Evtl. alle Teile, nach Farben und Mustern sortiert, auf je einen Faden auffädeln, um besser Ordnung halten und damit beim Patchworken Zeit sparen zu können, Abb. 6.

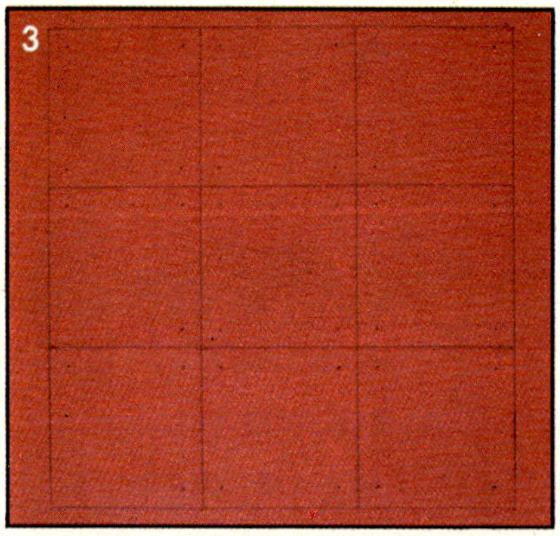

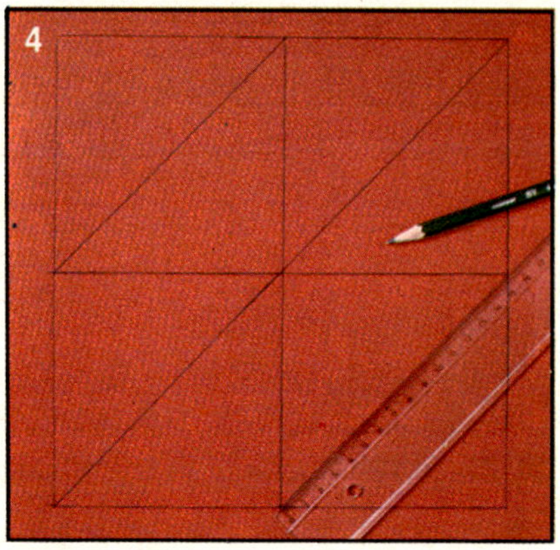

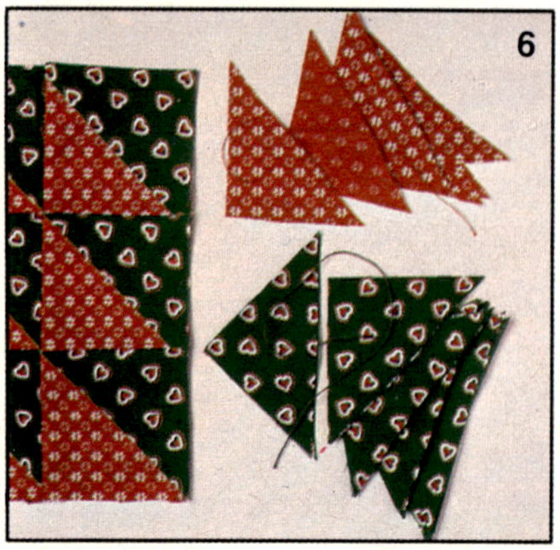

Teile mit Handstichen verbinden

Echtes Patchwork ist mit der Hand genäht. Für den Anfang sollte man vielleicht wie folgt vorgehen: Nach der Schablone werden 15 bis 20 Papierteile exakt zugeschnitten, allerdings ohne Zugabe des Nahtrandes. Je ein „Schnitt" wird in die Mitte der Stoffrückseite gelegt und der überstehende Nahtrand umgekniffen. Dann mit großen Stichen heften, Abb. 7. Hat man eine ausreichende Anzahl Grundformen so vorbereitet, geht man ans Zusammennähen. Mit dünner Nähnadel und dünnem Faden werden immer die Kanten zweier Teile mit kurzen Überwendlingsstichen verbunden. Das kann auf der Oberseite (Abb. 8) erfolgen, ebenso aber auch auf der Stoffrückseite. Sind alle Teile verbunden, werden die Heftstiche vorsichtig gelöst und die Papierformen herausgenommen. Man kann sie für die nächste Serie verwenden.

Diese Arbeitsweise ist übrigens nicht nur Anfängern zu empfehlen, sondern auch dann am Platz, wenn weiche, fließende Stoffe verarbeitet werden, die beim Falzen oder Bügeln keine scharfen Stoffbrüche hinterlassen. Zunächst erscheint alles etwas langwierig und umständlich – aber man kann immer mit einem perfekten Resultat rechnen, weil eine exakt geschnittene Papiereinlage spätere „Paßschwierigkeiten" ausschließt.

Wird ein „griffiges" Gewebe verarbeitet, sind Papiereinlage und Heftstiche überflüssig, es genügt, die Stoffränder umzubügeln, Abb. 9. Man kann die Teile sofort zusammennähen, Abb. 10.

7

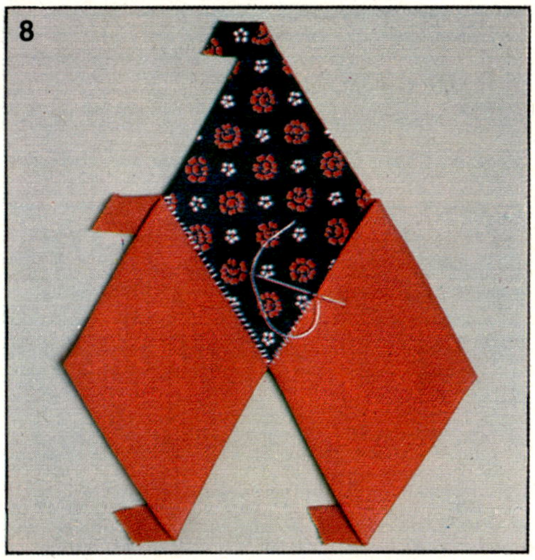
8

9

10

Mit Maschinennaht verbinden

Grundsätzlich mit kleinem Stich steppen, denn jeder Stich zuviel oder zuwenig macht sich um so mehr bemerkbar, je länger er ist. Die Teile rechte auf rechte Stoffseite treffend exakt übereinanderlegen; Nahtanfang und -ende mit einigen Stichen sichern, Abb. 11, und auf gleichmäßig breiten Nahtrand achten! Baumwollstoffe kann man evtl. auch von rechts mit Zickzacknaht verbinden, Abb. 12. Die Teile werden dabei am besten auf dünnen Stoff aufgesteckt, wodurch die Rückseite gleichzeitig abgefüttert wird.

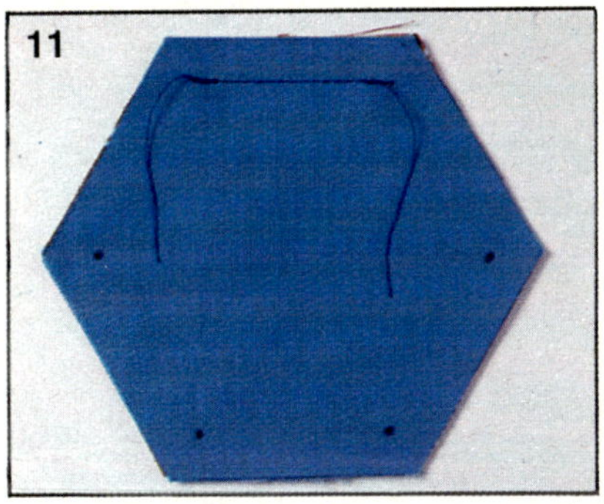
11

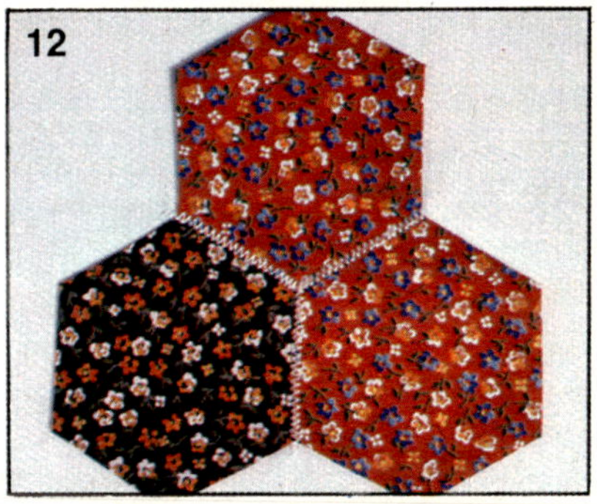
12

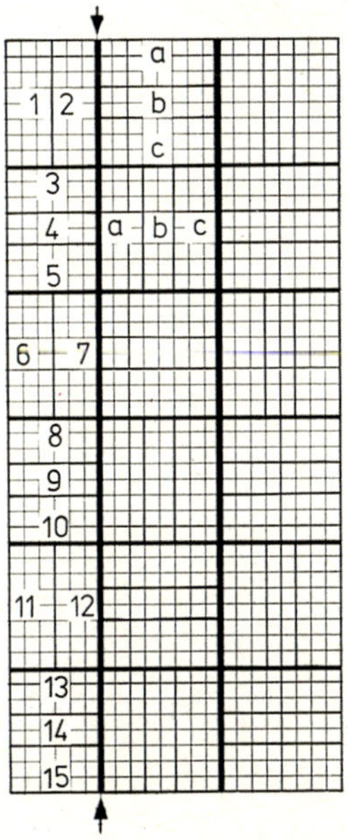

13

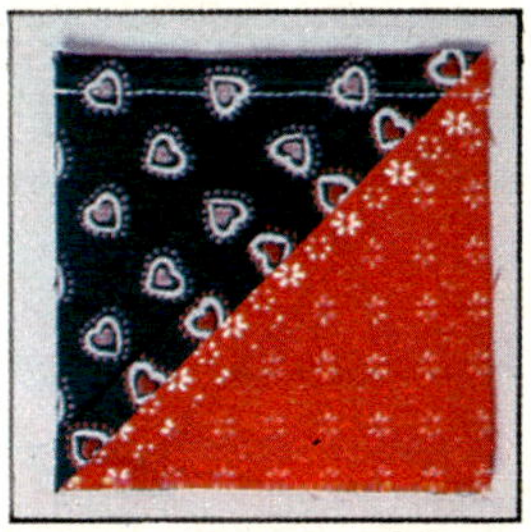
14a ▲

14c ▼

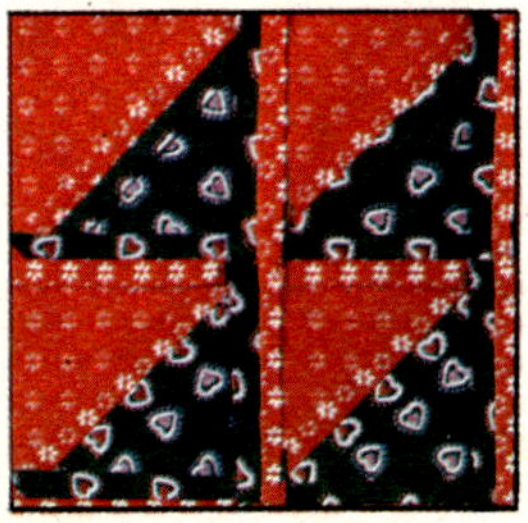

14b

Musterbeispiele

Wir beschränken uns zunächst auf die einfachsten Muster aus geometrischen Elementen. Am leichtesten ist natürlich ein Muster aus lauter Quadraten zu arbeiten. Die Einzelteile sind zunächst in erforderlicher Anzahl zu Streifen zusammenzunähen. Vor dem Verbinden der Streifen sind die Nahtränder auszubügeln. Darauf kann allenfalls verzichtet werden, wenn sich die Nahtränder ganz flach auseinanderstreifen lassen.

Muster aus Drei- und Vierecken

Abb. 13 (s. Seite 63) zeigt ein Viereckmuster, bei dem jedes Quadrat zunächst aus 3 Streifen und diese dann in wechselnder Streifenrichtung zu verbinden sind. Bei jedem folgenden Streifen ist die Musterfolge so anzuordnen, daß beim Verbinden der Streifen die Quadrate wieder versetzt aneinandertreffen, siehe Schema!

Das einfachste Dreieck-Patchwork zeigen die Abb. 14a, b und c (s. Seite 63). Zunächst je 2 Dreiecke zu einem Quadrat ergänzen. Nach dem Bügeln über den Ecken die Nahtränder begradigen und die Quadrate zu Streifen zusammensetzen, Abb. 14a. Streifen an Streifen genäht, mit exakt übereinstimmenden Nahtlinien, zeigt Abb. 14b und Abb. 14c dasselbe Patchwork von der Rückseite, sorgfältig gebügelt.

Abb. 15: Große und kleine Quadrate sowie rechtwinkelige Dreiecke (im rechten Winkel mit der Seitenlänge der großen Quadrate übereinstimmend) bilden das Muster. Wichtig, daß für die kleinen Vierecke zwei verschiedenfarbige Stoffe ausgesucht werden, die sich deutlich voneinander unterscheiden! Vom Schema ist die Reihenfolge abzulesen, in der die Grundformen untereinander zu verbinden und dann aneinanderzusetzen sind. Zunächst also die Dreiecke 2/3, 8/9, 14/15 und 20/21 sowie die kleinen Vierecke 4 bis 7, 10 bis 13 und 16 bis 19 zu Quadraten schließen. Nachdem die Nähte gebügelt sind, zu Streifen und diese wiederum lt. Schema zur Fläche verbinden.

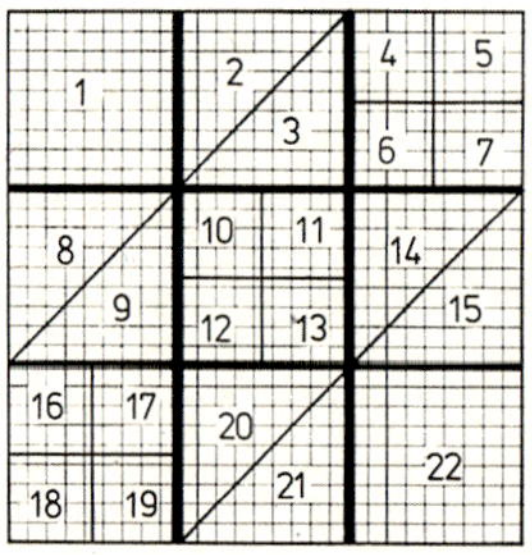

Schema zum Patchwork der Abb. 15; zuerst zu Vierecken, dann zu Streifen verbinden

Ausschließlich Dreiecke bilden das Muster lt. Abb. 16. Das große Quadrat, aus 2 großen Dreiecken zusammengenäht, wird zunächst an 2 gegenüberliegenden Seiten von je 2 kleinen Quadraten begrenzt; danach an den Längsseiten je einen Streifen aus 8 Dreiecken (das sind 4 Quadrate) anfügen. Für große Flächen geeignet.

15

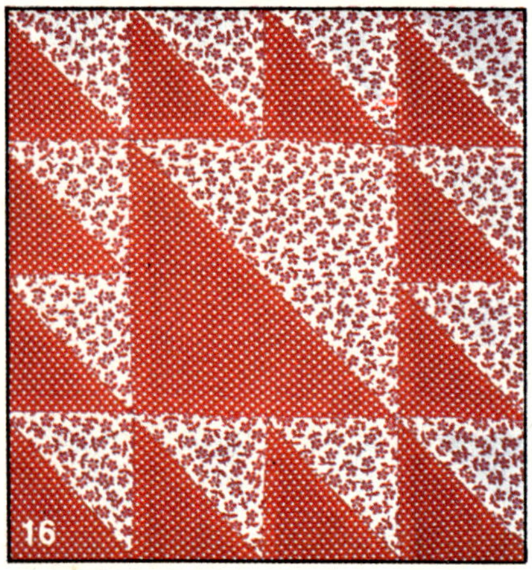
16

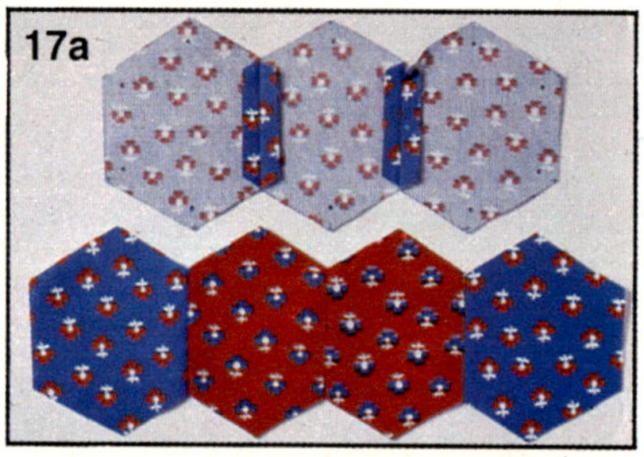
17a

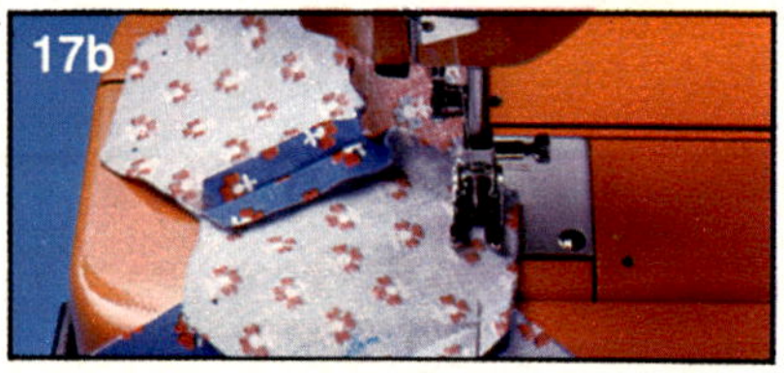
17b

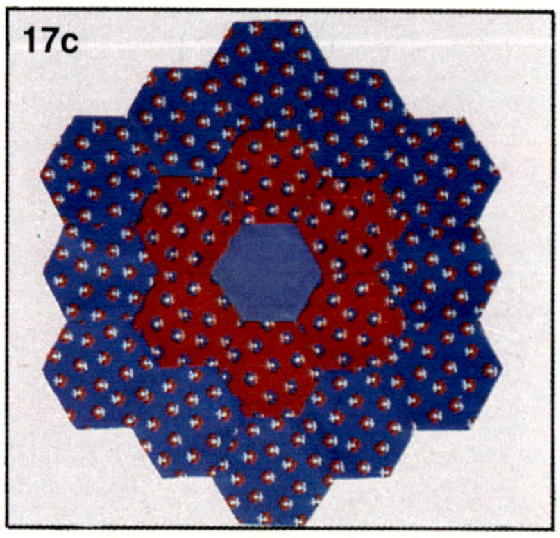
17c

18a

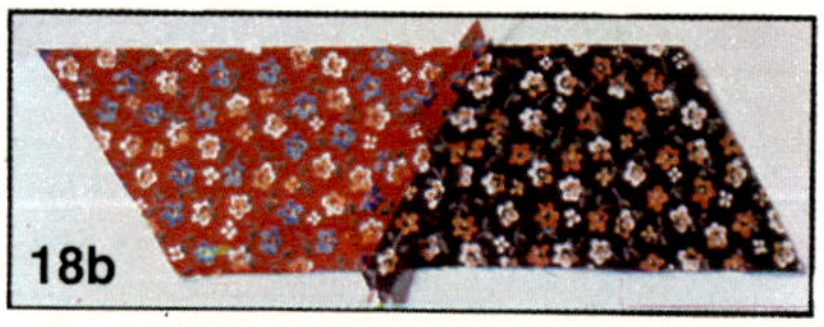
18b

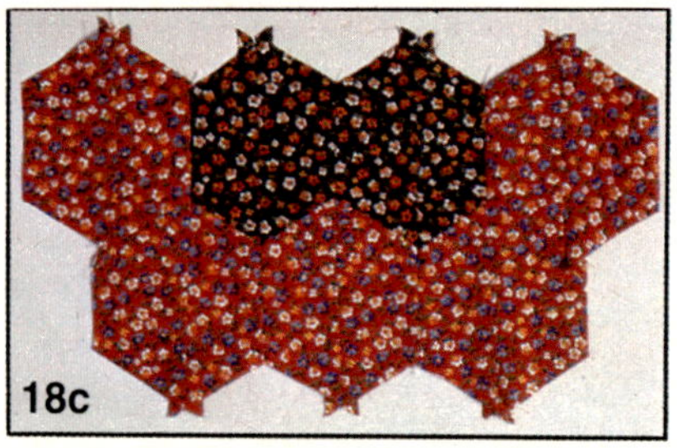
18c

Blütenpatchwork aus Sechsecken

Will man gleichseitige Sechsecke zu einer Blüte verbinden, ist es ratsam, vorher eine Skizze anzufertigen und in diese die Aufteilung der Farben bzw. Stoffmuster einzutragen. Man kann beim Verbinden der Sechsecke Farb- bzw. Stoffmusterfolge laufend nach dieser Skizze kontrollieren. Will man die Sechsecke mit der Nähmaschine patchworken, muß enorm akkurat genäht werden, auf jeden Stich kommt's an! Die Nahtlänge muß haargenau mit der vorgezeichneten Nahtlinie übereinstimmen (siehe Abb. 11). Sind alle Streifen verbunden, die Nähte gebügelt, Abb. 17a, kommt die knifflige Arbeit: Zunächst 2 Sechsecke aus 2 Streifen versetzt übereinanderlegen, Naht muß genau über Eck, Eck über Naht liegen. Ist eine „Seitennaht" gesteppt, den Stoffdrücker heben, die Arbeit in Nährichtung drehen, Stoffdrücker wieder senken, die nächste Seite steppen usw., Abb. 17b. Eine Blüte aus 19 Sechsecken zeigt Abb. 17c.

Wer im Maschinennähen kein Meister ist, sollte Sechseckpatchwork nach den Abb. 18a bis c ausführen. Man teilt zunächst die Sechseckschablone in 2 Trapeze, also von einer Ecke zur gegenüberliegenden. Danach die Stoffteile zuschneiden und lt. Abb. 18a und b verbinden. Schließlich die Streifen so zusammennähen, daß je 2 Trapeze gleicher Musterung ein Sechseck ergeben, siehe Abb. 18c. Der gerade Fadenlauf liegt immer an der Längsseite der Trapeze bzw. an der ihr gegenüberliegenden Stoffkante.

Würfelpatchwork

Für dieses Muster müssen Stoffreste dreier „Farbwerte“ zur Verfügung stehen: hell-, mittel- und dunkelgrundige. Für die beiden Seitenflächen je einen mittel- und dunkelgrundigen, für die Oberseite den hellsten Rhombus einsetzen. Würde man nur Rhomben verbinden, wäre das Zusammennähen genauso schwierig wie das Blütenpatchwork aus Sechsecken, siehe Abb. 17b.
Doch auch hier wird durch die Teilung des hellen Rhombus in 2 Dreiecke die Arbeit zum Kinderspiel: 2 Streifen, abwechselnd aus Dreieck und Rhombus zusammengesetzt, verbinden sich zum Würfelmuster. Der reliefartige Effekt kommt allein durch die richtige Anordnung der Farben zustande. Selbstverständlich muß – wie bei jedem Patchwork – sehr akkurat genäht werden, siehe Abb. 19.

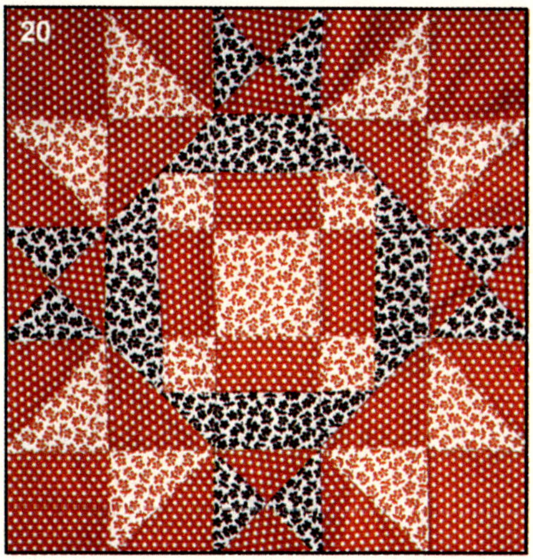

Sternpatchwork

Das Motiv lt. Abb. 20, im Original 40 x 40 cm groß (ausreichend für einen Kissenbezug), besteht aus Quadraten, rechtwinkeligen Dreiecken – beide in 2 verschiedenen Ausmessungen – und aus schmalen Rechtecken. Aus jeder dieser Grundformen werden zunächst Quadrate zusammengesetzt, die in der Seitenlänge mit dem des großen Quadrates übereinstimmen. Alle Quadrate zu gleich langen Streifen in der in einer Skizze festgelegten Reihenfolge verbinden und diese wiederum zum Sternmotiv zusammensetzen.

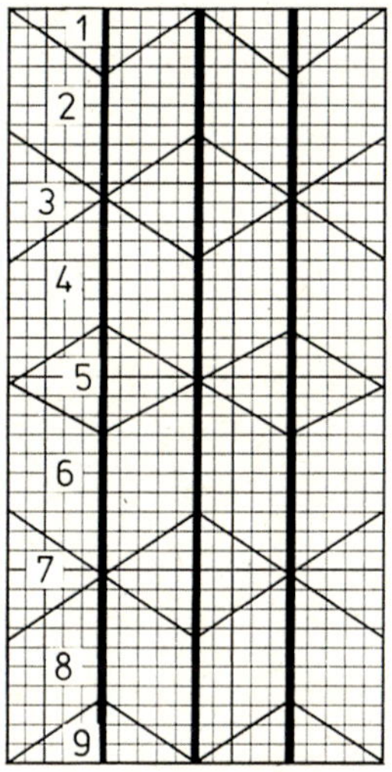

Schema zum Würfelpatchwork, bestehend aus Vier- und Dreiecken

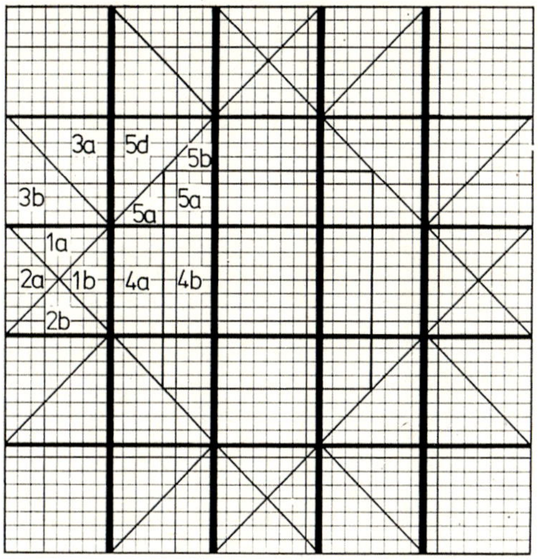

Komplettes Schema zum Sternpatchwork, passend für ein quadratisches Kissen

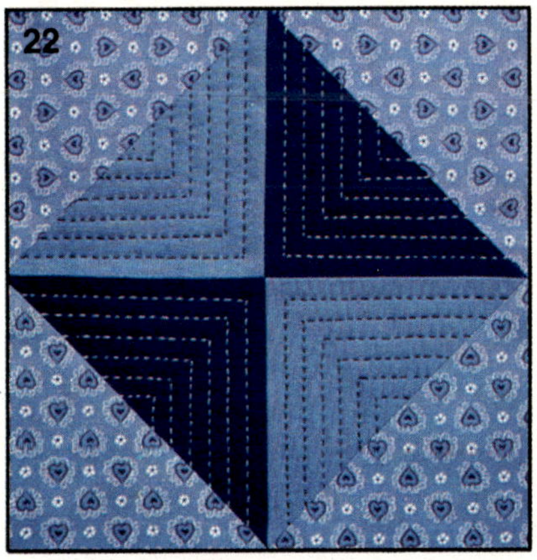

Abfüttern, steppen

Patchwork wird in der Regel gefüttert. Damit werden einmal die vielen Nahtränder abgedeckt, das Versäubern derselben erübrigt sich (es wäre eine Riesenarbeit), und zum anderen erhöht sich die Haltbarkeit und damit der Gebrauchswert.
Als Futter verwendet man ein Gewebe, welches dem Patchwork entspricht, d. h. welches vor allem die gleichen Pflegeeigenschaften hat. Muß zu einem Patchwork aus alten, also gewaschenen Stoffresten fürs Futter fabrikneuer Stoff verwendet werden, sollte man ihn vorher waschen und bügeln bzw. dekatieren lassen (chemische Reinigungen übernehmen diese Arbeit).
Schließlich ist noch zu überlegen, ob man zwischen Patchwork und Futter eine Lage dünne Watteline schieben soll (Dacron-Watte). Bei großflächigem Patchwork (Decken, Wandbehänge) ist das Wattieren sehr zu empfehlen. Ehe man mit dem Absteppen beginnen kann, muß das Patchwork – glatt aufliegend – über dem Futter (über Futter und Watteline) aufgesteckt oder -geheftet werden. Dann den Nahtlinien folgend (bzw. in den wichtigsten Verbindungsnähten) kurze Vorstiche ausführen, wobei Patchwork und Futter zu erfassen sind. An den Rändern mindestens 2 cm „offen“ lassen, damit man sie zuletzt gegenseitig einlegen und mit Handstichen verbinden kann, Abb. 21.
Auch diese Arbeit kann mit der Maschine erledigt werden: Futter bzw. Futter, Watteline und Patchwork zunächst an den Außenrändern verbinden, in einer Naht eine ausreichend lange Öffnung zum Wenden frei lassen. Nahtränder auf gleiche Breite beschneiden, über den Ecken abschrägen. Die Arbeit wenden und die Kanten exakt heften – die Naht soll genau im Bruch liegen. Jetzt das Patchwork in regelmäßigen Abständen aufs Futter heften oder stecken und die wichtigsten Nahtlinien durchsteppen. Nahtanfang und -ende jeweils mit einigen Rückstichen sichern.

Schmuckstepperei

Sollen größere Grundformen innerhalb eines Musters durch Stepplinien belebt werden, geschieht dies vor dem Zusammensetzen der Musterelemente. In der Abb. 22 sind 4 große Dreiecke parallel zu den fadengeraden Stoffrändern in gleichmäßigen Abständen mit kurzen Vorstichen ziergesteppt. Die Abb. 23 zeigt das gleiche Muster mit Maschinennaht.

LEHRGANG
Quilting

Mit Wattestepperei bezeichnet man Stepparbeiten, die durch Watteeinlage oder -unterlage plastisch gemacht worden sind. Nicht nur mit der Maschine, auch „von Hand" kann gesteppt werden, wobei sehr oft nur Vorstich zur Anwendung gelangt. In der Mode ist Gestepptes nach wie vor aktuell!

Wattestepperei

Man unterscheidet drei Arten: das Steppen von wattiertem Stoff, die Stepperei mit Schnureinzug (auch Dochtwolle oder wenig gedrehte Schnellstrickwolle ist zum Füllen geeignet) und das Steppen und Ausfüllen einzelner Motivformen – auch als „Marseiller Stickerei" bekannt.

Neben Oberstoff und Watte braucht man Futterstoff, der immer dünner als der Oberstoff sein sollte. Man kann gemusterte Stoffe ebensogut wie einfarbige mit Wattestepperei ausschmücken. Mitunter ist es möglich, daß das Stoffdruck- oder Webmuster gleichzeitig als Steppvorlage dient, wie z. B. bei den untenstehenden Abb.

Fürs Steppen mit der Maschine verwendet man am besten Knopflochgarn, und für Handarbeit eignen sich neben Perlgarn Nr. 8 auch Vierfach-Stickgarn der Stärken 8, 12, 16 und 20 – natürlich auch Knopflochseide.
Als Einlage hat sich synthetische Dacronwatte am besten bewährt, da sie für die spätere Pflege von Wattesteppereien keine Probleme aufwirft. Dacronwatte liegt in der Regel 150 cm breit und ist in Stärken zwischen 5 und 40 mm in Fachgechäften erhältlich (Einrichtungshäuser, Dekorationsgeschäfte).

Wattierten Stoff steppen

Ist vorgesehen, eine Fläche in Streifen-, Karo- oder Rhombenmusterung abzusteppen, erübrigt sich in der Regel eine Vorzeichnung. Man legt Futter, Watte und Oberstoff übereinander, hält die drei Lagen mit Stecknadeln zusammen und heftet dann in regelmäßigen Abständen, Abb. 1. Der Kantenstepper, der zu jeder Nähmaschinenausstattung gehört, ist eine nützliche Hilfe, er sorgt für regelmäßige bzw. vorbestimmte Abstände der Steppnähte. Jedes Maschinenanleitungsbuch erklärt, wie er einzusetzen ist. Eine bzw. zwei Vorstichreihen, am besten in der Mitte der Fläche ausgeführt, geben die Stepprichtung an, Abb. 1. Nach dieser Orientierungshilfe wird die 1. Naht ausgeführt und danach das Muster zu beiden Seiten ergänzt, Abb. 2 und 3. Man verwende für Knopflochseide eine Maschinennadel mit ausreichend großem Öhr. Nur wenn unbedingt erforderlich, wird die Fadenspannung leicht gelockert.

1

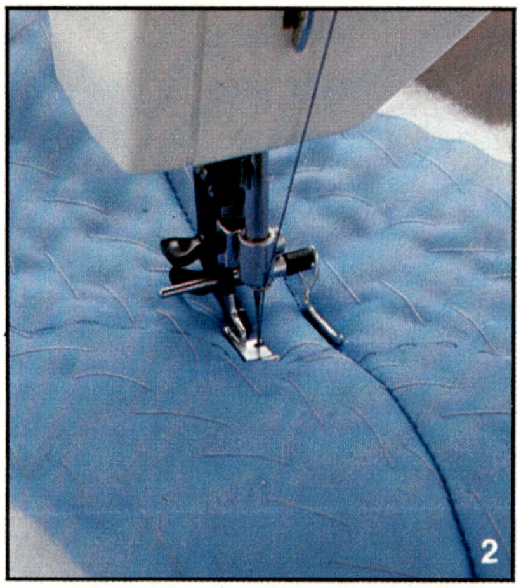
2

3

Kissen in Wattestepperei

Kissenmaß 50 x 44 cm, naturgroße Vorzeichnung auf Bogen B (¼ des Musters, auf volle Größe ergänzen).
Man braucht 0,50 m Satin, 140 cm breit (von Colsman), oranges Knopfloch- und Nähgarn, 2 Lagen Dacronwatte – je 50 x 55 cm, evtl. 1 Reißverschluß, 40 cm lang.
Wenn mit der Maschine gesteppt wird, kann das Muster mit hellem Kopierpapier auf die rechte Stoffseite übertragen werden – bei Handstepperei, vor allem wenn Vorstich ausgeführt werden soll, muß man das Muster aufs Futter zeichnen. Da von der Stoffoberseite gesteppt wird, muß die Watte nicht unbedingt mit Futter unterlegt werden, siehe Abb. 4a. Bei einer Stichgröße von ca. 2,5 mm wird jeweils in einer Ecke mit dem Steppen begonnen – der letzte Stich soll dann wieder im 1. Stich enden, Abb. 4b. Zunächst nur das Mittelmotiv und die karogesteppten Dreiecke ausführen. Oberfäden auf die Rückseite durchziehen und mit dem Unterfaden auf der Rückseite sorgfältig verknoten, Abb. 4a. Erst nachdem alles gesteppt ist, wird die Oberseite korrekt zugeschnitten.

Für die Kissenrückseite 2 Teile mit 2,5 cm Nahtrand zuschneiden, in die Verbindungsnaht den Reißverschluß verdeckt einnähen. Dann Ober- und Rückseite, rechts auf rechts liegend, mit gleichmäßigem Abstand zu den Dreiecken zusammennähen. Nahtrand auf 3 mm beschneiden, Kissen wenden, den Rand korrekt durchheften – die Naht soll exakt im Bruch liegen. Danach die beiden Stepplinien der Umrandung ausführen, zuvor aber zwischen den Stepplinien sorgfältig durchheften, damit sich der Stoff nicht verschieben kann.

Stepperei mit Schnureinlage

Ein Muster für „Schnurstepperei" ist immer aus 2 parallel laufenden Linien gezeichnet. Der Linienabstand richtet sich nach der Dicke der Schnur bzw. der Dochtwolle. Je nach Steppart ist die Vorzeichnung auf den Oberstoff oder aufs Futter zu übertragen. Nur Oberstoff und Futter werden übereinandergeheftet. Sind alle Linien gesteppt, lt. Abb. 5 und 6a (s. Seite 68) mit Hand-Vorstichen, sind die Zwischenräume mit Schnur oder Dochtwolle zu füllen. Man arbeitet mit einer dicken Teppichnadel mit aufgebogener Spitze, Abb. 5. Ins Futter sind kleine Schlitze einzuschneiden, die Ränder kann man evtl. mit Nagellack sichern (Abb. 8a, s. Seite 68). Wichtig, daß jede Musterlinie für sich durchzogen wird; kreuzen die Musterlinien, muß die Dochtwolle nach oben geführt und nach der Kreuzung wieder zwischen Futter und Oberstoff geleitet werden. Auch an engen Kurven muß man nach oben stechen, da ja die große Nadel der Rundung nicht folgen kann – danach an derselben Stelle wieder einstechen.

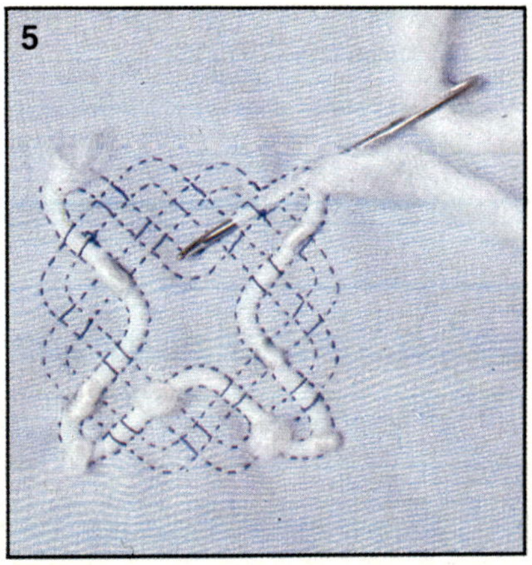

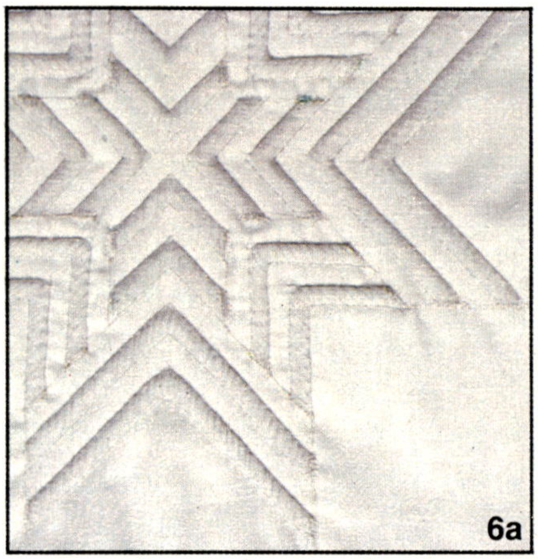
6a

6b

Kissen mit Schnurstepperei

Kissenmaß 40 x 40 cm, Vorzeichnung auf Bogen B (¼ des Sternmotivs). Man braucht 45 x 90 cm Satin (Colsman), 40 x 40 cm Futter, Dochtwolle, 1 Reißverschluß, 35 cm lang. Sternmotiv auf volle Größe ergänzen und aufs Futter übertragen. Futter und Oberstoff durchheften, den Stern mit Vorstichen durchnähen – jede Naht an Anfang und Ende im Futter mit einigen Stichen sichern. Je nach Fadendicke die Dochtwolle 2-, 3- oder gar 4fach einziehen, die Schlitze im Futter mit überwendlichen Stichen schließen, Abb. 6a. Danach Kissenober- und -rückseite durch Naht verbinden, Nahtränder auf 15 mm beschneiden, über den Ecken abschrägen, versäubern, Kissen wenden. In eine Naht den Reißverschluß verdeckt einnähen (s. auch Abbildungen 6b und 6c).

6c

Motiv steppen

Falls mit der Maschine gesteppt wird oder mit der Hand Rück- bzw. Steppstich ausgeführt werden soll, muß die Vorzeichnung auf die Oberseite des Oberstoffes übertragen werden. Will man vermeiden, daß nach dem Steppen Musterlinien sichtbar sind, überträgt man die Motive auf die Rückseite des Oberstoffes – mittels Kopierpapier, evtl. mit dem Kopierrädchen. Danach sind, den Musterlinien folgend, kurze Vorstiche einzuziehen, um dadurch das Motiv auf die Stoffoberseite zu transferieren, siehe Abb. 7, links unten.

Beim Steppen Fadenanfang und -ende in den Verbindungsstichen der Rückseite vernähen. Danach ist jede Motivform in der Mitte einzuschneiden – die Schnittränder evtl. mit Nagellack vor dem Ausfransen sichern, siehe Abb. 8a. Mit Watte prall ausstopfen, evtl. mit einer Pinzette, für die Ecken einen Pfriem (Lochbein, siehe Abb. 8a) zu Hilfe nehmen. Danach die Schlitze mit einigen Stichen schließen, Abb. 8b.

Wie Abb. 8b zeigt, kann eine Motivform auch mit Dochtwolle gefüllt werden. Man sticht am Rand einer Form ein, am gegenüberliegenden Rand aus; nach einem kurzen Abstand wieder einstechen usw., bis die Form prall gefüllt ist bzw. auf der Oberseite plastisch hervortritt.

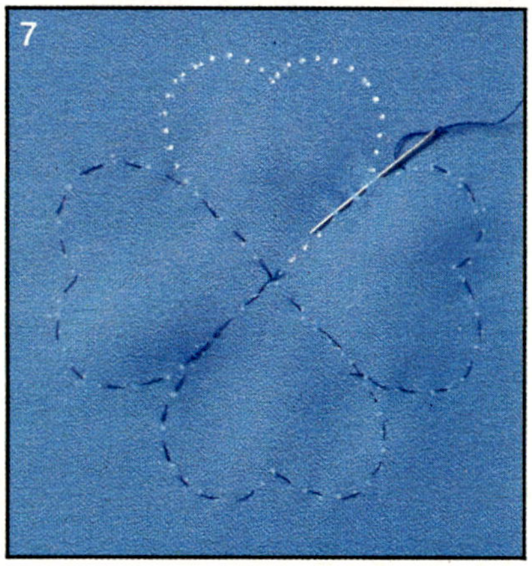
7

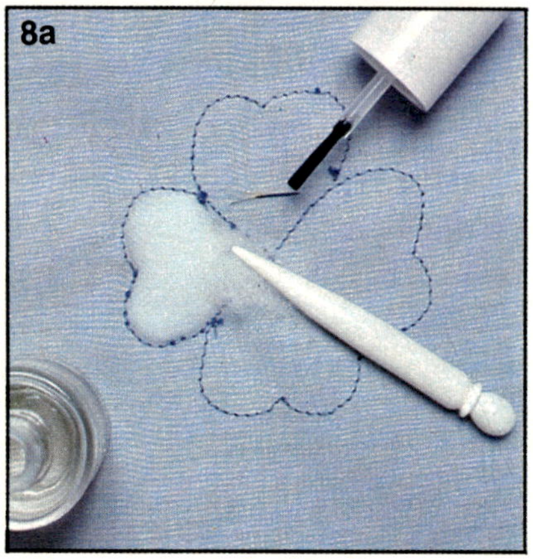
8a

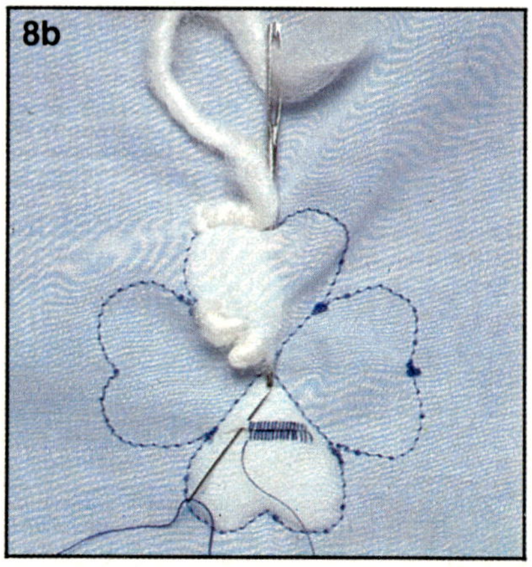
8b

Abb. 9 zeigt eine Motivstepperei, für die durchscheinender Oberstoff verwendet ist und deren Musterelemente mit farbiger Watte (auch Wolle kann man nehmen) gefüllt sind.

Kissen mit Schnur- und Motivstepperei

Kissenmaß 38 x 38 cm; naturgroßer Musterausschnitt auf Bogen L, Nr. LG 10c.

Man braucht 0,45 m Satin, 140 cm breit (Colsman), 45 x 45 cm Futter, Watte und Dochtwolle zum Ausfüllen, Knopflochgarn in Stoffarbe, 1 Reißverschluß, 35 cm lang.

Das Muster auf die 45 x 45 cm große Stoffoberseite übertragen (gerade Linien mit Lineal und Schneiderkreide auf die Stoffrückseite, danach mit Kopierrädchen und Lineal auf die Stoffoberseite). Futter unterheften.

Zunächst das schräge Gitter mit der Maschine steppen, jedes Feld innerhalb der Stepplinien noch einmal füßchenbreit bzw. mit 7 mm Abstand zum Steppgitter absteppen. Jeweils in einer Ecke beginnen, Fadenanfang und -ende auf die Rückseite führen und mit dem Unterfaden verknoten. Kleeblätter mit Handsteppstichen nachnähen.

Wer im Maschinennähen geübt ist, kann auch mit kurzen Stichen maschinensteppen (in den Rundungen nach wenigen Stichen den Stoffdrücker heben, Stoff entsprechend drehen, nach wenigen Stichen wiederholen usw.). Kleeblattmotive lt. Abb. 8a und b mit Watte ausstopfen, danach jeden Viereckrahmen für sich mit Dochtwolle ausfüllen, siehe Abb. 10a und 10b.

Für die Einfassung aus dem übrigen Stoff 4 cm breite Schrägstreifen schneiden, in ca. 165 cm Länge zusammensteppen, Nähte auseinanderbügeln. Streifen der Länge nach zur Hälfte legen, Dochtwolle einlegen, danach über die Kissenoberseite längs des Randes so aufheften, daß der gefüllte Wulst innen liegt (über den Ecken einhalten). Danach die Kissenrückseite längs der Umgrenzungslinie gegensteppen. Eine Seite in der Mitte für den Reißverschluß offenlassen – über dieser Öffnung die Einfassung nur mit der Kissenoberseite zusammensteppen. Nahtränder auf 15 mm beschneiden, über den Ecken abschrägen, versäubern, Kissen wenden, schließlich den Reißverschluß verdeckt einnähen.

51

52

51 + 52 Hier ist die bescheidene Ackerwinde einmal der große Star! Das liebenswerte Motiv, das Sie auf dem Detailfoto rechts unten noch einmal vergrößert sehen, wurde auf Nessel appliziert und zusätzlich noch bestickt. Die Tischdecke hat einen Durchmesser von 150 cm. Ein dazu passendes Kissen und die Servietten runden das Bild dieser apart gedeckten Kaffeetafel harmonisch ab.

Rund um den schönen Tisch

Sommerliches Dekor, das fröhliche Stunden verschönert

53

53 + 54 Eine Set-Idee, die Ihre Gäste heiter stimmt. Ein so farbenfroh gedeckter Tisch macht gute Laune. Die großen applizierten Blüten und Blätter sollten aus dem gleichen Material wie der Grundstoff sein, da sich sonst beim Waschen durch eventuelles Einlaufen die ganze Applikation verziehen kann. Durch Aufbügeln der ausgeschnittenen Motive mit Haftvlies werden Verrutschen oder Fältchenbildung während des Nähens verhindert, und die Arbeit ist völlig problemlos. Die großflächigen Motive werden auch einen Nähanfänger zum Applizieren verleiten. Geübte können beim Aufkurbeln (Kordonieren) noch einen besonderen Effekt erzielen. Wenn die Konturen extra betont werden sollen, läßt man während des Nähens einen dicken Faden (z. B. Perlgarn) mitlaufen, dann wird die Kurbelnaht wesentlich plastischer. Weitere Variationsmöglichkeiten: Für größere oder runde Tische setzen Sie einfach noch eine Motivreihe an oder gliedern die Fläche entsprechend anders auf.
Die einzelnen Blüten- und Blattmotive eignen sich auch als Schmuck für Bettüberwürfe und dekorative Vorhänge.

54

55

Fantasievoll appliziert

55 Wer könnte sich der Faszination dieses Bettüberwurfs entziehen? – Aus vielen applizierten Einzelbildchen, die alle ihre eigene kleine Geschichte erzählen, entstand hier eine zauberhafte Decke fürs Kinderzimmer. Das Nacharbeiten machen wir Ihnen durch originalgroße Musterzeichnungen ganz leicht, und das Gestalten mit unterschiedlichsten Stoffdessins wird Sie bestimmt begeistern. Empfehlenswert sind Baumwollqualitäten, weil sich die Bettdecke dann problemlos waschen läßt. Auch in anderen Musterkombinationen werden die Motive gut aussehen – es kommt nur darauf an, daß die Farbkontraste unserem Modellvorschlag entsprechen. Die äußere Kante darf auch uni sein. Inspizieren Sie mal Ihre Restekiste, ergänzen Sie das Vorhandene, und dann – frisch ans Werk und gutes Gelingen!

56

57

Kunterbuntes, nicht nur fürs Kinderzimmer

56 Suchen Sie schon lange einen Bettüberwurf, der tagsüber den Raum urgemütlich macht und nicht nur schön, sondern auch praktisch ist? Hier ist er! Kuschelweich, mit Wattevlies gefüttert und entlang der großen Karos gequiltet. Wie's gemacht wird, können Sie in der Anleitung nachlesen.

57 Für Backfischs Zimmer einen Fisch. Er ist nicht nur eine witzige Dekoration; weich ausgestopft eignet er sich als bequemes Kuschelkissen für Leseratten und Schallplattenfans.

58 Für das Reich der Kleinen eine bunte Hühnerschar zum Spielen, die auch eine Kissenschlacht unbeschadet übersteht. Ergänzend dazu wurde eine Henne auf die 100 x 100 cm große Krabbeldecke appliziert. Wenn Sie knitterfreie Stoffe verwenden, sind die Tiere mitsamt Füllung pflegeleicht. Die Plastikaugen sollten sehr fest angenäht werden, Sie können sie aber auch durch hübsche Knöpfe ersetzen.

Ein Paradebeispiel für Patchwork, Applikation und Quilting

59 Bei dieser herrlichen Decke, sie ist 160 x 180 cm groß, sind alle drei Techniken angewandt. Die Kränzchen des Mittelfeldes, aus jeweils gleichgroßen Dreiecken aufgebaut, werden zuerst auf einzelne Quadrate des Grundstoffs aufgebügelt und appliziert. Danach näht man die Quadrate zusammen. Die breite Umrandung besteht aus lauter schmalen aneinandergefügten Streifen. Nach dem Abfüttern mit einem Uni-Stoff und dem Einfügen einer dicken Lage Wattevlies wird gequiltet, d. h., von Hand werden alle Nähte um die Karos herum mit kleinen Vorstichen durch alle drei Stofflagen genäht. Die Maße der Decke sind leicht abzuändern, indem entweder das Mittelfeld mehr Quadrate bekommt oder der Streifenrand breiter gearbeitet wird. – Diese farbenfrohe Decke wirkt nicht nur schön auf Bett und Diwan, sondern auch beim fröhlichen Picknick sorgt sie für Bequemlichkeit. Durch die waschbare Einlage ist sie außerdem noch pflegeleicht und wird so zum unentbehrlichen Begleiter für Urlaub und Freizeit.

60

Alte Muster von zeitloser Schönheit

60 Wer bekäme bei diesem Anblick nicht Lust, die bezaubernd schöne Weste gleich zu nähen? Das frische Farbmosaik, im traditionellen Blockhausmuster gestaltet, wetteifert fast schon mit der Leuchtkraft alter, bunter Glasfenster. Modellbeschreibung für Gr. 34. Bei der Auswahl der Stoffe können Sie auch Ihren ganz persönlichen Lieblingsfarben den Vorzug geben.

61 Wie das gleiche Muster in anderer Farbstellung wirkt, veranschaulicht dieser dekorative Wandbehang. Durch die ausgeprägte Hell-Dunkel-Abstufung innerhalb der einzelnen Blöcke wirkt das Muster besonders plastisch.

61

62

63

Maßgeschneidert für Ihr Bett

62 Diese seidenweiche Tagesdecke ist nicht nur bildschön, sie ist auch in wenigen Stunden leicht zu nähen. Der Oberstoff wurde gedoppelt zum Bezug geschlossen, eine dicke Lage Wattevlies eingeschoben und entlang den Konturen der aufgemalten Heckenrose durch alle drei Lagen mit kleinen Vorstichen gequiltet. Damit die Füllung an den Rändern nicht verrutschen kann, wird noch eine Steppnaht um die ganze Decke herumgenäht, und schon ist sie fertig!

63 Der Bettüberwurf mit Volant für das Doppelbett und die passenden Kissen sind Ton in Ton fein abgestimmt. Durch wiederholtes Auslegen der zugeschnittenen Dreiecke – um die effektvollste Wirkung zu erzielen – ergaben sich dann die dunklere Umrandung und der farbintensivere Mittelstreifen. Erst wenn Sie ganz sicher sind, das schönste „Bild" entworfen zu haben, kann mit der eigentlichen Näharbeit begonnen werden. Mit Geduld kommen Sie Stück für Stück zum Ziel.

64

Klassische Muster mit sehr viel Charme

64 Die klare Grafik dieser stilvollen Decke ist bestechend. Halbe Sechsecke, im Wechsel hell/dunkel aneinandergenäht, wirken wie perspektivisch gezeichnete Würfel. Dieser Effekt wird durch die Wattierung und das Durchsteppen der einzelnen Längsnähte noch verstärkt. Der breite, kleingeblümte Rand umgibt das aufwendige Mittelfeld als schlichter Rahmen.

65

66

65 Pine-apple nennt man dieses traditionelle Muster, das hier besonders liebevoll zu einem Kissen verarbeitet worden ist. Kissengröße 30 x 30 cm.

66 Auch hier handelt es sich um ein altes, sehr beliebtes Dessin: Man nennt es Blockhausmuster. Dieses aparte Kissen paßt gut in eine moderne Umgebung.

HARDANGER- UND RICHELIEUSTICKEREI

Durchbruchstickerei ist der Sammelbegriff für alle Sticktechniken, bei denen entweder nur Gewebefäden oder auch ganze Stoffpartien ausgespart werden.

LEHRGANG Sticken

Von ihrem Erscheinungsbild her gehören diese Stickereien also zu den Spitzen. Die einzelnen Techniken erklären wir schrittweise auf den nächsten Seiten.

Durchbruchstickerei

Durchbruch nennt man jene Sticktechnik, bei der „klargelegte" Fäden mit Zierstichen zusammengefaßt, überstickt, durchstopft oder umwickelt werden. Bei den klargelegten Fäden spricht man auch von einer „Fadenrinne", einem „Fadengleis". Sind die Gewebefäden nur in einer Richtung zu entfernen, ist von „einfachem Durchbruch" die Rede. Sind die Gewebefäden dagegen in Schuß- und Kettrichtung ausgezogen, entstehen an den Kreuzungspunkten Löcher, in welche Füllungen in Form von „Spinnen" und Spitzen eingestickt werden. Solche Muster gelten in der Handarbeitsfachsprache als „Doppeldurchbruch". Sehr schmale Durchbrüche kann man ohne weiteres „in der Hand" sticken; Muster mit breiten Fadengleisen sollten stets im Rahmen ausgeführt werden, damit die freigelegten Fäden immer die gleiche Spannung behalten. Denselben Dienst erweist eine Wachstuchunterlage, auf die man den Stoff exakt aufgeheftet hat.

Ausziehen der Gewebefäden

Länge und Breite des Durchbruchs werden mit winzigen Bleistiftpunkten markiert. Man lokkert zunächst die beiden äußeren Gewebefäden mit einer Nadel, schneidet sie durch und zieht sie dann nach und nach aus. An Anfang und Ende bleiben sie 4 bis 5 cm lang hängen, siehe Abb. 1 und 2. Bei schmalen Mustern entfernt man die Gewebefäden sofort in voller Breite. Bei breiten Durchbrüchen ist es ratsamer, zu beiden Seiten zunächst nur die äußeren Gewebefäden auszuziehen, die dazwischenliegenden erst dann, wenn die Fadenrinnen mit Hohlnahtstichen gesichert sind! Die übrigen Gewebefäden im Verlauf der Arbeit nach und nach entfernen. In Stoffen mit lockerer Bindung stopft man die Enden der Gewebefäden an Anfang und Ende einer Reihe 15 bis 20 mm in den dichten Geweberand zurück, Abb. 3. Bei dicht gewebtem Leinen z. B. werden die Gewebefäden mit der Nadelspitze nach links gestreift und mit Bindlochstich, Wickel- oder Schlingstich längs des Randes befestigt (wobei die Enden der Gewebefäden mit möglichst dünnem Faden zu übersticken sind).

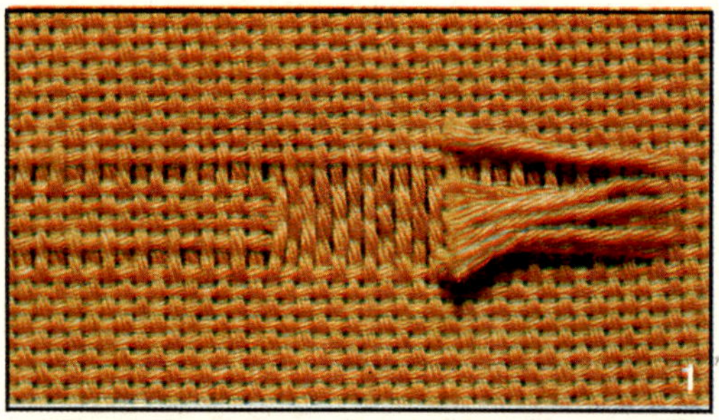

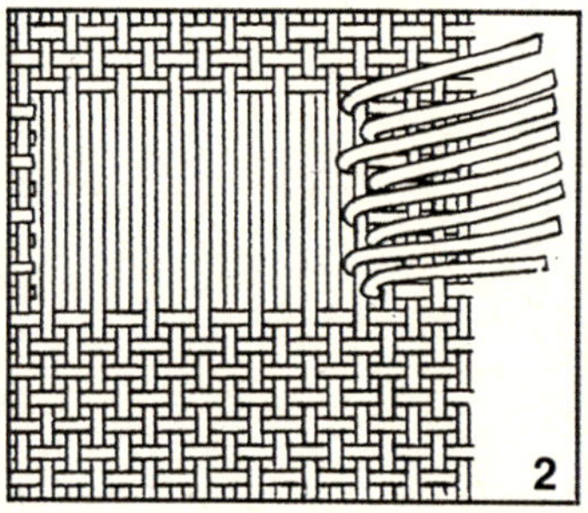

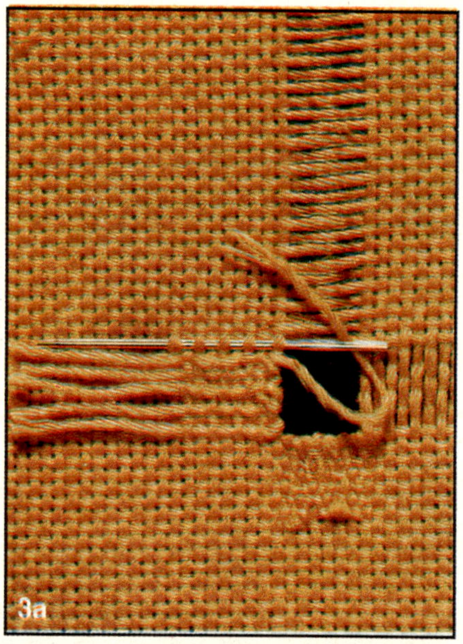

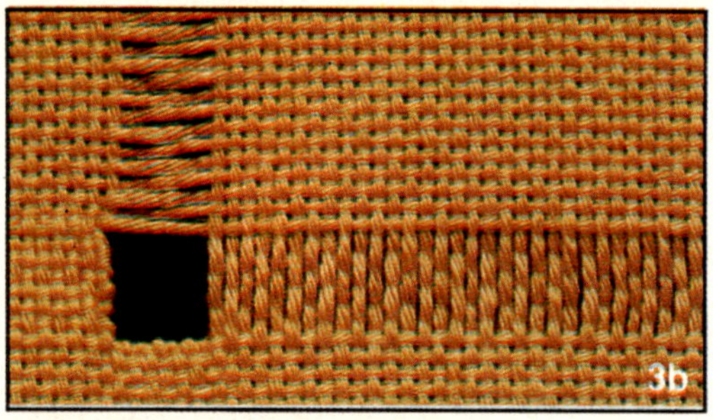

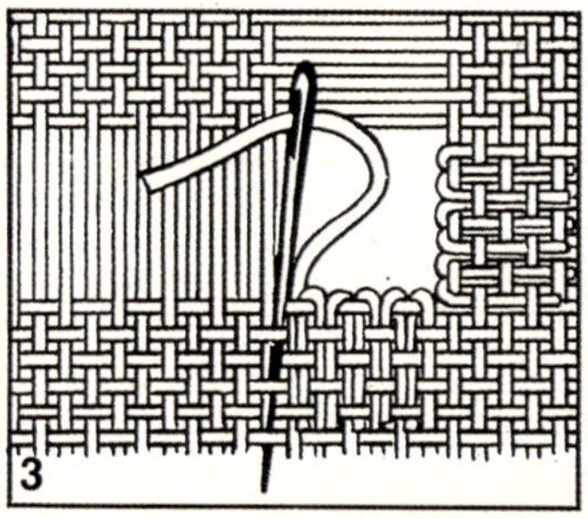

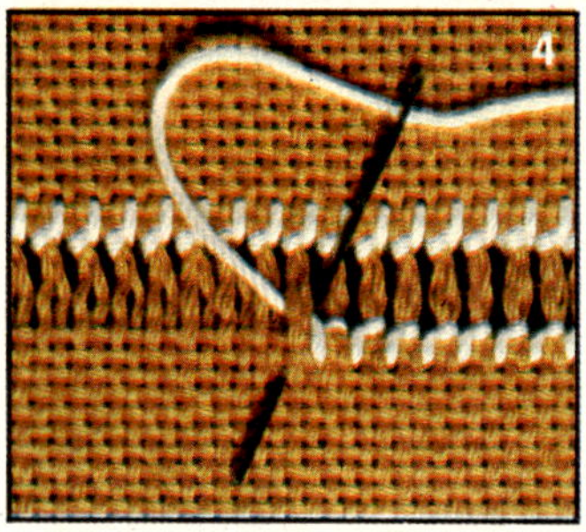

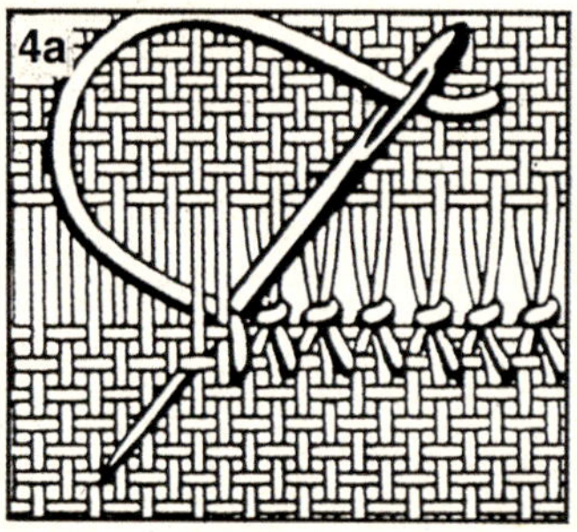

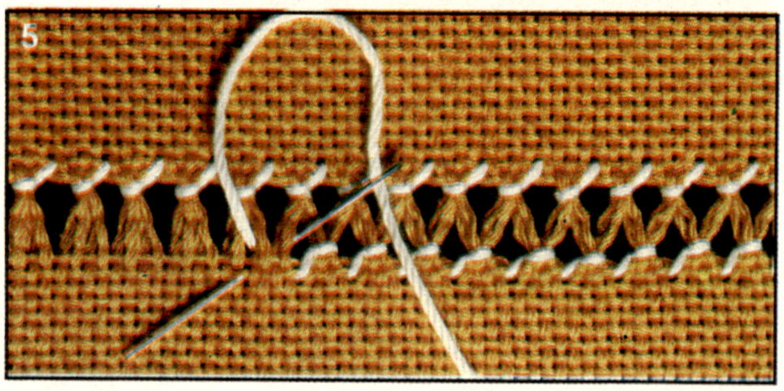

Verwahren der Stickfäden

Der Fadenanfang wird mit einem Rückstich im Stoffrand befestigt. Muß innerhalb einer Reihe ein Faden vernäht werden, sticht man nach dem letzten Stich in den kurzen Verbindungsstichen, die auf die Stoffrückseite zu liegen kommen, zurück. Fadenende kurz abschneiden. Geht es darum, einen Faden innerhalb eines breiten Durchbruches zu vernähen, muß das Fadenende nach dem letzten Stich innerhalb eines Fadenbündels zum Stoffrand geführt, dort wie vorher beschrieben vernäht werden.

Einfache Hohlnahtstiche

Abb. 4: Der einfache Hohlnahtstich kann von rechts nach links gestickt werden: Die vorbestimmte Fadenzahl auffassen, einen kurzen Stich in den Stoffrand ausführen. Dabei wird, je nach Fadendichte, 2 bis 4 Gewebefäden tief eingestochen. Man kann auch von links nach rechts sticken: Fadenanfang im Stoffrand verwahren, von rechts nach links das Fadenbündel auffassen, Faden durchziehen, einen kurzen Stich in den Stoffrand ausführen.
Werden an der Gegenseite dieselben Gewebefäden aufgenommen, entsteht eine Stäbchenhohlnaht, Abb. 4. Stickt man dagegen lt. Abb. 5, wobei immer eine gerade Anzahl an Gewebefäden zu bündeln ist, wird der Zickzackhohlsaum gebildet (an der 2. Seite die Fäden versetzt bündeln).

Hohlsäume mit Zierstichen

Abb. 6.: Zwei schmale Fadenrinnen werden hier mit Kreuznahtstich gesichert. Es ist stets eine gerade Anzahl an Gewebefäden zu bündeln, wechselnd am unteren und oberen Rand des Stoffsteges einstechen und die klargelegten Fäden je zur Hälfte versetzt aufnehmen. Je nachdem, welche Seite der Stickerei als die rechte gelten soll, vernäht man den Faden in den kurzen Steppstichen oder in den auf der Unterseite überkreuzt liegenden Verbindungsstichen.

Abb. 7: Auch der Zackenstich ist auf diese Weise anzuwenden. Auf der Rückseite entstehen nur kurze Verbindungsstiche, je 2 innerhalb eines Fadenbündels, Abb. 7a, b.

Abb. 8: Der Waffelstich wird in 2 Arbeitsgängen gestickt. Der Stoffsteg zwischen den beiden Fadenrinnen muß eine gerade Fadenzahl aufweisen, denn die kurzen Rückstiche liegen genau in der Mitte, siehe Abb. 8a. Die 2. Reihe ist gegengleich zur 1. zu sticken, siehe Abb. 8b.

Abb. 9: Beim kretischen Schlingstich wird wechselnd 1 Schlinge vom oberen Rand des Stoffsteges zur Mitte desselben, dann 1 Schlingstich vom unteren Rand des Stoffsteges zur Mitte gestickt, auch Abb. 9a.

Bei all diesen Mustern müssen evtl. die äußeren Ränder der Fadenrinnen, je nach Breite dieser, mit einfachem Hohlnahtstich gesichert werden.

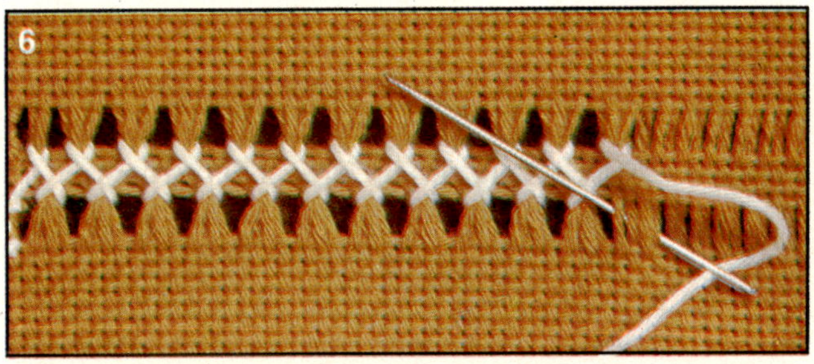
6

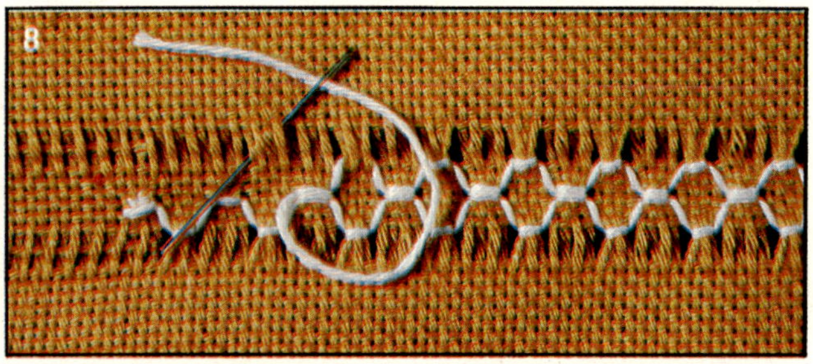
8

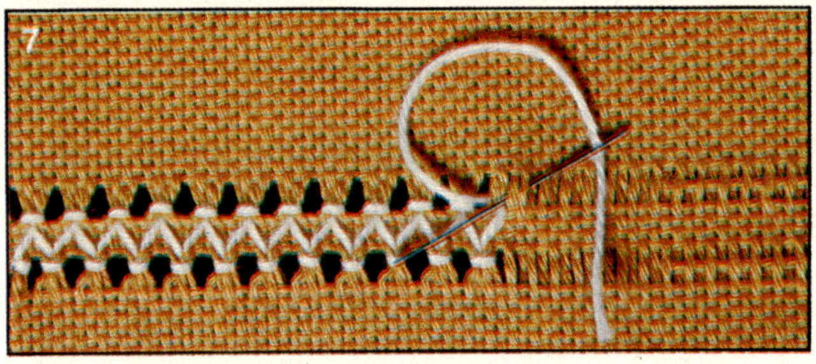
7

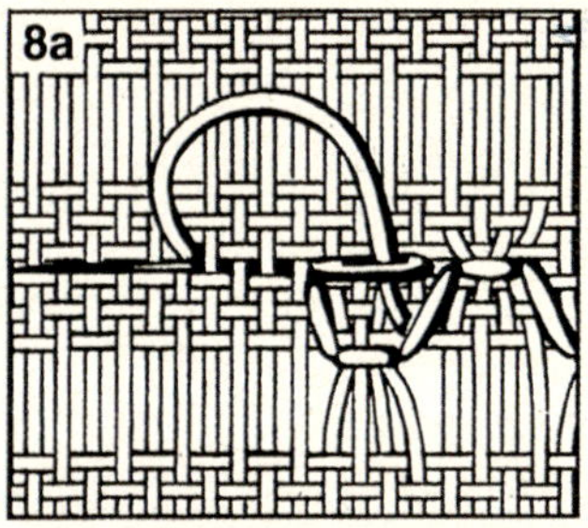
8a

8b

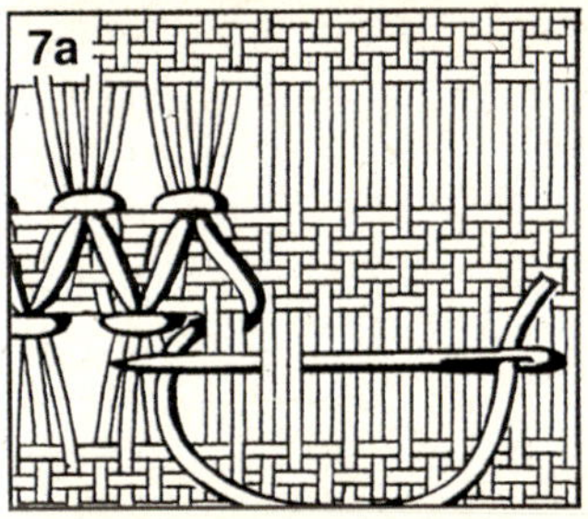
7a

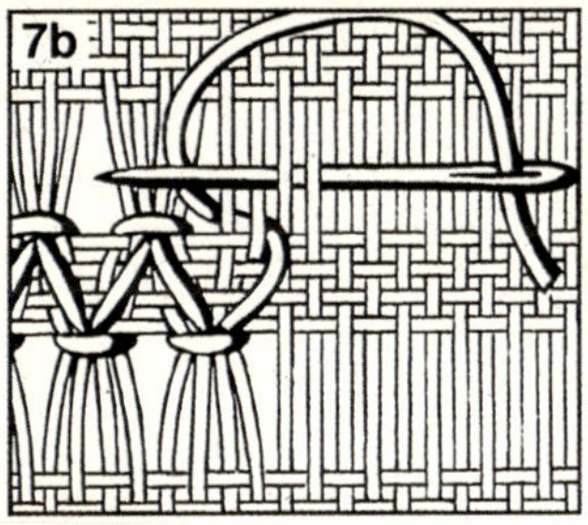
7b

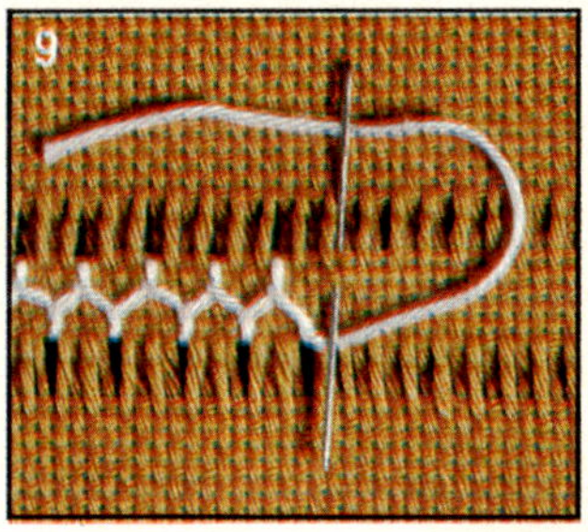
9

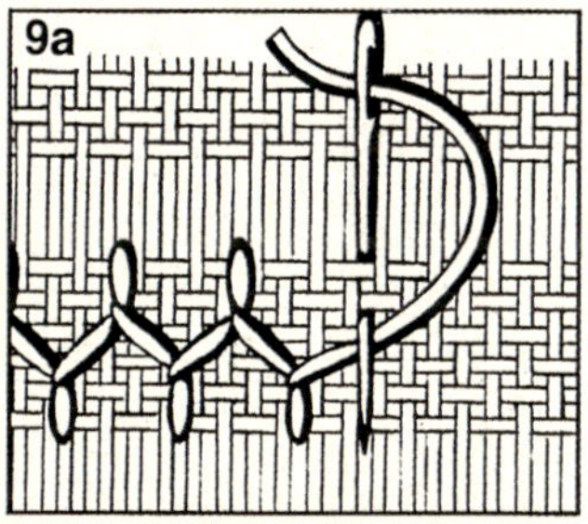
9a

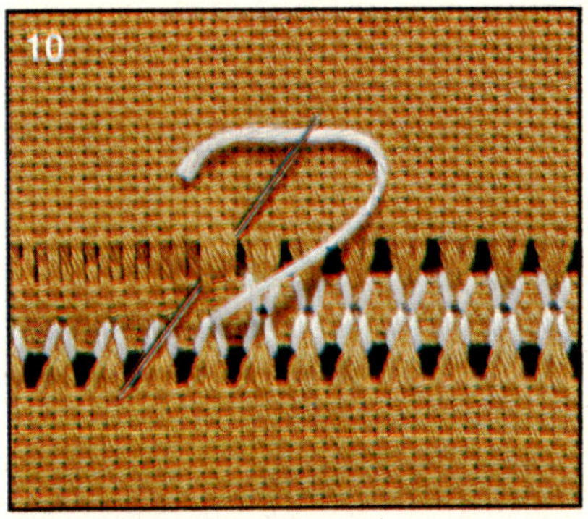
10

11

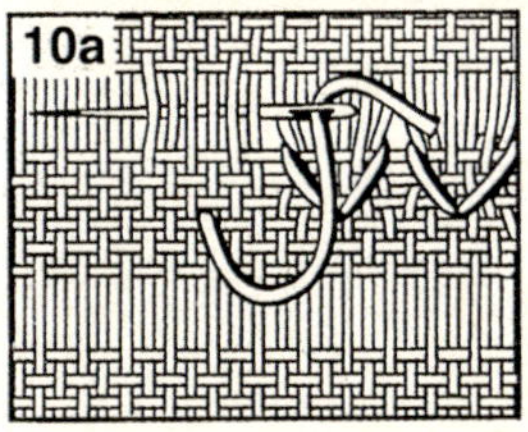
10a

10b

Abb. 10: Eine Doppelreihe Zickzackstich, deren Ein- und Ausstichstellen ebenfalls exakt in der Mitte des Stoffsteges und genau unter der Mitte des Fadenbündels liegen, muß – wie der Waffelstich – in zwei Reihen gestickt werden, siehe Abb. 10a und 10b.

Abb. 11: Den „Kästchenstich" über einen Stoffsteg sticken. Auf einen Hohlnahtstich am oberen Rand, Abb. 11 und 11a, folgt ein Verbindungsstich zur Gegenseite. Stets in schräger Richtung weiterstechen, Abb. 11b. Auf der Rückseite entstehen schräg liegende Kreuzchen.

Der Kästchenstich kann auch ohne Fadenauszug – auch als Sicherung an den Stoffkanten einer sehr breiten Fadenrinne – ausgeführt werden.

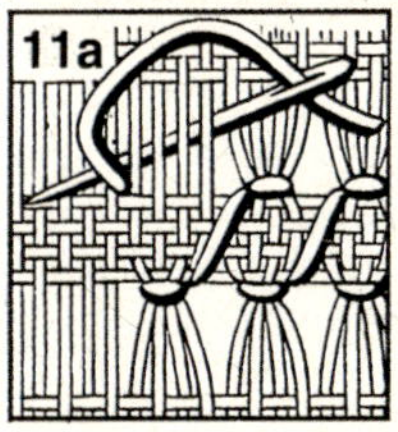
11a

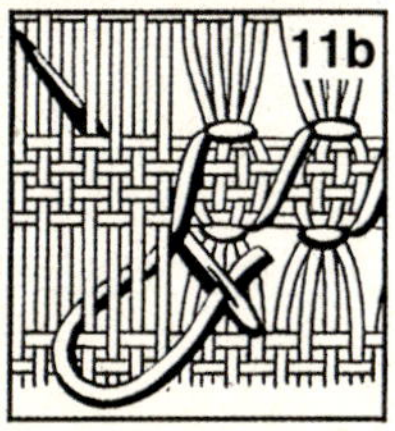
11b

Abb. 12: Bei dieser Hohlnaht wird über einen 4 Fäden breiten Stoffsteg ab Mitte wechselnd 1 Margeritenstich über 2 Fadenkreuze nach oben und nach unten ausgeführt. Für die Fadenrinnen ist nur je 1 Gewebefaden auszuziehen. Über jeder Ausstichstelle der Margeritenstiche sind am Außenrand über 2 Gewebefäden je 3 Wickelstiche zu sticken.
Abb. 13: Der Doppelstich erfaßt jedes Bündel mit gerader Fadenzahl 2mal – zunächst die Hälfte der Gewebefäden mit einem einfachen Hohlnahtstich bündeln, mit dem 2. Stich alle Fäden des Bündels zusammenfassen, kurzen Stich in die Stoffkante ausführen.
Abb. 14: Die Hohlnaht füllt die Fadenrinne vollständig, die klargelegten Fäden werden in 2 Reihen, die von links nach rechts führen, mit Wickelstichen überstickt: Faden am Stoffrand verwahren, 2 Gewebefäden von rechts nach links aufnehmen, Faden durchziehen, mit dem folgenden Stich insgesamt 4 Fäden, einschließlich der zuvor überstickten, aufnehmen (über dem 1. Stich), aber nach 2 Fäden unter diesem Stich ausstechen. In der vorhergehenden Einstichstelle, also unter dem langen Stich, wieder einstechen und 2 Fäden aufnehmen. Faden durchziehen; 4 Fäden nach rechts zählen, wieder einstechen usw. Die 2. Hälfte der Fadenrinne gegengleich übersticken (s. Einzeichnung in der Stickprobe).

12

13

14

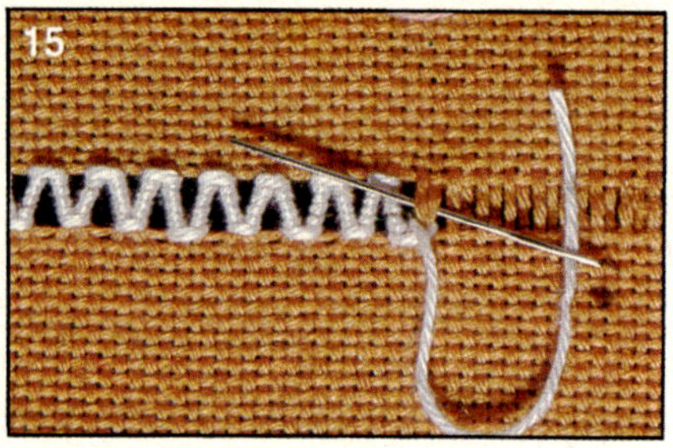
15

16

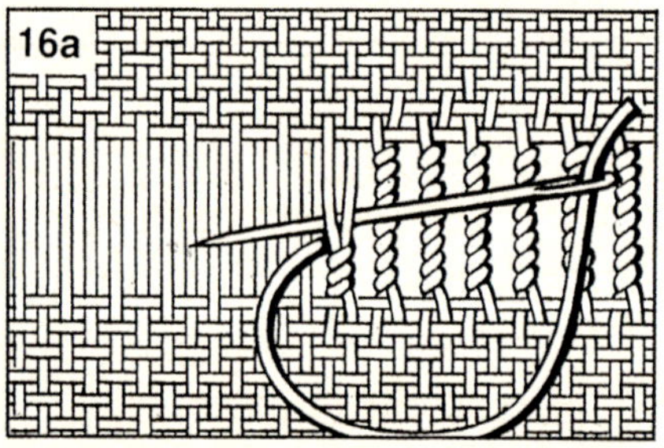
16a

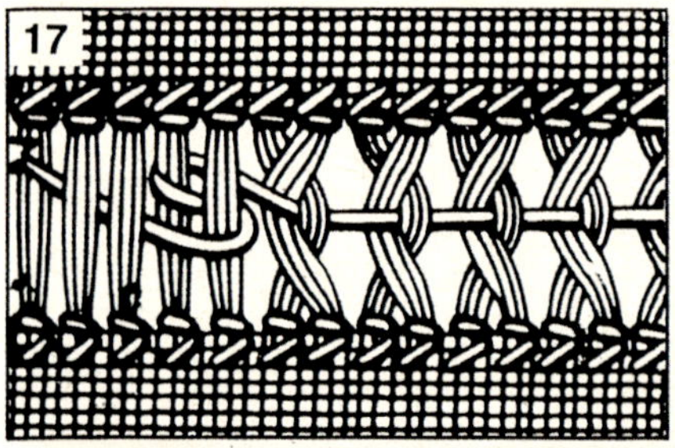
17

17a

17b

Wickeldurchbruch

Besonders haltbar sind Durchbrüche mit umwickelten Fadenbündeln.
Abb. 15 zeigt den einfachen Wickelhohlsaum, für schmale Fadenrinnen geeignet: In einer ca. 5 mm breiten Fadenrinne (7 Gewebefäden/1 cm) werden in auf- und absteigender Richtung je 2 Gewebefäden mit Wickelstichen umfaßt. Der folgende Stich nimmt das nächste Fadenbündel auf, es folgen wieder 5 Umwicklungen (mit Vierfach-Stickgarn 8).
Abb. 16: Dieser doppelt so breite Hohlsaum umschließt ebenfalls je 2 Gewebefäden. Auf 9 Umwicklungen folgt 1 kurzer senkrechter Stich in den Stoffrand, einen 2. Stich nach 2 Gewebefäden wiederholen und das nächste Bündel 9mal umwickeln.

Der „verschränkte" Durchbruch

Will man den Fadenbündeln in einem verhältnismäßig breiten Fadengleis zusätzlichen Halt geben, verschränkt man sie z. B. lt. Abb. 17. Die Stoffränder sind mit einfachem Hohlnahtstich gesichert. Zum Verschränken der Fadenbündel sollte der Arbeitsfaden reichlich so lang wie der betreffende Hohlsaum sein, damit innerhalb der Reihe nicht vernäht werden muß. Wie die Fadenbündel aufzufassen sind, zeigt Abb. 17 bzw. 17b.
Abb. 17a: Begrenzt ein verschränkter Hohlsaum ein Viereck, ist der Faden am Stoffrand eines Eckloches mit einem Rückenstich zu befestigen und am gegenüberliegenden Rand ebenso zu vernähen. Beim Einziehen des 2. bis 4. Fadens wird über der Mitte des Eckloches der vorhandene Faden mit einem Schlingknotenstich (siehe Abb. 19, S. 91) erfaßt.
Abb. 17b: Hier sind die Fadenbündel einer sehr breiten Fadenrinne in 2 Reihen verschränkt, in der unteren versetzt zur oberen Durchzugsreihe.

Abb. 18: Für diese 1 cm breite Fadenrinne wurden 7 Gewebefäden ausgezogen und je 2 Gewebefäden für den Stäbchenhohlsaum gebündelt. Die Fadenbündel sind in der Mitte mit Wellenstich verschränkt. Man stickt in einer Reihe von links nach rechts. Die Verbindungsstiche auf der Rückseite umfassen jeweils nur 1 Fadenbündel. In diesen kurzen Stichen sind auch Anfang und Ende zu vernähen. In der Stickprobe der Abb. 18a ist der Wellenstich zweimal ausgeführt, in 2. Reihe gegengleich zur 1. Reihe.

Der Schlingknotenstich

Der Schlingknotenstich bildet im Vergleich zum einfachen Schlingstich eine feste Verknüpfung. Man wendet ihn überall dort an, wo man erreichen will, daß die Verschlingung am vorbestimmten Punkt bleibt.

Man stickt von rechts nach links oder von oben nach unten. Die Abb. 19 erklärt die Ausführung: Faden zur Schlinge legen, außerhalb derselben ein, innerhalb derselben ausstechen, Faden durchziehen.

Eine hübsche Wirkung erzielt man durch das Sticken einer 2. Reihe. Der Verbindungsfaden zwischen den Schlingknoten der 1. Reihe ist mit einigen Wickelstichen zu umfassen, wobei man den Faden von oben nach unten auffaßt, über das folgende Fadenbündel unter dem anschließenden Verbindungsfaden hindurch zur Schlinge legt und lt. Abb. 19 den Schlingknotenstich ausführt. Die Fadenverschlingung muß sich gleichmäßig und glatt um den 1. Schlingknotenstich legen.

In der Stickprobe der Abb. 19b ist der Schlingknoten mit Vierfach-Stickgarn Nr. 16 ausgeführt. Mit dickerem Faden, z. B. Nr. 8, werden alle Schlingknoten und die kurzen Fadenstege zwischen den Knoten umwickelt. Man stickt von rechts nach links, umwickelt zunächst den kurzen Verbindungsfaden und anschließend den Schlingknoten, wobei 1mal der Spannfaden nach dem Knoten und dann – von oben nach unten – der Spannfaden vor dem Knoten aufzunehmen ist. Anschließend wieder den Spannfaden zwischen dem soeben umwickelten und dem folgenden Schlingknoten übersticken.

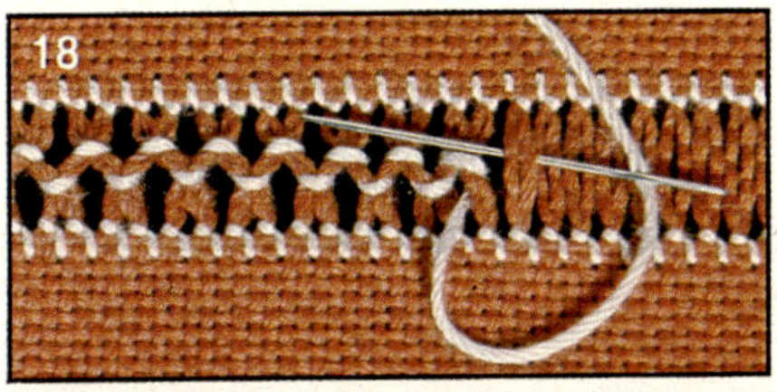

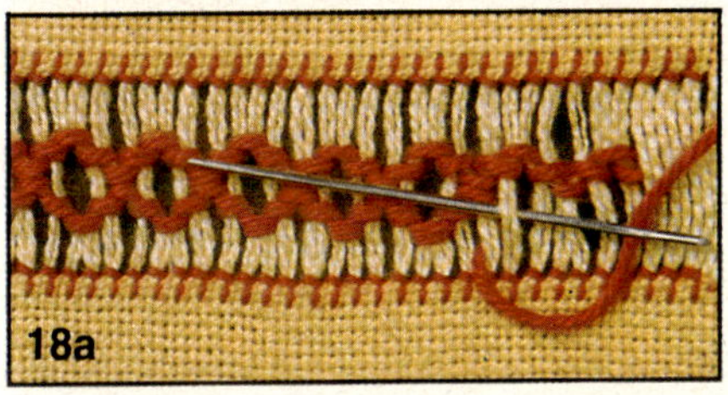

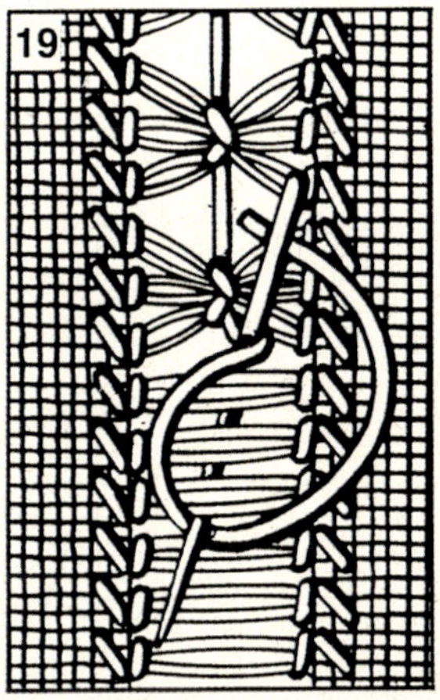

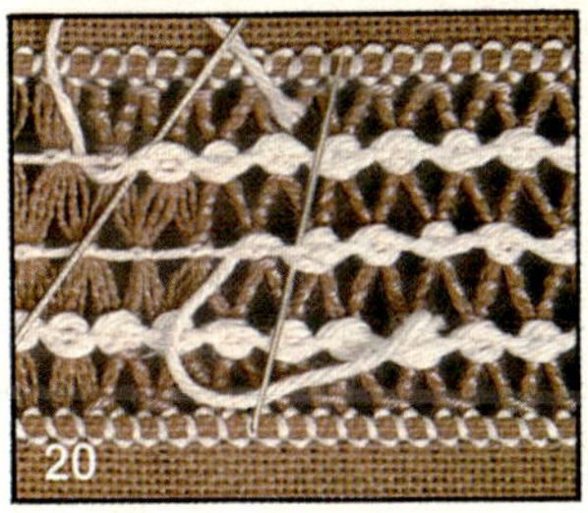

Durchbruch mit Schlingknoten

Für die Fadenrinne sind Fäden in 3 cm Breite klargelegt (zunächst in der Mitte einen schmalen Stoffsteg stehenlassen). Stoffrand zu beiden Seiten für eine Stäbchenhohlnaht lt. Abb. 11 (siehe Seite 89) sichern, dafür dünnes Vierfach-Stickgarn, z. B. Nr. 16, verwenden. Mit demselben Garn in Abständen von je 1 cm je 2 Fadenbündel mit einem Schlingknoten zusammenfassen, in jeder folgenden Reihe versetzt zur vorhergehenden, so daß die Fadenbündel Zickzackreihen bilden, siehe Stickprobe Abb. 20 und 20 a. Mit Vierfach-Stickgarn in Stoffarbe oder mit geteiltem Twist (allerdings nicht so haltbar wie Vierfach-Stickgarn) die Fadenbündel in auf- und absteigenden Reihen je 3mal zwischen jeder Verknotung umwickeln, unter dem Knoten zum folgenden Abschnitt weiterstechen, am Stoffrand jedoch auf der Oberseite zur folgenden Reihe weiterstechen, siehe Stickprobe. Mit dickem Vierfach-Stickgarn Nr. 8 jede Schlingknotenreihe lt. Stickprobe 19b umwickeln.

Durchbruch mit breitem Schlingstichrand, Abb. 21

Für einen reichlich 1 cm breiten Durchbruch wurden 8 Gewebefäden ausgezogen. Der Stoffrand wird mit Schlingstich gesichert, Vierfach-Stickgarn Nr. 12 dafür verwenden. In Abständen von 2 Gewebefäden, innerhalb der Fadenrinne ein-, nach 2 Gewebefäden jedoch 3 Fäden „tief" ausstechen. Den gegenüberliegenden Rand der Fadenrinne genauso sichern, jedoch in gegengleicher Richtung. Zu beiden Seiten gegengleichen Schlingstich ausführen, ebenfalls mit 2 Gewebefäden Abstand und 3 Gewebefäden tief ein- und ausstechen. Zwischen beiden Schlingstichreihen liegt 1 Gewebefaden. Die beiden Schlingstichreihen sehen in der Mitte aus wie eine Reihe Kettenstich, siehe Stickprobe.

Nun werden die Fadenbündel zu dritt mit je 1 Schlingknoten lt. Abb. 19 zusammengefaßt, wofür ebenfalls Vierfach-Stickgarn Nr. 12 verwendet wird. Anschließend mit Vierfach-Stickgarn Nr. 8 die Schlingknoten lt. Abb 19a umwickeln, die Fadenstege zwischen den Verknotungen jedoch mit nur 2 Wickelstichen übergehen.

LEHRGANG
Sticken

Hardanger-Stickerei zählt zu den „soliden" Durchbrüchen. Wie bei allen Techniken dieser Art basiert die Musterung auf geometrischer Grundlage. Das strenge Gesetz des rechten Winkels bestimmt die Stickerei. Vielfältige Verzierungen lassen der eigenen Fantasie viel Spielraum bei der Mustergestaltung.

Hardanger-Stickerei

Den Namen „Hardanger" finden Sie nicht nur in der Handarbeits-Fachliteratur, sondern gleich dreimal im Atlas – ein Fjord, ein Berg und eine Hochebene zwischen dem 60. und 61. Breitengrad in Norwegen heißen so. Frauen und Mädchen in diesem Landstrich verzieren Blusen und Schürzen mit einer soliden Durchbruchstickerei – daher also der Name.

Typisches Kennzeichen sind die Plattsticheinfassungen, die immer als erstes zu sticken sind – noch ehe Gewebefäden für den Durchbruch ausgezogen und abgeschnitten werden. Die Flächen zwischen den Durchbrüchen sind oft mit Stickerei – ebenfalls nach dem Gewebefaden gezählt – ausgeschmückt, vorwiegend ist es Plattstich, aber auch Kästchen-, Stern- und Kreuzstich beleben die Muster.

Material

Alle mittelfeinen bis grobfädigen Handarbeitsstoffe in Leinenbindung eignen sich für Hardanger, nur quadratisch gewebt müssen sie sein, d. h. gleichviel Schuß- und Kettfäden müssen gleichviel messen – schon minimale Differenzen bewirken, daß die Muster verzerrt erscheinen.
Wir stickten unsere Musterbeispiele auf Zählstoff „Davosa", bei dem 7 x 7 Gewebefäden einen Quadratzentimeter messen (Zweigart-Art. 3770, 140 cm breit, in einigen Farben sogar 180 cm breit erhältlich).

Zum Sticken eignet sich Perlgarn am besten. Stärke 3 für Plattsticheinfassungen und Stickereiverzierungen, Stärke Nr. 5 für Wickel- und Stopfstege. Ist der Stoff feinfädiger, greift man auf die Stärken 5 und 8 zurück. Aber natürlich kann man sich auch für den dickeren Faden allein entscheiden (die Fadenstege sind dann mit weniger Stichen schneller „gefüllt").

In den Stickproben ist Plattstich in der Regel mit Perlgarn 3, Stege sind mit Perlgarn 5 gearbeitet, auf Abweichungen wird hingewiesen. Man stickt mit einer Nadel ohne Spitze. Zum Abschneiden der Gewebefäden wird eine kleine, spitze, scharfe Schere gebraucht.

Vorbereitung der Stickerei

Ist die Aufteilung der Musterung festgelegt – dazu gehört auch die Ausrechnung der Motivgröße, der Bordürenbreite einschließlich Mustersatzlänge (1 Mustersatz umfaßt die Stichgruppen, die in regelmäßigen Abständen zu wiederholen sind) –, umgrenzen Sie auf dem Stoff den Umfang der Stickerei mit fadengeraden Vorstichen, wobei gleichmäßige Abstände zum Stoffrand zu berücksichtigen sind. Mitunter genügt's auch, nur den Mittelpunkt bzw. die Mitte einer Seite zu markieren.

Plattsticheinfassung

Meist sind es Gruppen aus 4 oder 5 Stichen – über 4 Gewebefäden gestickt –, die Motivformen oder Bordüren einrahmen. An geraden Rändern liegen zwischen den Plattstichgruppen 4 Gewebefäden. An schrägen Rändern und an Ecken stoßen sie rechtwinkelig aneinander, so daß der letzte Stich einer senkrechten Gruppe und der erste waagrechte Stich der folgenden Gruppe in ein und dieselbe Einstichstelle treffen, siehe Abb. 1a bis d.

Gewebefäden ausziehen

Innerhalb der plattstichumgrenzten Flächen sind die Gewebefäden in beiden Richtungen auszuziehen. Abb. 2a, b: Immer diejenigen Gewebefäden bilden das Gitter, die am Rand zwischen den Plattstichgruppen stehen – die von einer Plattstichgruppe eingeschlossenen Fäden direkt neben den Plattstichen durchschneiden, lt. Abb. 2a und b je 4 Gewebefäden –, dann einen Faden um den anderen vorsichtig ausziehen. Will man Stopfstege sticken, muß immer eine gerade Zahl an Fäden stehen bleiben; für Wickelstege darf's auch eine ungerade Anzahl sein.

Bei sehr großen Durchbruchflächen ist's ratsam, das Gewebe nur nach und nach in ein Gitter aufzulösen – zwischendurch die Fadenstege „sichern", dann wieder Gewebefäden entfernen usw.

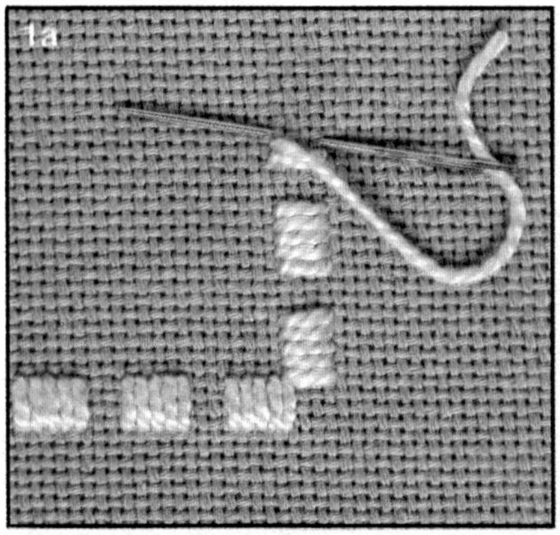

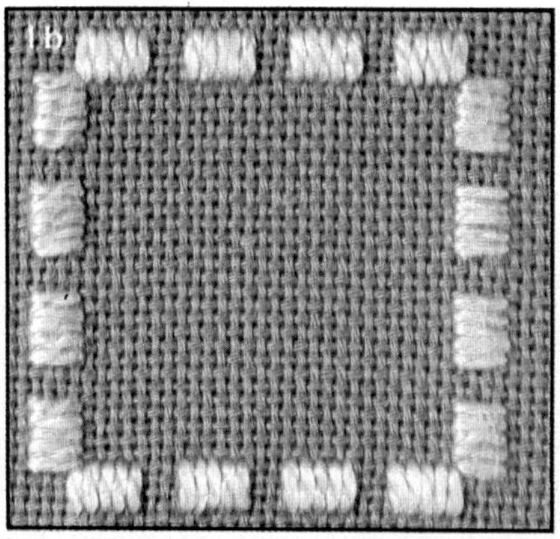

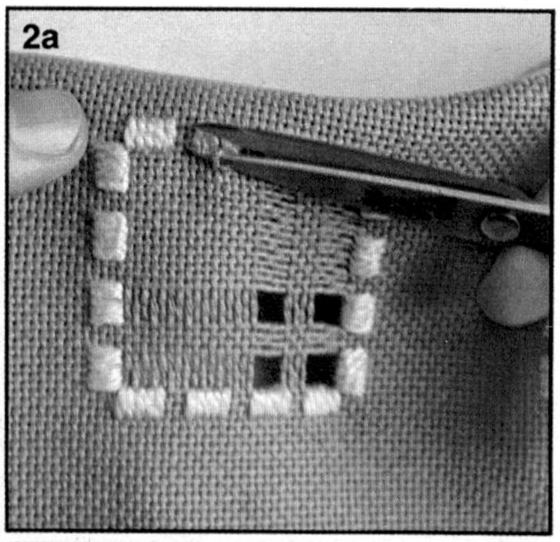

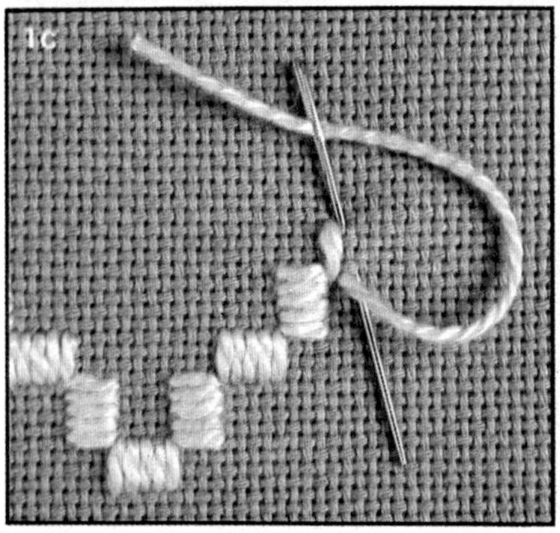

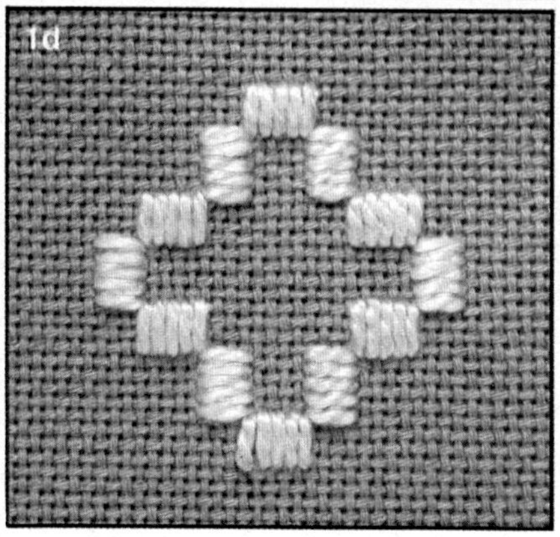

Verschiedene Stege

Im Durchbruchfeld ist die Bindung in waag- und senkrechter Richtung aufgelöst, nur an den Kreuzungsstellen – sie bilden winzige Quadrate – bleiben die Gewebefäden „gebunden". Die „klargelegten" Fäden muß man – um ihnen wieder Halt zu geben – übersticken, und das kann auf verschiedene Art geschehen:

Die einfachste Art erklärt Abb. 3a: Man stickt – mit Perlgarn Nr. 3 – in hin- und hergehenden Reihen Kreuzstich, zuerst also die Grund-, dann die Deckstiche.

Wickel- und Stopfstege entstehen entweder in hin- und hergehenden Reihen oder man geht im Zickzack weiter, so daß auf einen waagrechten immer ein senkrechter Steg folgt. Am Rand den Faden innerhalb der Plattstichgruppe (auf der Stoffrückseite) zum nächsten Steg weiterführen.

Lt. Abb. 3b sind die Fäden dicht umwickelt (je 7 Umwicklungen) – zwischen den einzelnen Stegen in schräger Richtung auf der Rückseite weiterstechen. Fadenanfang am Rand durch einen kurzen Rückstich festhalten, evtl. in Steglänge umwickeln bzw. umstopfen. Fadenende möglichst am Rand in den Plattstichgruppen sorgfältig vernähen.

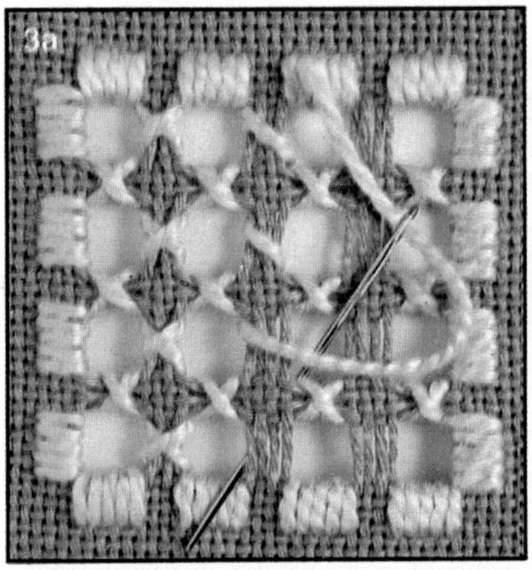

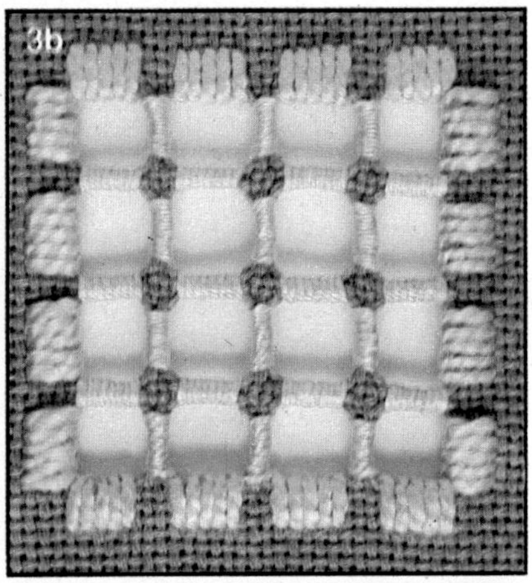

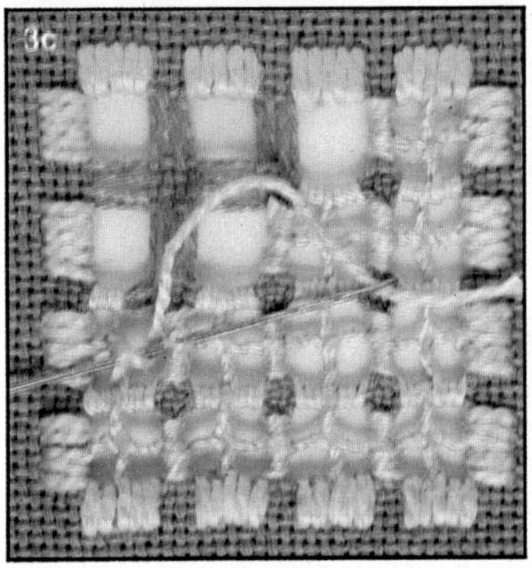

Lt. Abb. 3c und d sind die Löcher mit kleinen „Spinnen" ausgeschmückt, sie bestehen aus 4 zur Mitte gerichteten Schlingstichen – der 1. folgt nach der 4. Umwicklung des Steges, für den 2. bis 4. Stich wird die 4. Umwicklung des betreffenden Steges aufgefaßt (oder der ganze Steg) – am Rand der 3. Plattstich einer Gruppe. Nach dem 4. den 1. Schlingstich der Spinne umfassen und das Umwickeln des Steges abschließen. Lt. Abb. 3c ist der Faden 1mal um die Nadel zu schlingen, ehe er durchgezogen wird. Beim Muster 3d die Spinnen beim Umwickeln des 1. der beiden waagrechten Stege einfügen. Wie aus der Stickprobe der Abb. 3d zu erkennen ist, sind hier die Wickelstege über je 2 Gewebefäden ausgeführt.

Kleine Motive an jeder Seite mit 3 Plattstichgruppen eingefaßt, zeigen die Abb. 4a bis d. In den Abb. 4a und b sind die Gewebefäden nur am Rand ausgezogen, das Stoffviereck in der Mitte ist mit Plattstichgruppen geschmückt.

In den Stichproben 4c und d ist das Fadengitter im Zickzack umwickelt – der letzte Steg von außen nach innen (nach dem vorletzten Steg auf der Rückseite zum Rand stechen, einen Plattstich erfassen. Steg umwickeln). Dann lt. Abb. 4c über jeder Seite des Mittelloches bzw. über jedem Steg 4 Fäden vorspannen (zwischen den Stegen ein- und ausstechen) und diese mit 4 Langettenstichen übersticken. Zuletzt die Mitte mit der Spinne füllen. Lt. Abb. 4d die 4 Stege, die innerhalb jeder Ecke kreuzen, 4mal hin- und hergehend umstopfen, dann zur nächsten Kreuzung weiterstechen. Fadenende in den Verbindungsstichen der Rückseite vernähen.

Für Stopfstege muß immer eine gerade Anzahl an Gewebefäden klargelegt werden. Lt. Abb. 5 (alle Abb. siehe Seite 94) sind von 4 Gewebefäden je 2 einmal von rechts, einmal von links aufzufassen. 7mal für jeden Steg.

Ein dezenter Schmuck sind die kleinen Pikots. Lt. Abb. 5a und b wird anstelle des 4. Stopfstiches zu beiden Seiten ein Kettenstich eingefügt, und lt. Abb. 5c ist der Faden vor dem Durchziehen der Nadel 2mal um deren Spitze zu wickeln (wie beim Knötchenstich) – dasselbe an der Gegenseite des Steges wiederholen.

Im Muster Abb. 5d ist jedes 2. Loch mit einer Sonne gefüllt – jeden Schlingstich 2mal umwickeln (siehe auch Abb. 3c).
Die Spinnen lt. Abb. 5e sind ins fertig gestopfte Gitter eingelegt; es wird zwischen den Stegen – zwischen dem 2. und 3. Fadenkreuz – ausgestochen, und jeder Schlingstich ist einmal zu umwickeln, ehe der nächste an der Reihe ist (auf der Rückseite zur nächsten Kreuzung weiterstechen).

Fürs Muster lt. Abb. 5f und g werden die Schlingstiche genauso wie für Abb. 5e angelegt, jedoch etwas straffer angezogen. Nach dem 3. Schlingstich die Verbindungsfäden – parallel zu den Stegen – 4mal umwickeln; den Faden durch diese Umwicklungen zurückführen. Abb. 5g: Den Faden, der zur 1. Ausstichstelle führt, 1mal umwickeln, ehe weitergestochen wird.

Eingestickte Stege

Werden mehr Fäden ausgezogen, als fürs Gitter stehen bleiben, entstehen auch größere Löcher. Diese kann man mit eingestickten Verzierungen wieder schließen.

Lt. Abb. 6a – nachdem der 4. Steg von innen nach außen umwickelt worden ist – auf der Rückseite zur Ecke weiterstechen. In der Diagonale Faden vorspannen (exakt in der Mitte einstechen), rückgehend umwickeln, genauso die übrigen Stege einsticken – alle Spannstiche treffen in die Mitte. Danach die Mitte 3- oder 4mal umwickeln, indem die Wickelstege aufgefaßt und die eingestickten Stege übergangen werden. Faden zur Mitte zurückführen und sorgfältig vernähen.

Lt. Abb. 6b sind Stopfstege mit Ösen lt. Abb. 5c verziert. Dann in der Mitte ausstechen, am Rand zwischen 3. und 4. Plattstich einstechen und 1 Schlingstich arbeiten, diesen 1mal umwickeln, nach der Ecke dasselbe wiederholen, dann den Faden unterhalb der Schlingstiche in Richtung Mitte 2mal umwickeln.

Ähnlich ist die „Füllung" lt. Abb. 6c und d zu sticken – jedoch die Gabelung zwischen den 2 umwickelten Schlingstichen 2mal umstopfen, Abb. 6c, ehe der zur Mitte führende Faden umwickelt wird, Abb. 6d.

5

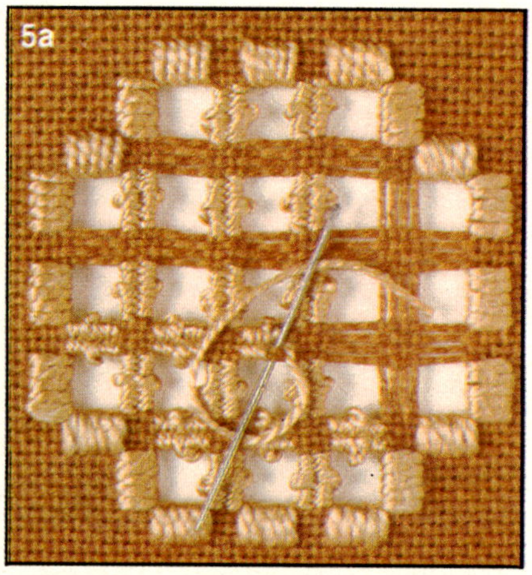
5a

5b

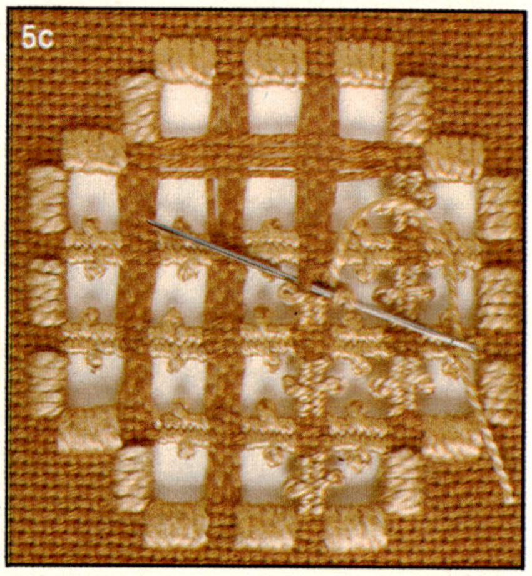
5c

5d

5e

5f

5g

6a

6b

6c

6d

Musterbeispiele

Abb. 7a–d zeigt eine Vielzahl von kleinen und kleinsten Schmuckelementen, die fast ausschließlich in Plattstich gestickt sind – im 2. Motiv, 3. Reihe und im 1. Motiv der 4. Reihe, in der Mitte Sternstich.
In der Bordüre der Abb. 8 sind im 1. und 3. Mustersatz je 8 gleichseitige Sternstiche angeordnet, durch straffes Anziehen des Fadens entsteht der Durchbrucheffekt.
Die Motive – Figurenpaar Abb. 9 und Herz mit Blüten Abb. 10 – sollten dazu anregen, auf Mustersuche zu gehen. Wir stickten sie nach Kreuzstichvorbildern. Für eine Bordüre beide Motive regelmäßig wiederholen.

7a

8

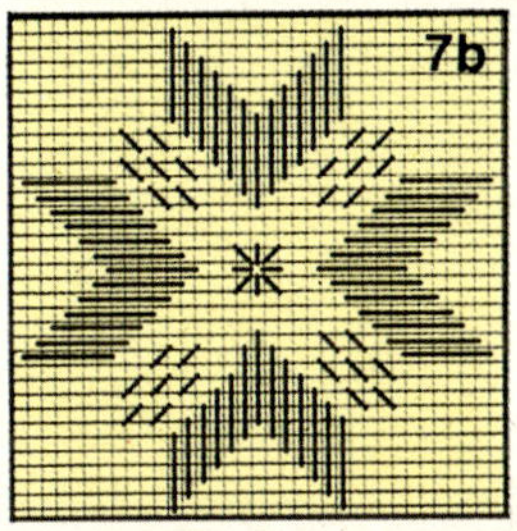
7b

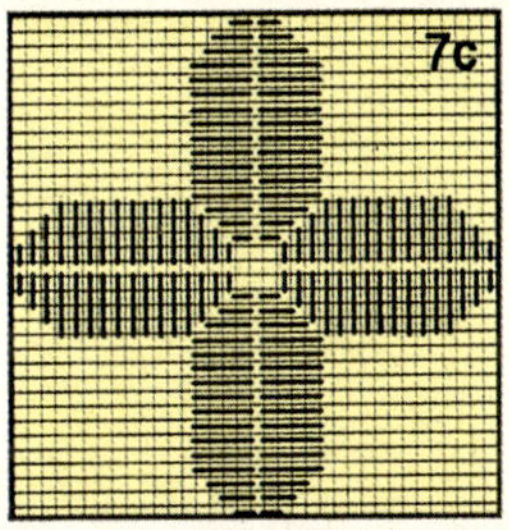
7c

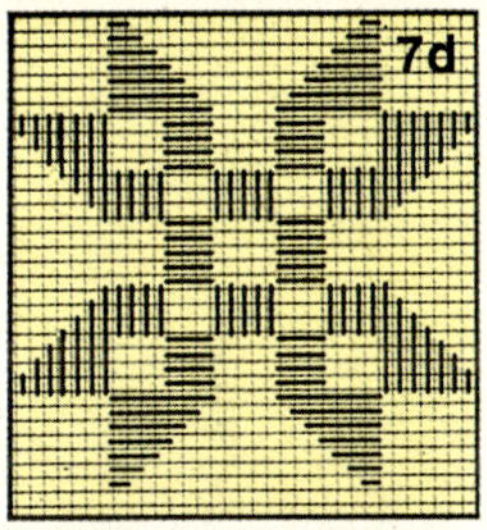
7d

9

10

LEHRGANG
Sticken

Es stimmt, Weißstickerei ist nicht gerade die einfachste aller Sticktechniken, keinesfalls aber die schwierigste. Für den Anfang sollte man nicht allerfeinstes Leinen besticken wollen, sondern für die ersten Weißstickversuche lieber ein Gewebe mit durchschnittlicher Fadendichte wählen.

Weißstickerei

Mit Weißstickerei bezeichnet man im allgemeinen Stickereien, die auf weißem Grundstoff mit weißem Garn ausgeführt sind. In der Volkskunst spielt Weißstickerei eine wesentliche Rolle. Slowakische und ungarische Bäuerinnen bezeichnen ihre Weißstickereien an Kopf- und Schultertüchern, Hauben, Kragen- und Blusen als „geschriebene" Stickerei – sie sticken nicht nach Vorzeichnung, sondern „schreiben" das Muster beim Sticken.

Stoff und Garn

Gestickt wird auf leinenbindige Stoffe – vom feinsten Leinenbatist bis zum groben „Hausmacherleinen". Das gleichmäßig gezwirnte Vierfach-Stickgarn, in den Stärken 8 bis 30 erhältlich, ist für Langetten-, Schnur- und Bindlochstich dem lose gedrehten Sticktwist vorzuziehen. Die Fadenstärke muß mit dem Grundstoff harmonieren. Auch die Zeichnung ist bei der Stoffwahl zu berücksichtigen. Ein spitzenartig durchbrochenes Richelieumuster wird nicht auf grobfädiges, sondern auf allerfeinstes Bielefelder Leinen gestickt. Und umgekehrt. Mit einem großzügig gezeichneten Muster kann auch auf ein mittelfeines bis grobfädiges Leinen Richelieu gestickt werden. Es ist dann zu überlegen, ob statt Vierfach-Stickgarn nicht besser Perlgarn Nr. 8 oder Nr. 5 verwendet werden sollte.

Schnur- und Bindlochstich

Neben allen Linienstichen der Buntstickerei gibt man in der Weißstickerei dem Schnurstich den Vorzug. Man stickt über einen doppelt „vorgelegten" Faden, Abb. 1a. Es kann auch mit Vorstich unterlegt werden, Abb. 1b. Trotzdem wird beim Übersticken ein Faden mitgeführt, vor allem dann, wenn die Linien Rundungen folgen.

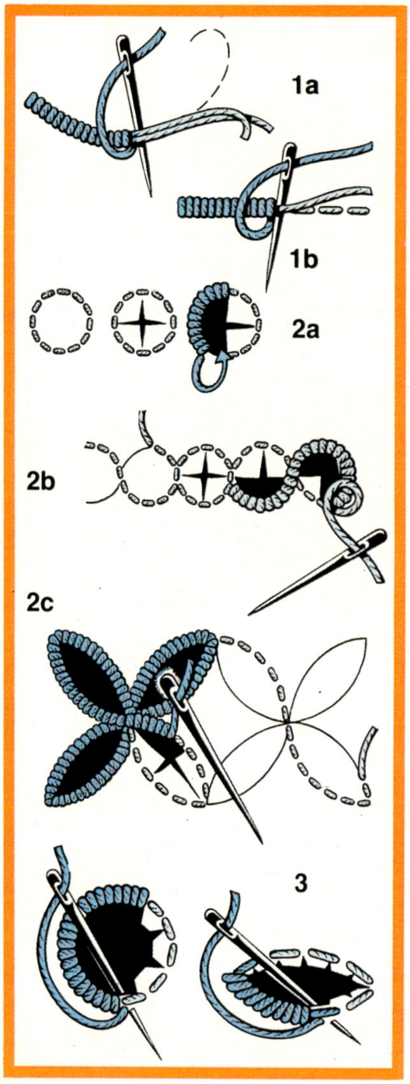

Löcher, Lochketten und spitz zulaufende Blättchen werden mit Bindlochstich umrandet. Nachdem die Kontur mit kurzen Vorstichen nachgezogen ist, wird der Stoff innerhalb der Form überkreuz eingeschnitten, Abb. 2a bis c, und mit der Nadelspitze bis an den Vorstich nach links gestreift, danach die Kante im Bindlochstich gleichmäßig dicht umstechen. Überstehender Stoff ist mit spitzer Schere sorgfältig abzuschneiden.

Bei großen Löchern und Blattformen ist es ratsam, den Stoff in der Mitte bis auf 1 bis 2 mm auszuschneiden und den stehengebliebenen Stoffrand in kurzen Abständen bis dicht an den Vorstich einzuschneiden, siehe Abb. 3.

Langettenstich

Langettenstich, auch Feston- und Schlingstich genannt, wird in der Weißstickerei vor allem zur Sicherung „offener" und schmal umgelegter Stoffränder angewendet. Um die Haltbarkeit zu erhöhen, wird die Kontur nicht nur mit Vor- (Abb.4) oder Kettenstich (Abb. 5) unterlegt, sondern man stickt zusätzlich über vorgelegte Fäden. Die Langettenstiche müssen sehr dicht gearbeitet werden. In der Regel verwendet man zum Unterlegen einen weicheren, schmiegsameren Faden (z. B. Twist) als zum Übersticken (Vierfach-Stickgarn oder Perlgarn).

Der Langettenrand lt. Abb. 6a ist zusätzlich mit kleinen Ösen ausgeschmückt. Nach einer bestimmten Anzahl an Stichen wird die Öse mit 3 Fäden vorgespannt und rückgehend dicht überschlungen. Dann in der Schlinge des letzten Stiches wieder ausstechen und das Langettieren des Randes bis zur nächsten Öse fortsetzen. Wird dabei ein umgelegter Stoffrand überstickt, ist zuletzt der überstehende Stoff auf der Rückseite abzuschneiden, siehe dazu Abb. 6b.

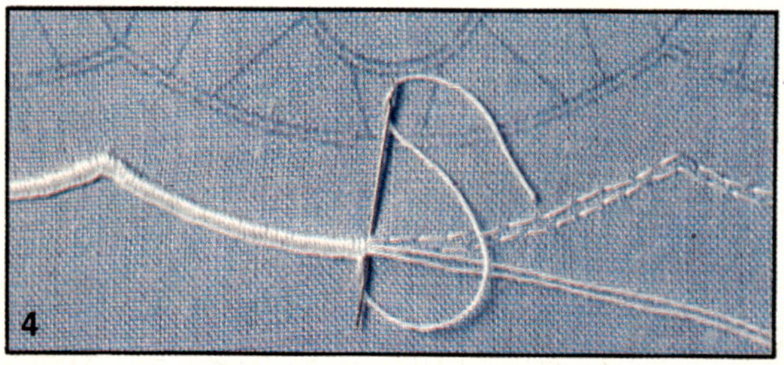

Bogenränder

Einfache Bogen kann man mit einem Geldstück leicht vorzeichnen, Abb. 7. Die Anstoßlinie der Bogentiefe wird mit Heftstichen markiert und der Bogenabstand durch Bleistiftpunkte festgehalten. Für geübte Stickerinnen genügt eine vorgezeichnete Kontur, die 2. wird beim Unterlegen mit kurzen Vorstichen markiert. Für die äußere Kontur muß das Geldstück einen kleineren Durchmesser haben als für die abgeflachte innere Kontur. Mit gut gespitztem hartem Bleistift zeichnen.
Bei kleinen Bogen, Abb. 8, genügt es, nur die Konturen mit Vorstich zu unterlegen; die Einstiche beim Langettenstich passen sich am Innenrand der Bogenrundung an, d. h. sie liegen etwas dichter als die Ausstiche.
Bei breiteren Bogen ist auch der Kreuznahtstich als Unterlage geeignet, Abb. 9.
Soll die Langette sehr plastisch ausfallen, wird auch der Zwischenraum unterlegt, vor allem dann, wenn es sich um größere Bogen handelt, siehe Abb. 10a. Hübsch, wenn die Langetten zusätzlich mit Löchern, Punkten oder „Pikots" (Abb. 10, 11) ausgeschmückt werden.

Abschneiden des Stoffrandes

Zum Abschneiden des überstehenden Stoffes muß eine scharfe spitze Schere (Stickschere) verwendet werden. Sollte es erforderlich sein, die fertige Stickerei zu waschen, ist es besser, das Abschneiden des Stoffrandes erst dann zu besorgen, nachdem die gewaschene Stickerei „auf neu" gebügelt worden ist. Leinen darf dafür nicht „salztrocken" sein, außerdem ist vom Schleudern in der Waschmaschine abzuraten. – Besser, man rollt die gewaschene, tropfnasse Stickerei in ein Frottiertuch und läßt sie danach glatt aufgelegt trocknen.

Ausschnittstickerei

Bekannter ist diese Technik unter dem Namen „Richelieustickerei". Je nach Art der Zierelemente spricht man auch von Renaissance- (Stege ohne Ösen) und venezianischer Reliefstickerei (Stege mit Ösen, reliefartig unterlegte Konturen).
Typisches Merkmal sind die Stege, die ausgeschnittene Stoffpartien überbrücken und den Zusammenhalt unter den stehengebliebenen, mit Langettenstich gesicherten Musterelementen schaffen.
Der Richelieustickerei gab der mächtige Kardinal Richelieu unter Ludwig dem XIII. nicht nur den Namen, sondern es soll auch auf eine seiner Anordnungen zurückzuführen sein, daß die luxuriösen genähten Spitzen, die Frankreich zur damaligen Zeit aus Italien einführte, durch eine spitzenähnliche Leinenstickerei – die Richelieustickerei – abgelöst wurden.

Unterlegen

Wie beim Langettenrand, so werden in der Richelieustickerei auch alle Musterränder unterlegt. Für schmale Ränder genügt es, die Konturen mit Vorstichen nachzuziehen, Abb. 11. Breitere Ränder sind zusätzlich zu unterlegen – mit Kettenstich, Kreuznahtstich oder einigen Vorstichreihen, die immer zur vorhergehenden Vorstichreihe zu versetzen sind.

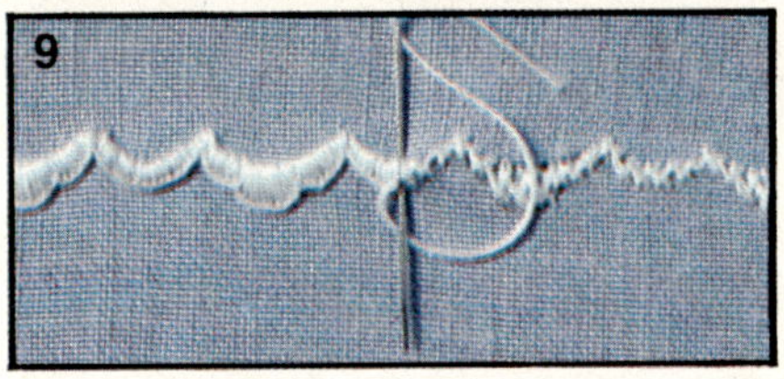

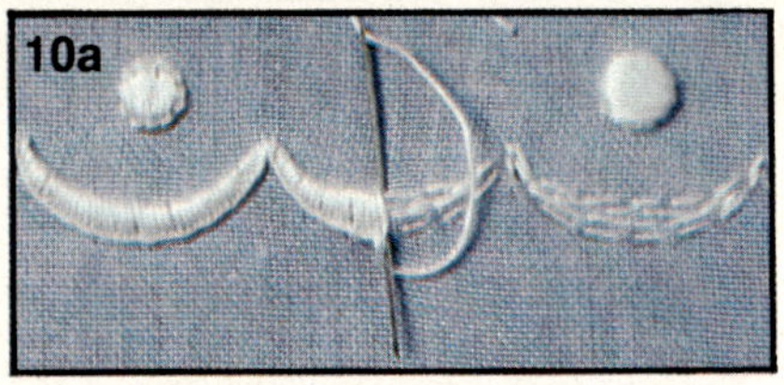

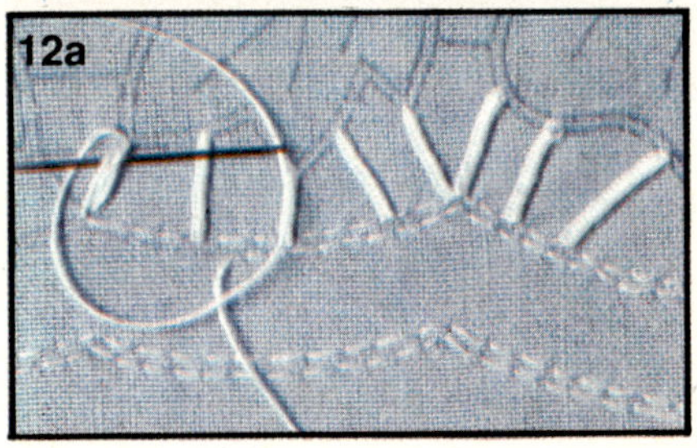

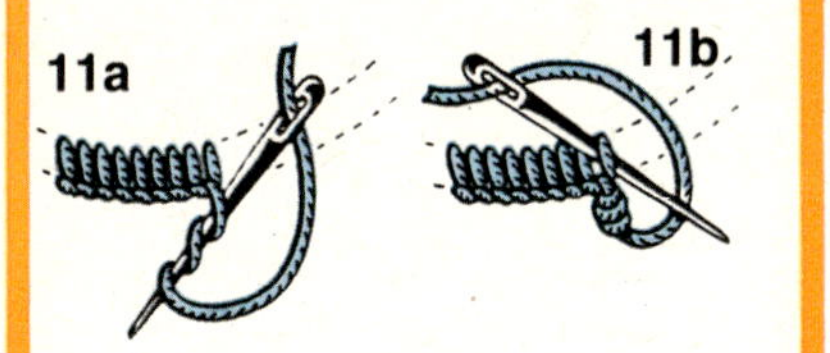

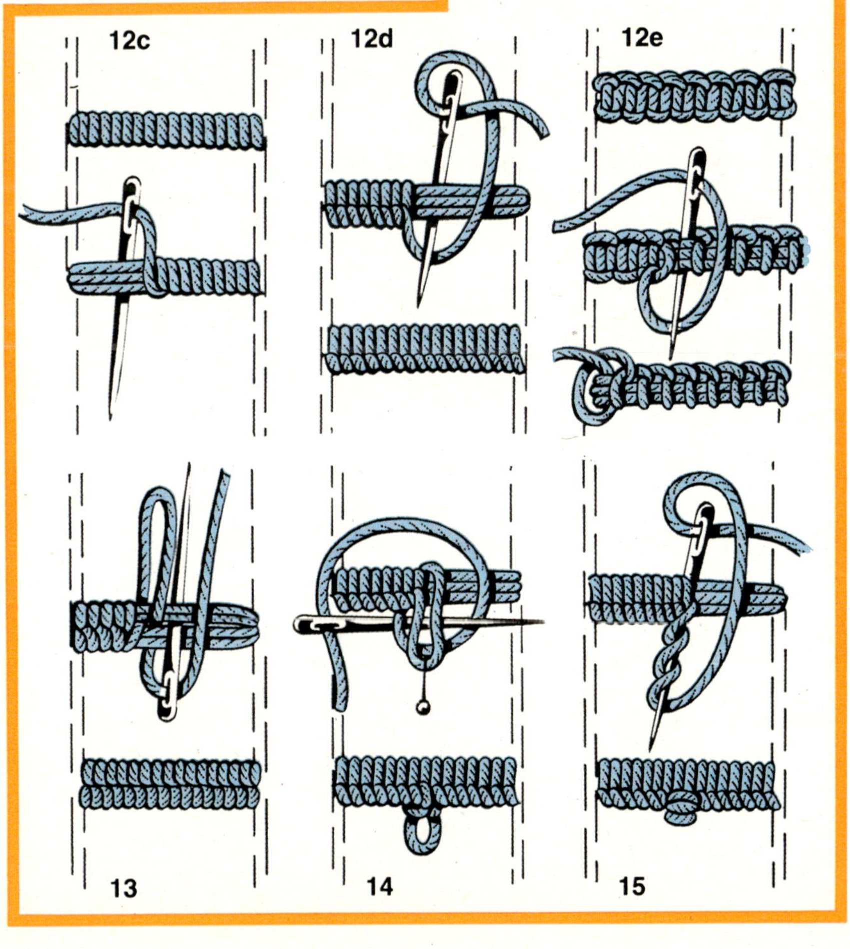

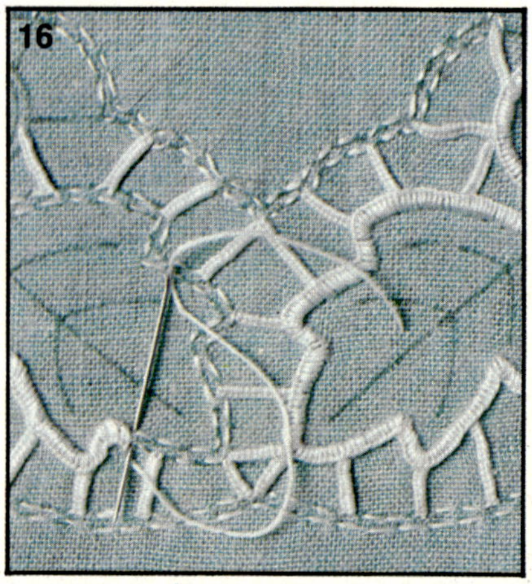
16

17

18

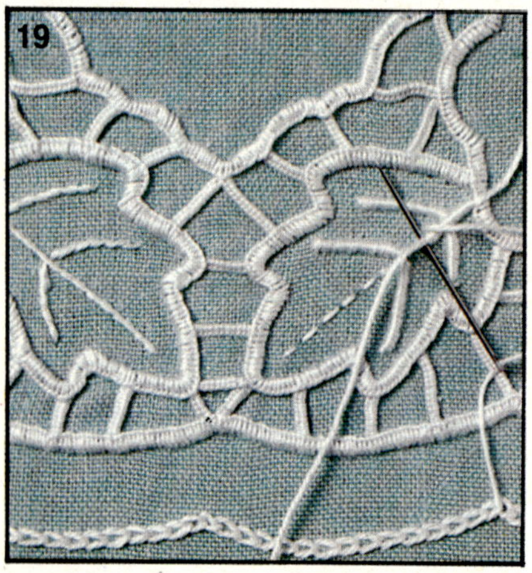
19

20a

20b

20c

20d

Stege

In Verbindung mit dem Unterlegen bzw. Vorziehen der Konturen werden auch die Stege eingearbeitet, Abb. 12a, b (siehe Seite 97). Für Wickelstege und einseitig überschlungene Stege sind in der Regel 3 Fäden vorzuspannen, die rückgehend umwickelt bzw. mit Langettenstich überstickt werden, so daß man zum Ausgangspunkt zurückgelangt und das Unterlegen bis zum nächsten Steg fortsetzen kann.

Die Ausführung eines Wickelsteges erklärt die Abb. 12c, eines einseitig mit Schlingstich überstickten Steges Abb. 12d. Um unnützes Fadenvernähen zu vermeiden, vorher überdenken, wie unterlegt werden muß.

Für einen beidseitig überschlungenen Steg kann eine gerade Anzahl an Fäden, z. B. 4, vorgespannt werden. Die Schlingstiche werden in der 1. Reihe nicht so dicht ausgeführt, damit in der 2. Reihe die Stiche in die Lücken gesetzt werden können, siehe Abb. 12e.

Eine gerade Anzahl an Spannfäden sind auch für einfache Stopfstege lt. Abb. 13 (s. S. 97) erforderlich. Nach Fertigstellung des Steges muß das Vorziehen bzw. Unterlegen an der Gegenseite fortgesetzt werden. Man wird also solche Stege schon beim Vorziehen der 1. Kontur einarbeiten, damit man im 2. Arbeitsgang die Lücken durchgehend ergänzen kann.

Stege mit Ösen

Längere Stege kann man mit Ösen ausschmücken. Eine einfache „offene" Öse erklärt die Abb. 14 (siehe Seite 97): Der letzte Schlingstich über den Fadensteg wird nicht straffgezogen, sondern mit einer Stecknadel festgesteckt. Um diese Öse 1 Schlingstich arbeiten, um sie festzuhalten, dann das Umschlingen des Steges bis an den Stoffrand fortsetzen.

Die Ausführung einer Wickelöse verdeutlicht Abb. 15 (siehe Seite 97): Nach dem Einstechen der Nadel wird der Faden um die Nadelspitze geschlungen, die Umwicklungen mit Daumen und Zeigefinger der linken Hand festgehalten, der Faden durchgezogen; dann im zuletzt gestickten Schlingstich ausstechen.

Übersticken der Musterlinien

Beim Übersticken der unterlegten Konturen ist darauf zu achten, daß der geschlossene Rand des Langettenstiches an den Stoffrand zu liegen kommt, der später beschnitten werden soll, siehe Abb. 16–18. Will man die Konturen besonders plastisch haben, kann – wie beim Langettenrand – ein Faden mitgeführt und überstickt werden. Beim Übersticken sind auch die Stege mitzufassen, um sie so im Stoffrand besser zu verankern.

In der Stickprobe der Abb. 19 sind die Blattrippen einmal einfach in Stielstich, einmal in Schnurstich ausgeführt.

Die Stickproben der Abb. 20a–d zeigen eine Blattgruppe, deren Rippen als Stege lt. Abb. 12d (s. S. 97) gearbeitet sind. Zunächst den Mittelsteg übersticken, dann – nachdem das Unterlegen fortgesetzt worden ist – die zur Mitte gerichteten Rippen einfügen, wobei die Spannfäden unter der Mittelrippe liegen; auch beim Übersticken ist unter der Mittelrippe weiterzustechen. Der geschlossene Rand des Langettenstiches liegt in diesem Fall innen, 20d.

Ausschneiden, bügeln

Sind alle Musterlinien überstickt, wird der Stoff ausgeschnitten. Zunächst den Stoff von rechts über Kreuz einschneiden, Abb. 21, dann von links mit spitzer Schere sehr sorgfältig nach und nach abschneiden, Abb. 22. Vorsicht, nicht in die Stege und nicht in den Langettenrand schneiden. Abb. 23 zeigt die fertige Stickerei.
Richelieustickerei sollte man grundsätzlich unter einem Tuch bügeln (Abb. 24), um zu vermeiden, daß die Bügeleisenspitze Stege beschädigt.
Soll eine mit Stegen reich ausgeschmückte Stickerei in der Maschine gewaschen werden, ist es ratsam, das gute Stück in einen Beutel zu stecken (z. B. in einen ausgedienten Kissenbezug), diesen mit einigen Stichen zu schließen. Wie schon vorher erwähnt: Man sollte aufs Schleudern verzichten und die Stickerei lieber durch Einrollen in Frottiertücher „vortrocknen" und bügeln, ehe das Leinen völlig ausgetrocknet ist.

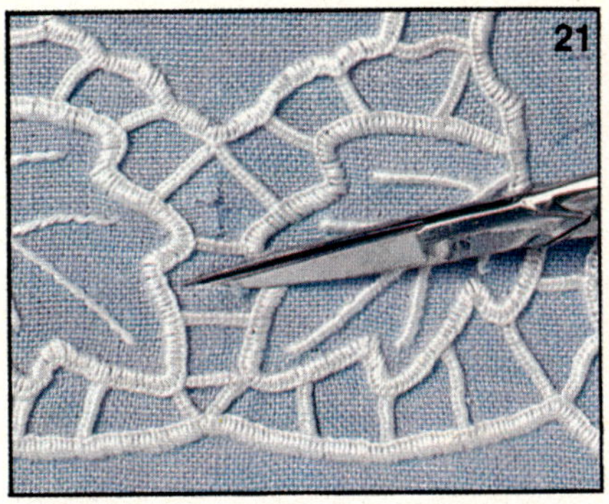
21

22

23

24

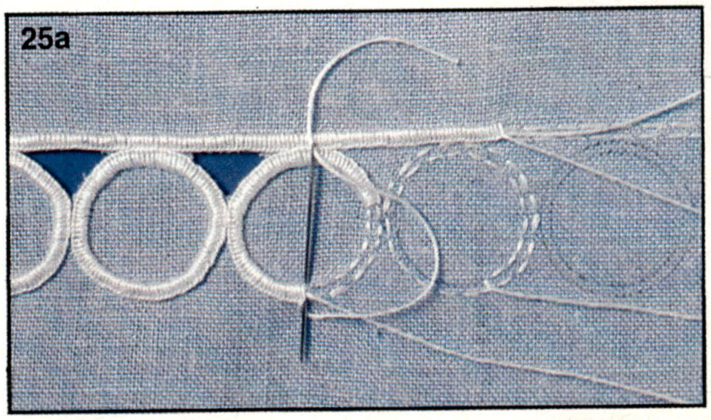
25a

25b

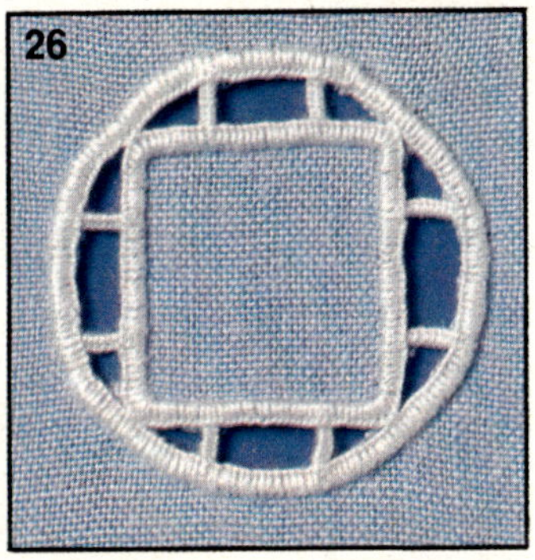
26

Musterbeispiele

Die Kreuzmotive der Stickerei lt. Abb. 25a, b und 26 sind einfach mit 2 verschieden großen Geldstücken vorgezeichnet. Die schmale Borte kann auch als Einsatz gestickt werden, wenn die Kreise nicht nur an einer Seite, sondern beidseitig geradlinig begrenzt werden. Das Viereck lt. Abb. 26 kann gleich mit Vorstichen umgrenzt und in Verbindung damit die Stege eingearbeitet werden. Auch ein Dreieck könnten die Stege im Kreis befestigen.

Die Stickproben der Abb. 16 bis 19 und 21 bis 23 wurden mit dem burda-Abplättmuster 674 vorgezeichnet (7 m Bordüre, 10 cm breit, für DM 6,–). Burda-Abplättmuster sind in Fachgeschäften erhältlich oder direkt beim Verlag Aenne Burda, 7600 Offenburg, zu bestellen. Nähere Einzelheiten hierzu finden Sie auf Seite 132.

67 Bei diesem reichbestickten Deckchen (62 x 62 cm) kann man sehr schön die verschiedenen Stilelemente der Hardangermusterung erkennen. Bedingt dadurch, daß Muster bei Stickereien mit Fadenauszug nur aus senkrechten, waagrechten und diagonalen Linien und entsprechenden Motiven bestehen können, beschränken sich die Formen auf Vielecke und Rauten.

68 „Spielereien mit der Raute" könnte man den Entwurf zu dieser Mitteldecke (63 x 63 cm) nennen. Die nicht herausgeschnittenen Gewebefäden werden durch stabile Stopfstege gesichert. Diese Stege unterstreichen noch die geometrisch anmutende Musterung des Modells.

69 Beinahe floral wirkt das Muster dieser Decke, dessen blütenartige Motive im Durchbruchgrund stehen. Die Decke ist 90 x 90 cm groß.

Variationen zum Thema Mitteldecke

69

70

71

Plastisch hervortretende Plattstichgruppen sind charakteristisch für diese Modelle.

70 Ein Fantasiekreuz aus Plattstichen umgibt die sparsame Hardanger-Raute. Kreuzformen findet man übrigens bei den Plattstichmotiven recht häufig. So z. B. das Andreaskreuz, das griechische Kreuz, als Weiterentwicklung den achtzackigen Stern sowie Diamantformen.

71 Wenn Sie Allover-Dessins lieben, könnten Sie die Quadrate des Läufers (40 x 90 cm) auch als Flächenmuster dicht nebeneinander sticken und den Doppeldurchbruch in den Motiven immer versetzt ausführen.

72 Die Plattstichgruppen dieses Läufers (52 x 97 cm) werden zusätzlich von einer Kästchenstichlinie eingerahmt. Die bogenartige Form des Musters eignet sich auch sehr gut für den Rand einer größeren Decke, deren Kante dann im Festonstich gesichert wird. Garn: MEZ.

Plattstich-gruppen harmonisch verteilt

72

Auf diesen beiden Seiten stellen wir Modelle vor, die Anfängern und Ungeübten die ersten Schritte in dieser Stickweise erleichtern. Alle Einzelmotive sind durch Plattstichgruppen, die Gewebefäden durch Stopfstege gesichert.

73 + 74 Beide Vorschläge können Sie entweder als kleine Deckchen (7,5 x 7,5 cm und 7 x 14 cm) oder als Anregung für andere Modelle betrachten. Beim quadratischen Deckchen verziert man die breiten Stege noch zusätzlich mit Pikots. Lesen Sie dazu auch unseren Lehrgang auf den Seiten 88–91.

75 Die Decke (76 x 76 cm) mit der breiten Hardangerbordüre erhält einen stilgemäßen Randabschluß: außer dem doppelt gelegten Hohlsaum zusätzlich noch eine verschränkte Hohlnaht.

76 + 77 Das Mittelmotiv (17 x 17 cm) des Kissens wiederholt sich leicht abgewandelt in kreisförmiger Anordnung auf der Decke (92 cm ∅). Bei der Decke ist es empfehlenswert, die Ränder mit Feston- und nicht nur mit Plattstich zu sichern. Garn: MEZ.

76

73 + 74

75

Doppeldurchbruch und Stopfstege gehören zusammen

78

Tulpen, stilisiert und sehr effektvoll

Nur Blüten mit streng stilisierbarer Form lassen sich in ein geometrisches Stickmotiv nach Hardangerart umsetzen. Ganz ausgezeichnet eignet sich dafür die Tulpe. Die beiden verschiedenen Lösungen sollen Ihnen gleichzeitig als Anregung dienen, es einmal selbst mit dem Entwurf für ein einfaches Stickmuster zu versuchen.

78 Die Tulpenreihe auf dem Sichtschutz (45 x 90 cm) eignet sich auch gut zum Besticken von Tischwäsche.

79 Wertvoller Schmuck der Decke (125 x 170 cm) ist die festonierte Kante, die sich der Linienführung des Stickmusters anpaßt. Wichtig bei offenen Schnittkanten ist es, den Rand mit Festonstichen zu sichern.

Das Detailfoto zeigt deutlich die Eckbildung an einer aparten Farbvariante zur Decke.

79

Sparsam oder flächenfüllend angeordnet

80

80 Bei der Tischdecke ist das Stickereimotiv (30,5 x 30,5 cm) ausschließlich in der Mitte plaziert. Eine Seite des Motivs, fortlaufend gestickt, ergäbe einen dekorativen, wenn auch etwas aufwendigen Randabschluß. Man könnte das Mittelmotiv aber auch nochmals in allen vier Ekken wiederholen oder die ganze Deckenfläche damit füllen.

81 Am Musterausschnitt dieses Läufers (45 x 125 cm) kann man sehr schön erkennen, wie die ausgeschnittenen Stoffquadrate jeweils durch 4 Plattstichblocks gesichert sind. Die einfache Zickzackbordüre kann in der Breite beliebig oft wiederholt werden. Die Steppstichlinien verbinden gekonnt die etwas kompakten Plattstichgruppen miteinander.

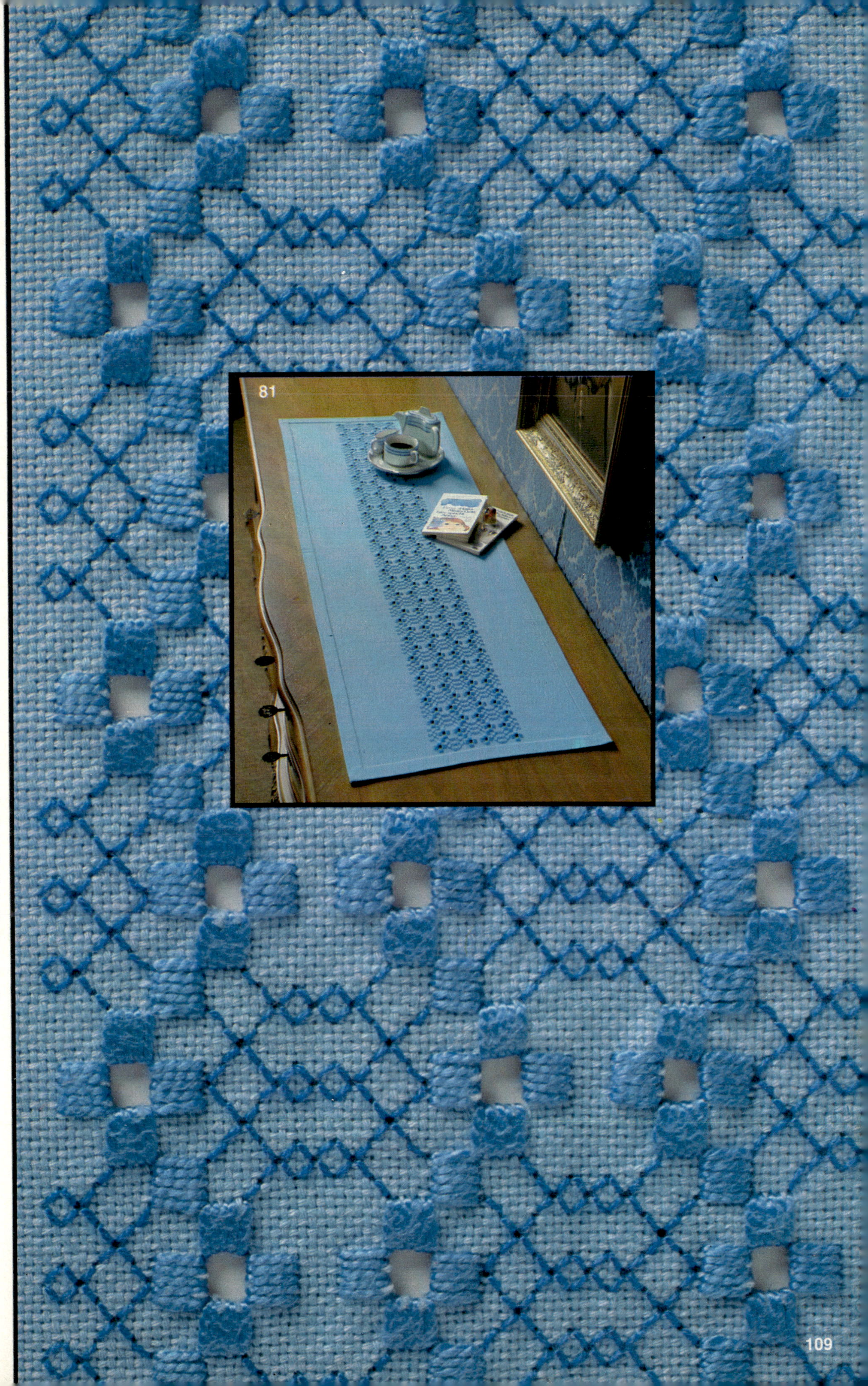

81

82

Verspielt oder streng: Deckenmuster

82 Wer romantisch veranlagt ist, wählt sicherlich dieses verspielte Hardangermuster, mit Elementen aus Platt- und anderen Zierstichen. Die Bordüre ist 31,5 cm breit.

83 Wer rein Geometrisches bevorzugt, wird sich bestimmt für dieses aparte Muster entscheiden, das diagonal zum Gewebe angeordnet ist. Im Detail besonders gut zu erkennen sind die Plattstichblocks, die die Motivränder sichern, sowie die Stopfstege. Stickereigröße 80 x 80 cm. Beide Motive wirken auf Decken beliebiger Größe gleich gut. Die Deckenränder können Sie zusätzlich noch mit Durchbruch oder Hohlsaumeffekten betonen.

83

84 Rustikaler Tischläufer (44 cm breit), dessen Stickerei auf sogenanntem Hardangerstoff mit Panamabindung ausgeführt wurde. Das große Detailfoto zeigt nur Plattstichmotive ohne Doppeldurchbruch. Die Rautenmotive mit den achtzackigen Sternen werden durch verschränkte Hohlnaht und Partien aus Waffelstich miteinander verbunden.

85 Beim Betrachten dieses Musters versteht man, daß sich aus der ans Gewebe gebundenen Stickart mit der Zeit eine Nadelspitze entwikkeln konnte. Man denkt unwillkürlich an die Reticella-Spitze, die ursprünglich ins Gewebe gestickt wurde und sich erst später als reine Nadelspitze weiterentwickelte Der Läufer (49 x 147 cm), nach alter Vorlage entstanden, wird sicherlich Ihr Meisterwerk!

Kostbare Stickerei für Kenner und Könner

85

Richelieu – wiederentdeckt für Könner

86 Auf einer dunklen Tischplatte im stilvoll eingerichteten Raum wird dieses Deckchen (35 x 57 cm) immer ein attraktiver Blickfang sein. Das einseitige Stickmotiv können Sie auch nach burda-Bügelmuster 866 sticken. Garn: MEZ.

87

87 Auch für dieses modern gemusterte Richelieu-Deckchen (42 x 50 cm) bieten wir unseren Leserinnen zur Erleichterung das burda-Bügelmuster 867 an. Einzelheiten für eine direkte Bestellung beim Verlag Aenne Burda finden Sie beim Herstellerverzeichnis.

Das Detail zeigt deutlich die Anlage der Stege und die gekonnte Stickausführung. Der Knötchenrand des Festonstichs weist zu der ausgeschnittenen Fläche hin.

88 Paradekissen aus Großmutters Wäschetruhe waren die Vorlage zu diesen beiden Prachtstücken. Solche Kissen verleihen Ihrer Wohnung einen Hauch von Romantik. Das zarte Rosenmotiv (ca. 58 x 34 cm) bietet sich, gegengleich gestickt und somit zum Kreis geschlossen, auch als Motiv für eine wunderschöne Mitteldecke an.

89 Loch- und Weißstickerei sowie Motive mit Wikkelstegen sind über diesen besonders schönen „barocken" Tischläufer (ca. 56 x 98 cm) verstreut. Ganz besonders apart ist die Festonkante, die „Spezialisten" natürlich auch von Hand stikken! Die Blättchen wirken noch plastischer, wenn sie im Stil der Hochstikkerei unterlegt werden.

Kostbare Spitzen für Kissen und Tischdecke

88

89

90

90 Nicht ganz einfach ist die Stikkerei auf diesem Stoff auszuführen. Man sollte hier gut unterlegen. Die Decke hat 170 cm Ø. Wenn Sie ein anderes Deckenmaß benötigen, können Sie sowohl das kleine als auch das große Richelieumotiv in einem anderen Format regelmäßig anordnen.

Wie bezaubernd auch farbige Richelieustikkerei aussehen kann, zeigen unsere beiden Stickproben, dieses Mal auf feingewebtem Baumwollstoff. Ein einzelnes Tulpenmotiv mißt 20 x 25 cm, man könnte auch mehrere als Einfassung einer kleinen runden Decke aneinandersetzen.

Richelieu – eine der edelsten Stickereien

91 Nicht nur Weiß schmückt eine elegante Kaffeetafel ungemein. Das Ranunkel-Motiv ist 19,5 x 19,5 cm groß. Direkt nebeneinandergesetzt, ergeben die Motive ein hinreißend schönes kleines Deckchen.

91

92

92 Wieder ganz groß im Kommen ist eine alte Kunst: die Richelieustickerei. Auf dem Kaffeewärmer (ca. 22 x 32 cm) treten die Details des Musters besonders schön hervor. Gestickt wird auf feinem Leinen. Vierfachstickgarn von MEZ.

93 Elegant wirkt die blaßgrüne Mitteldecke (80 x 80 cm) in Schattenstickerei. Transparentes Gewebe wird auf der linken Seite im Kreuznaht- oder Hexenstich weiß bestickt. Durch Variationen in der Dichte der Stiche und der Stärke des Garns (AMC) können unterschiedliche Weißtönungen erzielt werden.

94 Eine Handarbeit von bleibendem Wert ist dieser Läufer in Richelieustickerei (35 x 92 cm) mit Bogenrand.

Apartes für den Tisch

93

94

Weißstickerei gehört in Ihr Repertoire

95 Die Lochstickerei hat ihren speziellen Liebhaberkreis. Wem eine solch große Decke (140 x 185 cm) für den ersten Versuch zu umfangreich erscheint, der kann die einzelnen Motive auch auf einem Deckchen „ausprobieren". Die Konturen der Löcher werden wie die Flächen der Blättchen mit Vorstichen unterlegt.

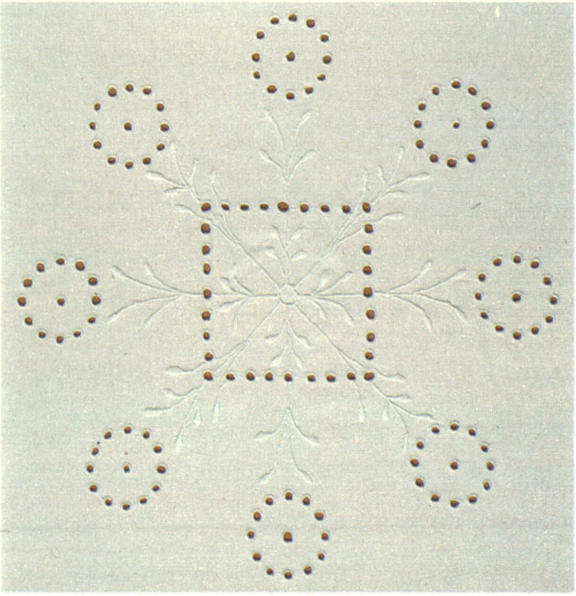

96 Vier Körbchen, durch eine Blattranke verbunden, ergeben auch ein hübsches Motiv für die Mitte einer großen Decke wie diese (145 x 145 cm). Reizvolles Detail des Körbchens sind die mit Knötchenstichen gefüllten Flächen.

95

96

Richelieustickerei von bezaubernd elegantem Charme

98 + 99 Bei den beiden Deckchen (ca. 14 cm ∅) wurden Birne und Kirschen auf ein Netz aus Stegen gelegt, das die Zerbrechlichkeit dieser Stickerei noch unterstreicht. Stoff: Bielefelder Leinen; Garn: MEZ.

Die Richelieustickerei zählt zu den schönsten Sticktechniken. Die Motivformen werden mit Schlingstichen eingefaßt. Der Stoff wird zwischen den Musterteilen herausgeschnitten. Wenn ein Motiv in einem Gitter aus Stegen steht, ergibt sich eine Wirkung, die der eines bunten Glasfensters ähnlich ist.

97 In eine anspruchsvolle Umgebung gehört eine elegante Decke (110 x 110 cm). Hier wurde die Stickerei einmal in einer anderen Farbe als der Stoff gehalten. Sonst werden meist Stoff und Stickgarn von gleicher Farbe gewählt. Stoff: Zweigart; Garn: MEZ.

100 Ein schlichter, doch kunstvoller Wickeldurchbruch schmückt diese zurückhaltend elegante Reinleinendecke. Auch die dazugehörenden Servietten erhalten diese Ziernaht. Reinleinen: Zweigart; Vierfachstickgarn von MEZ.

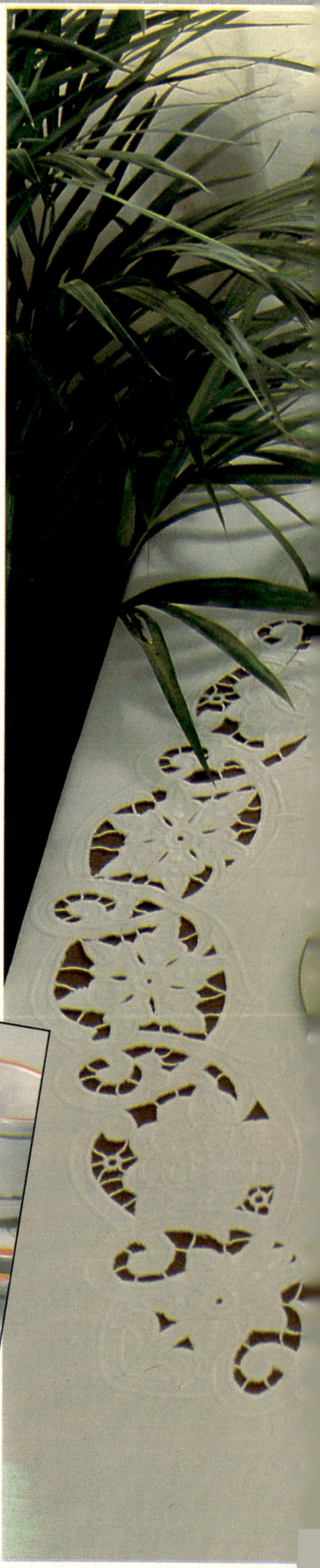

Edle Tischwäsche für die Tafel

101 Dieses anmutige Modell ist eine Spezialität für stickfleißige Richelieu-Liebhaberinnen. Sie können die originalgroße Musterzeichnung über unseren Hobby-Service (burda-Bügelmuster 631/006, Bezugsbedingungen s. S. 132) bestellen.

102

104

103

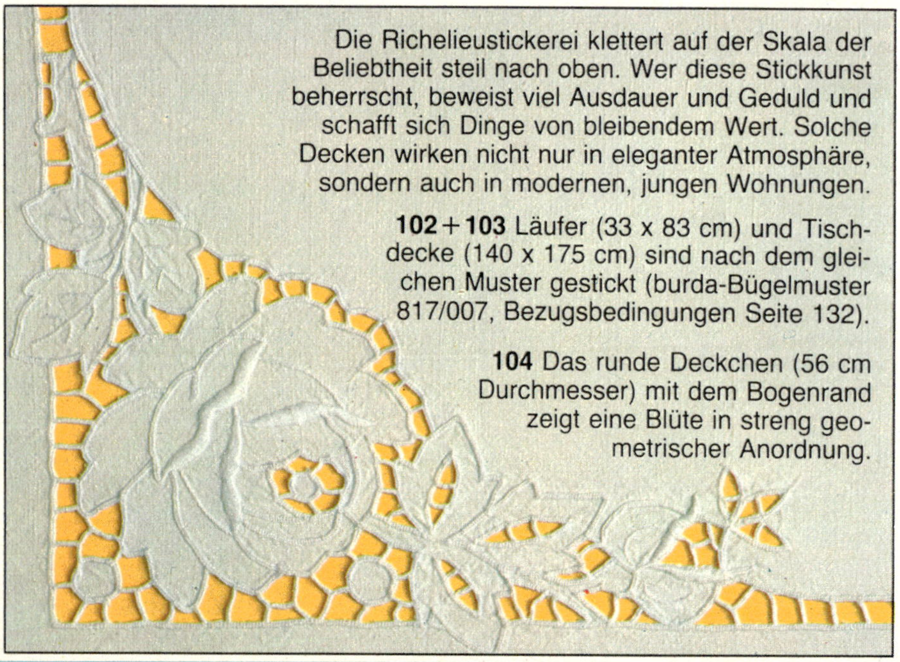

Die Richelieustickerei klettert auf der Skala der Beliebtheit steil nach oben. Wer diese Stickkunst beherrscht, beweist viel Ausdauer und Geduld und schafft sich Dinge von bleibendem Wert. Solche Decken wirken nicht nur in eleganter Atmosphäre, sondern auch in modernen, jungen Wohnungen.

102 + 103 Läufer (33 x 83 cm) und Tischdecke (140 x 175 cm) sind nach dem gleichen Muster gestickt (burda-Bügelmuster 817/007, Bezugsbedingungen Seite 132).

104 Das runde Deckchen (56 cm Durchmesser) mit dem Bogenrand zeigt eine Blüte in streng geometrischer Anordnung.

Richelieu –
transparente
Nostalgie

IDEEN UND ANREGUNG BASTELN, HANDARBEIT

Für die aktive Frau: Bücher aus dem Verlag Aenne Burda

Zu beziehen im Zeitschriftenhandel. Falls vergriffen – bitte dort nachbestellen. Es ist auch eine Direktbestellung möglich: Überweisen Sie den jeweiligen Buchbetrag zuzüglich DM 2,20 Versandspesen (unabhängig, wie viele Bücher bestellt werden) unter Angabe der Bestellnummer auf das Postscheckkonto Karlsruhe Nr. 149901-757 des Verlags Aenne Burda.

Strick-Lehrbuch Best.-Nr. K 603 DM 15,90

EN ZUM STRICKEN,
EN UND VIELEM MEHR:

Großes buntes Handarbeitsbuch 2. Folge
Best.-Nr. K 606 DM 15,90

Stick-Lehrbuch
Best.-Nr. K 605 DM 13,90

Großes Bastelbuch 2. Folge
Best.-Nr. K 604 DM 15,90

Häkel-Lehrbuch
Best.-Nr. K 602 DM 16,90

Bezugsquellennachweis

AMC Gobelin und Tapisserie
GmbH + Co. KG
Postfach 11 01 09
5630 Remscheid 11

Anny Blatt Wolle
Laines anny blatt Deutschland GmbH
Talstr. 22–24
4000 Düsseldorf

Appli-Fix über Mono-Quick

Austermann Wolle
Austermann GmbH & Co.
Postfach 10 01 09
5600 Wuppertal 1

Barth & Könenkamp
Postfach 10 74 45
2800 Bremen

Bielefelder Leinen:
Strunkmann & Meister
Postfach 82 40
4800 Bielefeld

Canel & Sohn
Zippelhaus 2
2000 Hamburg 11

Dacron-Watte
P. Hartmann AG
Werk Ziegler
Postfach 15 20, 7590 Achern

Deka Textilfarben GmbH
Kapellenstr. 18
8025 Unterhaching

Esslinger Wolle
Schoeller AG
Postfach 1 40, 5208 Eitorf/Sieg

FALAG-Bastelkontor GmbH
Postfach 55 23
8700 Würzburg 1

Galerie Helga Exler
Textilkunst
Hansa-Allee 17
6000 Frankfurt/M.

Heisler Wolle
Heisler GmbH & Co.
Postfach 1 85
4018 Langenfeld

Hübner Wolle
Kammgarnspinnerei Wilhelmshaven
Postfach 7 69
2940 Wilhelmshaven

Hobby-Tiss-Gerät
von Ernst Stuker
Gsteig 4
CH-4914 Roggwill
Auslieferung für Deutschland:
Karin Koch
Postfach 1 44
7218 Trossingen

INOX-Handarbeitshilfe
Johann Moritz Rump
Postfach 1 17, 5990 Altena

Jaeger Wolle
Seiden + Garn
Postfach 11 60
7800 Freiburg

Junghans Wolle
Junghans Wollversand
Gut-Dämme-Str. 4
5100 Aachen

Kircher-Webstühle
Walter Kircher KG
Postfach 16 08
3550 Marburg/Lahn

Knorr, Friedrich GmbH & Co.
Postfach 12 40
8620 Lichtenfels

Kromwell-Pelart GmbH
Postfach 30 47
8500 Nürnberg 1

Lana Grossa Wolle
Lana Grossa GmbH
Postfach 29 69
8070 Ingolstadt

Lang Wolle
Rudi Merz
Postfach 11 64
4044 Kaarst 2

I. C. Leibfried
Postfach 1 40
7032 Sindelfingen

Lervard-Webstühle
Vertrieb:
in diversen Webzentren,
u. a. auch bei
Trex Textil Hobby
Postfach 10 46
4440 Rheine

Melchior Wolle
Otto-Textilwerke
Postfach 16 69
7440 Nürtingen

MEZ AG
Postfach 10 80, 7800 Freiburg

Mono-Quick
Postfach 7 82, 6450 Hanau 1

Patons Wolle
Seiden + Garn
Postfach 11 60
7800 Freiburg

G. Picaud-Wolle
Carl Schewe
Essenstr. 91, 2000 Hamburg 62

Rauma-Finullgarn
Rauma Reyer
Rauma Spälsau-Garn
Vertrieb:
Firma Ricon
Hobby & Basteln GmbH & Co. KG
Arminhauser Str. 17, 4950 Minden

Rödel Wolle
Rödel Wolle AG
Postfach 5
7141 Freiberg-Heutingsheim

Rume Wolle
Rudi Merz
Postfach 11 64, 4044 Kaarst 2

Sandness Wolle
Rudi Merz
Postfach 11 64, 4044 Kaarst 2

Schachenmayr Wolle
Schachenmayr, Mann & Cie.
Postfach 11 60, 7335 Salach/Wttbg.

Schaffhauser Wolle
Tip Top Tapis:
Schoeller Albers AG
CH-8201 Schaffhausen
Vertrieb in Deutschland:
Wollana GmbH
Friedrichstr. 36, 7200 Tuttlingen

Schoeller-Knüpfspaß
Schoeller Eitorf AG
Postfach 1 40
5208 Eitorf/Sieg

Schürer: Ackermann · Göggingen AG
Postfach 22 11 22
8900 Augsburg 22

sheepjeswool
Königl. Sheepjes-Wollfabriken
P. O. Box 14
NL-Veenendaal

Simex-Spielwaren
Richard Simon & Söhne GmbH & Co.
Postfach 55 49
7500 Karlsruhe 21

Staufen Wolle
D. Finckh KG
Postfach 13 69
7334 Süssen/Wttbg.

Steckenpferd Bastel Verlag
Alfred Prandell GmbH & Co. KG
Postfach 14 40
8620 Lichtenfels

Textilkunst & Webbedarf
Wehmer & Filiâtre
Herrenstr. 32
7800 Freiburg
Fleur de Paris-Wolle
Kühlmann / Leclerc-Webstühle
Norsk-Kunstvevgarn
Plassard / WDC

Vliesofix von Carl Freudenberg
Postfach 18 09
6940 Weinheim

WIHEDÜ
Willy Heckmann GmbH & Co.
Postfach 41 29
4000 Düsseldorf

Zweigart & Sawitzki
Postfach 1 20
7032 Sindelfingen

Wie bestellen Sie burda-Hefte, burda-Bücher, burda-Fertigschnitte, burda-Zählmuster und -Bügelmuster?

Per Vorauszahlung: Schicken Sie den Betrag zuzüglich Versandspesen – für Muster und Fertigschnitte 1,20 DM, für Hefte 1,50 DM, für Bücher 2,20 DM – entweder per Scheck, Zahlkarte oder Banküberweisung an Verlag Aenne Burda GmbH & Co. KG, Abt. Hobby-Service, Postfach 11 60, 7600 Offenburg, auf eines der beiden Konten: Dresdner Bank, Filiale Offenburg, Nr. 720 8996 (BLZ 680 800 30), oder Postscheckamt Karlsruhe Nr. 1499 01-757 (BLZ 660 100 75).
Wichtig: Schreiben Sie Ihre Bestellung direkt auf den Scheck, die Überweisung oder auf die Rückseite des linken Zahlkartenabschnittes. Bitte keine separate Bestellung einsenden!

Per Nachnahme: Wenn Sie per Nachnahme bestellen, kommen zu unseren üblichen Versandspesen Nachnahmegebühren von 3,00 bis 4,50 DM je nach Gewicht der Sendung. Durch Vorauszahlung können Sie diese hohen Kosten vermeiden.

Lieferungen ins Ausland können wir **nur gegen Vorauszahlung** vornehmen. Bitte überweisen Sie das Geld auf das Konto bei der Dresdner Bank, Filiale Offenburg, Nr. 720 8996 (BLZ 680 800 30). Es gelten die gleichen Versandspesen wie fürs Inland.

burda

Handarbeiten leicht gemacht

Ergänzender und zum Gebrauch des Buches erforderlicher Bestandteil

Band 2 Bestellnummer K 608

In den Materialangaben zu den einzelnen Modellen nennen wir die Originalmaterialien. Da wir jedoch keinen Einfluß auf das Programm der einzelnen Firmen haben, können wir nicht garantieren, daß diese Materialien auch zukünftig im Handel erhältlich sind. In guten Handarbeitsgeschäften wird man Ihnen jedoch immer eine Ausweichqualität anbieten können.

01 Läufer, ca. 90 x 150 cm

Zählmuster siehe Bogen A
Knotenzahl 115 x 193/ca. 88 x 148 cm (13 Knoten/ca. 10 cm).
Material: 1,70 m Stramin, 100 cm breit, 13 Fadenkaros/ca. 10 cm (z. B. von Leibfried); 1 Knüpfhaken; Schoeller Teppichwolle in folgenden oder ähnlichen Farben (CP. = Cut Pack):

1 ■ = 4 CP. Dunkelblau 40
2 o = 20 CP. Weiß 01
3 ● = 38 CP. Rot 34
4 × = 3 CP. Grün 50
5 ƨ = 3 CP. Gold 18

Zum Umstechen 2 Strg. (1 Strg. = 100 g) in Dunkelblau 40.
Ausführung: 10 cm ab Straminrand und direkt neben der Webkante an der linken unteren Ecke mit dem Knüpfen beginnen. Das Zählmuster zeigt ein Viertel des Läufers. Ab Mitte, siehe Pfeile im Zählmuster, jeweils gegengleich ergänzen. Stramin auf eine Breite von 1 Fadenkaro zum Knüpfrand nach hinten umschlagen und in Dunkelblau umstechen.

02 Brücke, ca. 80 x 132 cm

Zählmuster siehe Bogen A
Knotenzahl 101 x 169/ca. 78 x 130 cm (13 Knoten/ca. 10 cm).
Material: 1,00 m Stramin, 150 cm breit, 13 Fadenkaros/ca. 10 cm (z. B. von Leibfried); 1 Knüpfhaken; 4,50 m Teppichband; Schoeller Teppichwolle in folgenden oder ähnlichen Farben (CP. = Cut Pack, vorgeschnittene Fäden):

1 × = 13 CP. Braun 13
2 = 9 CP. Hellbraun 06
3 = 32 CP. Meliert 02

Zum Umstechen 1 Strg. (1 Strg. = 100 g) in Braun 13.
Ausführung: In der linken unteren Ecke, ca. 10 cm ab Straminrand mit dem Knüpfen lt. Zählmuster beginnen. Das Zählmuster zeigt ¼ des Motivs. Ab den Pfeilen gegengleich arbeiten. Mit 1 Fadenkaro Zugabe den Stramin nach hinten umschlagen und festheften. Den überstehenden Rand im Zopfstich umstechen. Das Teppichband mit der Hand knapp am Rand gegennähen.

03 Teppich, ca. 129 x 248 cm

Zählmuster siehe Bogen E
Knotenzahl 159 x 307/ca. 127 x 246 cm (12,5 Knoten/ca. 10 cm).
Material: 2,60 m Dreherstramin, 152 cm breit, 12,5 Fadenkaros/ca. 10 cm (Patons); 1 Knüpfhaken; Patons Turkey Teppichwolle in folgenden oder ähnlichen Farben (CP. = Cut Pack):

1 × = 18 CP. Grün 961
2 ɘ = 14 CP. Hellgrün 899
3 o = 13 CP. Rost 911
4 · = 71 CP. Natur 50
5 ƨ = 40 CP. Braun 903

Zum Umstechen 250 g Grün 961 (1 Strg. = 50 g).
Ausführung: Lt. Zählmuster in der linken unteren Ecke ca. 6 cm von den Straminkanten entfernt mit dem Knüpfen beginnen. Das Zählmuster zeigt ¼ des Teppich. Ab den Pfeilen (= Längs- und Quermitte) gegengleich arbeiten. Dann rundherum den Stramin auf gleiche Breite beschneiden, nach hinten umschlagen und umstechen.

04 Teppich, ca. 88 x 179 cm

Zählmuster siehe Bogen D
Knotenzahl 159 x 327/ca. 86 x 177 cm (18,5 Knoten/ca. 10 cm).
Material: 2,00 m Sudan-Stramin, 100 cm breit, 18,5 Fadenkaros/ca. 10 cm (z. B. von Zweigart); 6 Smyrna-Nadeln; 1 Smyrna-Knüpfstäbchen, 8 mm breit; Springer-Sudanwolle, z. B. „Angelita" (1 Strg. = 100 g) in folgenden oder ähnlichen Farben:

1 ■ = 3 Strg. Braun 554
2 = 9 Strg. Blau 584
3 ● = 5 Strg. Türkis 510
4 o = 12 Strg. Hellbeige 720
5 × = 1 Strg. Rosa 714
6 ƨ = 1 Strg. Dunkelrosa 716

Ausführung: In einer Ecke, ca. 7 cm von den Kanten entfernt mit dem Knüpfen beginnen. Nach Zählmuster knüpfen; es zeigt den halben Teppich. Muster ab Längsmitte gegengleich knüpfen. Die beiden Randmuster dem Mustersatz entsprechend (jeweils von Pfeil bis Pfeil) ergänzen. Ecke der Randbordüre gegengleich abschließen. Stramin mit 1 cm Zugabe nach hinten umlegen, Kanten mit brauner Wolle umstechen.

05 Teppich, ca. 104 x 186 cm

Zählmuster siehe Bogen D
Knotenzahl 195 x 351/ca. 102 x 184 cm (19 Knoten/ca. 10 cm).
Material: 2,05 m Stramin, 130 cm breit, 19 Fadenkaros/ca. 10 cm (z. B. von Leibfried); 6 Smyrna-Nadeln; 1 Smyrna-Knüpfstäbchen, 8 mm breit; Springer-Sudanwolle, z. B. „Angelita" (1 Strg. = 100 g) in folgenden oder ähnlichen Farben:

1 ■ = 700 g Blau 584
2 ● = 600 g Rot 662
3 × = 500 g Grün 712
4 ▣ = 1700 g Beige 586
5 · = 400 g Weiß 544

Ausführung: In der linken unteren Ecke, ca. 8 cm von den Kanten entfernt mit dem Knüpfen beginnen. Das Zählmuster zeigt den oberen und unteren Rand und das Mittelmotiv des Teppichs. Beim Knüpfen muß die Bordüre in Höhe und Breite fortlaufend, nur das Rautenmuster gegengleich geknüpft werden. Die rechte Hälfte ab Pfeil (= Mitte) gegengleich arbeiten. Überstehenden Stramin mit einem Fadenkaro Abstand umschlagen und festheften. Den überstehenden Rand mit Weiß 544 im Zopfstich umstechen.

06 Teppich „Kirman", ca. 235 x 332 cm

Zählmuster siehe Bogen A
Knotenzahl 305 x 431 (13 Knoten/ca. 10 cm).
Material: 2 x 3,50 m Smyrna-Stramin, 130 cm breit, 13 Fadenkaros/ca. 10 cm (z. B. von Zweigart; abkariert); 1 Knüpfhaken; Smyrna-Snip-Teppichwolle (SP. = Schnittpack à 252 Fäden, 5,5 cm lang) von AMC.

1 T = 54 SP. Beige hell 1050
2 z = 58 SP. Beige 1046
3 / = 37 SP. Gold hell 1031
4 s = 43 SP. Gold 1177
5 o = 31 SP. Ocker 1034
6 × = 23 SP. Braun hell 1036
7 e = 24 SP. Braun 1039
8 v = 68 SP. Blau 1168
9 ● = 137 SP. Blau 1157
10 + = 50 SP. Blau dunkel 1158

Ausführung: Am ersten Straminstück in der linken unteren Ecke ca. 6 cm ab Rand mit dem Knüpfen lt. Zählmuster beginnen. Das Zählmuster zeigt ¼ des Teppichs. Ab Mitte (siehe Pfeil im Zählmuster) zweite Längshälfte gegengleich arbeiten. Rechte Teppichhälfte gegengleich knüpfen, die Mittelreihe jedoch nur einmal arbeiten. Zum Schluß Straminstücke Knoten an Knoten zusammennähen. Saum auseinanderbügeln und mit Teppichband versäubern, überstehenden Stramin nach hinten umschlagen.

07 Reihengebetsteppich in feinster Knüpfarbeit

Knotenzahl 321 x 121 = 107 x 40,3 cm, 30 Knoten/10 cm.
Feinsmyrna mit Sudanwolle 178 x 67 cm, 18 Knoten/10 cm.
Normale Smyrnaausführung 246 x 93 cm, 13 Knoten/10 cm.
Zählmuster Bogen A.

Material lt. Original: 60 x 130 cm Gobelinstramin, 3 Fadenkaros/1 cm, 7 Sticknadeln ohne Spitze Nr. 18 sowie 1 JMRA-Filetstäbchen, 6 mm breit; Kelimwolle COLBERT von St. Epin, Paris (oder ähnliches Material), in folgenden oder anderen beliebigen Farben (Strangzahl in Klammern, 1 Str./ 5 g):

1 — = elfenbein 330 (23)
2 • = goldgelb 18-3 (13)
3 ▯ = antikrot, hell 30-4 (12)
4 o = karminrot, dklst. 24-14 (42)
5 × = seegrün, dklst. 79-7 (19)
6 /\ = antikblau, dkl. 11-4 (17)
7 ● = braun, dkl. 45-9 (12)

Ausführung: Die Schnittkanten des Stramins mit großen Zickzackstichen, besser mit Klebeband, vor dem Ausfransen sichern. Es wird im Perserstich geknüpft. Dabei ist für eine exakte Musterwiedergabe wichtig, die Knoten gleichmäßig straff anzuziehen und die Schlingen exakt in der Mitte sauber aufzuschneiden (Schlingen auf die Schneidehälfte einer scharfen Schere fassen, gleichmäßig hochziehen, erst dann aufschneiden).
Laut Zählmuster an einer Schmalseite beginnen. Das Zählmuster zeigt die 5 Gebetsfelder vollständig, das 1. Feld ist einschließlich Umrandung gezeichnet. Die 3 schmalen Bordüren, die insgesamt 19 Knoten breit sind, werden fortlaufend wiederholt. Dabei ist zu beachten, daß nach der 30. Wiederholung des Blattes (letztes Blatt vor der Ecke) der 1. braune Knoten entfällt, das Blatt also um einen Knoten dichter an das vorhergehende anschließt. Nach dem 5. Gebetsfeld sind – mit Ausnahme der soeben beschriebenen Blattborte und der hellgrundigen schmalen Bordüren, die die Blätter beiderseits umrahmen – die letzten 45 Reihen gegengleich auch zum Anfang zu wiederholen. Das gilt nach 11 Reihen auch für die Blattbordüre, siehe Modellbild.

08 Reihengebetsteppich mit Blütenmotiven

Knotenzahl 328 x 177, Größe 252 x 136 cm.
13 Knoten/10 cm.
Zählmuster Bogen E.

Material: 2,65 m Smyrna-Stramin, 150 cm breit (13 Fadenpaare = 10 cm); AMC oder ähnliche Smyrna-Teppichwolle in folgenden Farben oder nach eigenem Wunsch:

1 I = Hellbeige 1050 – 35 P.
2 ● = Dunkelbraun 1039 – 17 P.
3 o = Goldbraun 1034 – 19 P.
4 × = Grün 1062 – 4 P.
5) = Rot 1059 – 33 P.
6 \ = Hellblau 1020 – 28 P.
7 \ = Dunkelblau 1157 – 22 P.
8 • = Weiß 1060 – 8 P.
9 + = Gelb 1031 – 5 P.
10 ⊖ = Goldgelb 1043 – 1 P.

Das Zählmuster zeigt 2 Felder mit je 2 Varianten. Die untere und obere Bordüre fortlaufend knüpfen (siehe Modellbild).

09 Gebetsteppich mit Vasenmotiv in Feinsmyrna

Knotenzahl 225 x 411, Größe 118 x 217 cm (19 Knoten = 10 cm).
oder 125 x 229 cm (18 Knoten = 10 cm).
Smyrnaausführung: 173 x 316 (13 Knoten messen 10 cm).
Zählmuster siehe Bogen B = Hälfte des Mittelfeldes, Viertel der Bordüre.

Material: 2,30 m Feinsmyrnastramin (19 Knoten/10 cm) **oder** 2,45 m Sudanstramin (18 Knoten/10 cm) – 130 cm breit. Für die Smyrnaausführung 3,35 m Smyrnastramin – 200 cm breit, 13 Gewebekaros = 10 cm. Zum Beispiel ROPI-Sudan- bzw. ROPI-Smyrnawolle Super trittfest 4fach in folgenden oder ähnlichen Farben (die Farbnummern sind bei Sudan- und Smyrnawolle dieselben, die Mengen für Smyrnawolle stehen in Klammern):

1 I 600 (1800) g goldgelb 106
2 o 100 (300) g nußbraun 151
3 ● 950 (2700) g rohweiß 00
4 × 600 (1800) g türkis 176*
5 + 2650 (7700) g nachtblau 192
6 ∅ 350 (900) g hellgrau 68
7 / 100 (200) g resedagrün 50

*Da Türkis in Sudan nicht erhältlich ist, muß mit geteilter Smyrnawolle geknüpft werden.

Ausführung: Die Bordüre ab Mitte gegengleich fortsetzen. Im Mittelfeld die Reihen ab Mitte gegengleich ergänzen, siehe Modellbild. Bordüre an der oberen Schmalseite gegengleich zur unteren ergänzen.

10 Teppich mit Rhomben

Zu knüpfen nach burda-Zählmuster 880/013 DM 16,–, s. S. 132.
Knotenzahl 313 x 443/ca. 240 x 332 cm (13 Knoten/ca. 10 cm).

Material: 7,50 m Smyrna-Stramin, 150 cm breit, 13 Fadenkaros/ca. 10 cm, (z. B. Zweigart); 1 Knüpfhaken; AMC Snip Teppichwolle oder vergleichbares Material in folgenden oder ähnlichen Farben (CP. = Cut Pack à 252 Fäden, 5,5 cm lang):

1 • = 38 CP. Natur 1060
2 ○ = 17 CP. Beige 1046
3 × = 47 CP. Gelb, hellstes 1030
4 ⁄ = 20 CP. Gelb, mittel 1031
5 ∅ = 9 CP. Gelb 1169
6 △ = 15 CP. Ockergelb, hell 1177
7 s = 22 CP. Ockergelb, dunkel 1045
8 z = 27 CP. Braun, mittel 1035
9 ▲ = 61 CP. Dunkelrot 1053
10 / = 41 CP. Rot 1013
11 + = 7 CP. Orange 1180
12 v = 10 CP. Grün, hell 1010
13 e = 24 CP. Grün, dunkel 1005
14 ■ = 42 CP. Grün, dunkelstes 1006
15 ● = 165 CP. Dunkelblau 1158
16 ▫ = 24 CP. Blau, hell 1152

Zum Umstechen 4 Str. (1 Str. = 100 g) in Dunkelblau 1158.
Ausführung siehe Zählmusterbeilage.

11 Teppich mit Quadraten, ca. 175 x 240 cm

Zählmuster S, T, U, V, W, X auf Bogen G, Zählmuster I, II, C, D, G, H, L, M, N, O, P, Q, R auf Bogen G, Zählmuster Y u. Schema s. unten.
225 x 309 Knoten / ca. 173 x 238 cm (13 Knoten / ca. 10 cm).

Material: 2,70 m Smyrnastramin, 200 cm breit, 13 Fadenkaros / 10 cm (z. B. Zweigart); 1 JMRA-Knüpfhaken; 1 INOX-Wollhäkelnadel Nr. 5; ca. 8,50 m Teppichband; Schoeller oder andere Smyrnawolle in folgenden oder ähnlichen Farben (CP. = Cut Pack à 340 Fäden / 5,5 cm lang):

1 ■ = 6 CP. Blau 57038
2 △ = 6 CP. Türkis 57044
3 ◥ = 5 CP. Dunkelrot 57033
4 s = 9 CP. Rot 57034
5 ∅ = 10 CP. Dunkeloliv 57051
6 e = 9 CP. Helloliv 57022
7 = = 2 CP. Leuchtendgelb 57027
8 / = 11 CP. Hellgelb 57020
9 v = 9 CP. Gold 57021
10 ◇ = 13 CP. Hellrost 57014
11 ▼ = 18 CP. Dunkelrost 57023
12 ▯ = 22 CP. Hellbeige 57010
13 × = 9 CP. Dunkelbeige 57011
14 ● = 17 CP. Schwarzbraun 57008
15 ◆ = 50 CP. Dunkelbraun 57013 (Fond)
16 · = 17 CP. Weiß 57001

Für den Rand 2 Str. à 100 g Braun 571-13

V	W	X	Y
R	S	T	U
N	O	P	Q
I	K	L	M
E	F	G	H
A	B	C	D

11Y

Ausführung: Straminschnittränder mit Klebeband einfassen. Ca. 15 cm ab unterem und 13 cm ab linkem Rand mit dem Knüpfen in der linken unteren Ecke beginnen, den Ghiordesknoten arbeiten. Pfeile im Zählmuster I markieren die Mitte der Bordüren an Schmal- und Längsseiten. Die breite Bordüre zunächst zur Hälfte, dann zum ganzen Rechteck gegengleich ergänzen, die Mittel-R. nur 1mal knüpfen. Zählmuster II zeigt, wie die 2. Ecke der schmalen äußeren Bordüre zu knüpfen ist. Die äußere Bordüre jeweils fortl. knüpfen. Dabei ergibt es sich, daß die 4. Ecke wie die 2. und die 3. wie die 1. Ecke auszuführen ist. Die schmale innere Bordüre jeweils so fortsetzen, wie sie um die ersten 4 Quadrate eingezeichnet ist. Die Quadrate lt. Zählmuster in alphabetischer Reihenfolge, s. Schema, oder nach Belieben anordnen. Überstehenden Stramin auf 5 Fadenkaros beschneiden, 4 Karos breit umbiegen, den Rand mit f. M. umhäkeln; nach je 9 M. 1 Fadenkaro überspringen, übereck 3 f. M. häkeln; Teppichband aufsäumen.

12 Teppich beige, ca. 145 x 192 cm

Zählmuster siehe Bogen A
Knotenzahl 189 x 249 / ca. 145 x 192 cm (13 Knoten / ca. 10 cm).
Material: 1,65 m Smyrna-Stramin, 200 cm breit, 13 Fadenkaros / ca. 10 cm (z. B. Zweigart); 1 Knüpfhaken; AMC oder andere Smyrna-Teppichwolle in folgenden oder ähnlichen Farben (CP. = Cut Pack mit 252 Fäden, 5,5 cm lang):

1 • = 5 CP. Weiß 1060
2 / = 8 CP Beige 1030
3 s = 10 CP. Gelb 1031
4 × = 5 CP. Ocker 1177
5 o = 14 CP. Ocker, dk. 1045
6 = = 7 CP. Braun 1047
7 + = 6 CP. Blau, h. 1020
8 □ = 11 CP. Blau, 1025
9 e = 8 CP. Blau, dk. 1157
10 v = 33 CP. D.blau 1158
11 z = 83 CP. Sand 1050

Ausführung: In der linken unteren Ecke ca. 10 cm ab Schnittkante und 4 cm ab Webkante mit dem Knüpfen lt. Zählmuster beginnen, es zeigt ein Viertel des Teppichs. Die Reihen ab Mitte (= Pfeil) gegengleich ergänzen, die Blume lt. Zählmuster vervollständigen. Für die 2. Teppichhälfte das Zählmuster um 180° drehen, die Mittelreihe wird nicht wiederholt!

13 Brücke, ca. 153 x 191 cm

Zählmuster siehe Bogen B
Knotenzahl 199 x 249 / ca. 153 x 191 cm (13 Knoten / ca. 10 cm).
Material: 1,75 m Smyrna-Stramin, 200 cm breit, 13 Fadenkaros / ca. 10 cm (z. B. Zweigart Art.); 1 Knüpfhaken; AMC oder andere Smyrna-Teppichwolle in folgenden oder ähnlichen Farben (SP. = Schnittpack = 252 vorgeschnittene Fäden, 5,5 cm lang):

1 □ = 9 SP. Beige 1060
2 × = 14 SP. Gelb 1031
3 v = 88 SP. Gold 1043
4 • = 10 SP. Rot 1012
5 ıı = 29 SP. Hellblau 1168
6 + = 46 SP. Dunkelblau 1158
7 o = 4 SP. Braun 1039

Ausführung: In der linken unteren Ecke, ca. 10 cm ab Schnittkante und 4 cm ab Webkante, mit dem Knüpfen lt. Zählmuster beginnen, es zeigt ¼ des Teppichs. Jeweils bis zur Mittelreihe (= Pfeile im Zählmuster) – und alle Motive, die darüber hinausgezeichnet sind – knüpfen, danach das Muster gegengleich beenden.

14 Beige-blauer Teppich, ca. 196 cm ∅

Zählmuster siehe Bogen D
Knotenzahl 253 x 256 / ca. 195 x 197 cm (13 Knoten / ca 10 cm).
Material: 2,20 m Dreherstramin, 200 cm breit, 13 Fadenkaros / ca. 10 cm (z. B. Leibfried); 6,50 m Teppichband, ca. 5 cm breit; 1 Knüpfhaken; Schoeller oder andere Teppichwolle in folgenden oder ähnlichen Farben (SP. = Schnittpack = 340 vorgeschnittene Fäden, ca. 5,5 cm lang):

1 = 124 SP. Beige 570/03
2 \ = 15 SP. Blau 570/37
3 × = 7 SP. Hellblau 570/39
4 o = 4 SP. Nachtblau 570/40

Zum Umstechen 2 Strg. (1 Strg. = 100 g) 571/37 Blau.
Ausführung: An einer Seitenmitte, ca. 10 cm ab Straminrand, lt. Zählmuster beginnen, es zeigt ¼ des Teppichs. Ab Mitte (= Pfeile im Zählmuster) jeweils gegengleich fortfahren. Überstehenden Stramin gleichmäßig auf 4 cm beschneiden, mit 1 cm Zugabe nach links umlegen, dann den Rand mit Teppichband einfassen.

15 Wandbehang, ca. 71,5 x 102 cm

Zählmuster siehe Bogen A
Knotenzahl 93 x 133 (13 Knoten / ca. 10 cm).
Material: 1,20 m Smyrna-Stramin, 100 cm breit, 13 Fadenkaros / ca. 10 cm (z. B. Zweigart); 1 Knüpfhaken; Smyrna-Snip-Teppichwolle von AMC oder vergleichbares Material (SP. = Schnittpack à 252 Fäden, 5,5 cm lang) in folgenden oder ähnlichen Farben:

1 × = 29 SP. Beige Melange 55
2 + = 7 SP. Gold 1043
3 s = 4 SP. Orange 1180
4 o = 11 SP. Braun 1039

Für die Fransen 200 g AMC Fransengarn (1 Strg. 50 g) oder ähnliches Garn.
Ausführung: In der linken unteren Ecke, ca. 9 cm von den Kanten entfernt mit dem Knüpfen beginnen. Nach Zählmuster arbeiten, es zeigt das halbe Muster. Ab Pfeil (= Mitte) gegengleich knüpfen. Stramin rundherum gleichmäßig beschneiden, knapp an den Knüpfrändern nach hinten umlegen und von Hand befestigen, eventuell mit Teppichband versäubern. Für die 30 Zöpfe 30 ca. 1,40 m lange Fadenbündel aus jeweils 6 Fäden gleichmäßig verteilt in den Stramin der Unterkante einhängen, 2 x 70 cm lang. Fadenbündel im Abstand von ca. 2 cm zum Knüpfrand abbildungsgemäß verknoten. Aus jedem Knoten kommen jetzt 12 Fäden. Diese 12 Fäden vierteln und abbildungsgemäß zu ca. 40 cm langen Zöpfen flechten. Zopfenden verknoten und überstehende Fransen gleichschneiden.

16 Teppich Achteck, ca. 213 cm ∅

Zählmuster siehe Bogen E
Knotenzahl 277 x 277 (13 Knoten / ca. 10 cm).
Material: 2 x 2,35 m Smyrna-Stramin, 130 cm breit, 13 Fadenkaros / ca. 10 cm (z. B. Zweigart); 1 Knüpfhaken; Smyrna-Snip-Teppichwolle von AMC oder vergleichbares Material (SP. = Schnittpack à 252 Fäden, 5,5 cm lang) in folgenden oder ähnlichen Farben:

1 × = 141 SP. Beige Melange 55
2 • = 36 SP. Gold 1043
3 s = 21 SP. Orange 1180
4 o = 56 SP. Braun 1039

Ausführung: Der Teppich wird in zwei Teilen gearbeitet. Ca. 10 cm von der Schnittkante und exakt 58 Knoten von der rechten Webkante entfernt, mit dem Knüpfen beginnen. Nach Zählmuster arbeiten, es zeigt ein Viertel des Teppichs. Zweites Viertel ab Pfeil gegengleich knüpfen. Die zweite Teppichhälfte entsprechend arbeiten. **Wichtig:** Die Mittelreihe wird nur einmal geknüpft! Die beiden Hälften an den Knüpfrändern zusammennähen. Stramin rundherum gleichmäßig beschneiden, knapp am Knüpfrand nach hinten umlegen und von Hand befestigen, eventuell mit Teppichband versäubern.

17 Teppich, ca. 138 x 240 cm

Zählmuster siehe Bogen E
Knotenzahl 179 x 313 (13 Knoten/ca. 10 cm).
Material: 2,60 m Smyrna-Stramin, 150 cm breit, 13 Fadenkaros/ca. 10 cm (z. B. Zweigart); 1 Knüpfhaken; Smyrna-Snip-Teppichwolle von AMC oder vergleichbares Material in folgenden oder ähnlichen Farben (SP. = Schnittpack à 252 Fäden; 5,5 cm lang):

1 o = 16 SP. Gelb 1043
2 × = 83 SP. Gold 1177
3 v = 43 SP. Gold dunkel 1034
4 • = 84 SP. Blau 1158

Ausführung: Mit dem Knüpfen an einer Schmalseite ca. 10 cm ab Straminrand und ca. 5 cm ab Webkante beginnen. Lt. Zählmuster arbeiten, es zeigt ein Viertel des Teppichs. Rechtes Viertel und die 2. Hälfte gegengleich arbeiten. Stramin rundherum nach hinten umschlagen und säumen.

18 Teppich, ca. 98 x 208,5 cm

Zählmuster siehe Bogen D
Knotenzahl 127 x 271 (13 Knoten/ca. 10 cm).
Material: 2,30 m Smyrna-Stramin, 130 cm breit, 13 Fadenkaros/ ca. 10 cm (z. B. Zweigart); 1 Knüpfhaken; Smyrna-Snip-Teppichwolle von AMC oder vergleichbares Material in folgenden oder ähnlichen Farben (SP. = Schnittpack à 252 Fäden, 5,5 cm lang):

1 o = 14 SP. Ocker 1042
2 • = 14 SP. Creme 1031
3 x = 36 SP. Dunkelrot 1182
4 ● = 9 SP. Mittelblau 1154
5 s = 37 SP. Dunkelblau 1157
6 z = 5 SP. Grün 1067
7 = 24 SP. Braun 1045

Ausführung: In der linken unteren Ecke, ca. 10 cm von den Kanten entfernt mit dem Knüpfen beginnen. Nach Zählmuster arbeiten, es zeigt ein Viertel des Teppichs. Ab Pfeil (= Mitte) jeweils gegengleich weiterknüpfen. Stramin rundherum beschneiden, knapp an den Knüpfrändern nach hinten umschlagen und von Hand befestigen; evtl. Teppichband gegennähen.

19 Teppich, ca. 127 x 198 cm

Zählmuster siehe Bogen D
Knotenzahl 163 x 255/ca. 125 x 196 cm (13 Knoten/ca. 10 cm).
Material: 2,20 m Stramin, 150 cm breit, 13 Fadenkaros/ca. 10 cm (z. B. Zweigart); 6 Smyrnanadeln ohne Spitze; 1 Stäbchen, 11 mm breit; Patons Turkey Teppichwolle oder vergleichbares Material in folgenden oder ähnlichen Farben (1 Strg. = 50 g):

1 ● = 500 g Mittelblau 966
2 ◘ = 1 900 g Dunkelrot 924
3 ◣ = 1 500 g Moosgrün 960
4 x = 550 g Lindgrün 899
5 + = 500 g Goldgelb 858
6 • = 500 g Naturweiß 50

Zum Umstechen 150 g Moosgrün 946.
Ausführung: In der linken unteren Ecke, ca. 10 cm von den Kanten entfernt, mit dem Knüpfen beginnen. Nach Zählmuster arbeiten, es zeigt ein Viertel des Teppichs. Ab Mitte (siehe Pfeile im Zählmuster) jeweils gegengleich knüpfen. Stramin im Abstand von ca. 1 cm zum Knüpfrand nach hinten umschlagen und Rand umstechen.

20 Bunter-Reste-Teppich

Zählmuster auf Bogen D
Material: Stramin, 13 Fadenkaros/10 cm (z. B. Zweigart, abkariert) in der gewünschten Breite und Länge + 20 cm Zugabe an den Schnittkanten. Teppichwollreste (auch einzelne Fäden) in vielen Farben, dunkle Farben für die Trennlinien zwischen den Motiven und den Außenrand reservieren und schließlich ½ bis 1 Dutzend Smyrnasticknadeln Nr. 1 (damit, um Zeit zu sparen, immer viele Farben eingefädelt bereitliegen). Smyrnastramin ist in Breiten von 70, 80, 100, 130, 150 und 200 cm erhältlich, Synthetikstramin dagegen nur 100 cm breit (nur dann zu empfehlen, wenn synthetisches Teppichgarn verarbeitet wird).

So wird die Größe errechnet z. B.

in der Breite 6 Motive à 21 Stiche	126 Stiche
4mal 2 Stiche für die Blenden zwischen den Motiven	8 Stiche
2mal 4 Stiche für die seitlichen Blenden	8 Stiche
2mal 3 Stiche für die dunkle Umrandung	6 Stiche
Gesamtbreite	113 cm = 148 Stiche

Vor Beginn der Arbeit die ganze Anleitung durchlesen

21 Runder Teppich, ca. 144 cm Ø

Zählmuster siehe Bogen E
Knotenzahl 185 Ø/ca. 142 cm Ø (13 Knoten/ca. 10 cm).
Material: 1,70 m Dreherstramin, 200 cm breit, 13 Fadenkaros/ca. 10 cm (z. B. Leibfried); 1 Knüpfhaken; 4,70 m Teppichband, ca. 7 cm breit; Schoeller oder andere Teppichwolle in folgenden oder ähnlichen Farben (SP. = Schnittpack = 340 vorgeschnittene Fäden, ca. 5,5 cm lang):

1 = 12 SP. Gelb 570-18
2 = 11 SP. Dunkelrot 570-34
3 ⁄ = 15 SP. Rot 570-35
4 ● = 22 SP. Dunkelblau 570-40
5 e = 5 SP. Hellblau 570-36
6 = 21 SP. Beige 570-01

Für die Umrandung 2 Strg. = 200 g Gelb 571-18.

Ausführung: Ca. 10 cm ab unterem Straminrand mit dem Knüpfen lt. Zählmuster (= ¼ des Teppichs) beginnen, in der ersten Reihe 14 Knoten von der Mittellinie entfernt. Dann nach Zählmuster fortfahren. Ab Mitte (= Pfeile im Zählmuster) gegengleich knüpfen. Den Rand dicht mit Gelb über 1 Fadenkaro umstechen.

22 Brücke, ca. 98 x 194 cm

Zählmuster siehe Bogen A
Knotenzahl 120 x 240/ca. 96 x 192 cm (12,5 Knoten/ca. 10 cm).
Material: 2,20 m Dreherstramin, 100 cm breit, 12,5 Fadenkaros/ca. 10 cm (z. B. Patons); 1 Knüpfhaken; Patons Turkey oder andere Teppichwolle in folgenden oder ähnlichen Farben (CP. = Cut Pack, 320 vorgeschnittene Fäden. ca. 5,5 cm lang):

1 o = 26 CP. Rot 924
2 = 8 CP. Grün 946
3 ⁄ = 15 CP. Blau 966
4 x = 21 CP. Schwarz 52
5 ● = 16 CP. Beige 940
6 = 4 CP. Natur 958
7 = 2 CP. Gelb 964

Für die Umrandung 150 g Schwarz 52 (1 Strg. = 50 g).
Ausführung: Ca. 10 cm ab Unterkante und knapp an der Webkante in der linken unteren Ecke mit dem Knüpfen lt. Zählmuster (= ¼ des Teppichs) beginnen. Ab Mitte (= Doppelpfeile im Zählmuster) jeweils gegengleich fortfahren. Die Randbordüre an den Längsseiten von Pfeil bis Pfeil 5mal wiederholen. Ecke gegengleich ergänzen. Den Teppich mit Zopfstich über 1 Fadenkaro umstechen.

23 Teppich, ca. 130,5 x 217 cm

Zählmuster siehe Seite 137
Knotenzahl 167 x 279/ca. 128,5 x 215 cm (13 Knoten/ca. 10 cm).
Material: 2,35 m Smyrna-Stramin, 150 cm breit, 13 Fadenkaros/ca. 10 cm (z. B. Zweigart); 1 Knüpfhaken; Smyrna-Snip-Teppichwolle von AMC oder vergleichbares Material in folgenden oder ähnlichen Farben (SP. = Schnittpack à 252 Fäden, 5,5 cm lang):

1 x = 57 SP. Rot 1016
2 s = 23 SP. Türkis 1022
3 o = 18 SP. Gelb 1045
4 v = 11 SP. Grün 1067
5 • = 18 SP. Beige 1050
6 ● = 37 SP. Braun 1039
7 ⁄ = 9 SP. Dunkelrot 1014
8 = 16 SP. Lindgrün 1061

Zum Umstechen 2 Strg. (1 Strg. = 100 g) Rot 1016.
Ausführung: In der linken unteren Ecke, ca. 9 cm von den Kanten entfernt, mit dem Knüpfen beginnen. Nach Zählmuster arbeiten, es zeigt ein Viertel des Teppichs. Ab Mitte (= Pfeile im Zählmuster) jeweils gegengleich knüpfen. Stramin rundherum gleichmäßig beschneiden, im Abstand von ca. 1 cm zum Knüpfrand nach hinten umschlagen. Rand im Zopfstich umstechen.

24 Türkisfarbener Teppich, ca. 135 x 185 cm

Zählmuster siehe Bogen B
173 x 240 Knoten/ca.133 x 185 cm (13 Knoten/ca. 10 cm).
Material: 2 m Smyrna-Stramin, 150 cm breit (z. B. Leibfried); 1 Knüpfhaken; 6,60 m Teppichband; Junghans oder andere Smyrna-Teppichwolle in folgenden oder ähnlichen Farben (SP. = Schnittpack mit 345 vorgeschnittenen Fäden, 5,5 cm lang):

1 • = 3 SP. Rohweiß 1060
2 ○ = 2 SP. Sonnengelb 1179
3 ⁄ = 3 SP. Signalrot 1176
4 ▲ = 3 SP. Kirschrot 1182
5 = 152 SP. Hellblau 1020
6 ■ = 3 SP. Marine 1157

Ausführung: In der linken unteren Ecke, ca. 7 cm ab Straminrand mit dem Knüpfen lt. Zählmuster beginnen. Das Zählmuster zeigt den ganzen Teppich. Stramin ringsum auf 5 cm beschneiden, direkt am Knüpfrand nach links umlegen, anhexen und mit Teppichband versäubern.

25 Teppich „Feuerwerk", ca. 145 x 210 cm

Zählmuster auf Bogen G
190 x 270 Knoten/ca. 146 x 208 cm (13 Knoten/ca. 10 cm).

Zählmuster 23

Material: 2,30 m Smyrna-Stramin, 170 cm breit; 13 Fadenkaros/ca. 10 cm (z. B. Leibfried); 7,20 m Teppichband, 3 cm breit; Lindhorst oder andere Smyrna Knüpfwolle in folgenden oder ähnlichen Farben (SP. = Schnittpack mit 330 Fäden, 5,5 cm lang):

1 = 133 SP. Natur 846 (Fond)
2 + = 2 SP. Gelb 866
3 \ = 1 SP. Ocker 878
4 9 = 1 SP. Orange 867
5 ○ = 4 SP. Beige, dunkel 804
6 ɔ = 1 SP. Türkis 872
7 ·. = 2 SP. Hellblau 895
8 × = 2 SP. Mittelblau 855
9 • = 2 SP. Königsblau 856
10 \ = 3 SP. Rot, hell 893
11 s = 2 SP. Rot 899
12 ■ = 2 SP. Weinrot 891
13 = = 2 SP. Pink, hell 827
14 z = 1 SP. Pink, dunkel 871
15 \ = 1 SP. Lila 870
16 □ = 2 SP. Flieder 863

Ausführung: In einer Ecke, ca. 10 cm ab Straminrand, mit dem Knüpfen lt. Zählmuster beginnen. Alle leeren Flächen und Kästchen in Natur (FOND) arbeiten. Stramin rundherum auf 5 cm beschneiden, nach links umlegen und anhexen. Teppichband gegensäumen.

26 Webbild „Landschaft"

Musterzeichnung auf Bogen J
Größe: ca. 36 x 36 cm mit Rahmen

Materialangabe: Dünnes Baumwollgarn in Natur für Kette. Wollreste in Mittelblau, Tannengrün, Olivgrün, Hellgrün, Lodengrün, Lindgrün, Jadegrün, Ocker, Erika, Hellrosé, Weiß und Gelb. Ein Sortiment Tapeziernägel; 1 Bilderrahmen von ca. 36 x 36 cm Größe; 1 Stramin- oder Webnadel; burda-Kopierpapier, s. Seite 132.

Ausführung und Montage: Wie bei Webbild „Birne" Nr. 28 beschrieben. Das Motiv wird lt. Vorlage über die ganze Fläche gewebt (Farbaufteilung s. Modellbild).

27 Webbild „Himmel und Erde"

Musterzeichnung auf Bogen J
Größe: ca. 26 x 35 cm

Material: 1 Simex-Webbrett. Kette: Knüpf- oder Hobbygarn mit ca. 2 mm ∅. Schuß: Garnreste, z. B. Stickgarn, Stickwist, Perlgarn, Wollreste verschiedener Stärke; dünner Lurexfaden.

Ausführung: Kette spannen über 58 Fäden (s. Abb. Verpackung Webbrett). Eintragen des Schußfadens in Leinwandbindung, Knüpfen der Büsche s. Ghiordesknoten. An den Kanten die Schußfäden nicht zu straff anziehen, damit die Webkante gerade bleibt. Schiebt man die Schußfäden mit dem Kamm nicht fest zusammen, erhält man ein lockeres Gewebe. Bei Farben, die ineinanderlaufen, kann man mit 2 Nadeln gleichzeitig arbeiten. Farbgestaltung s. Modellbild. Bei der Gestaltung des Bildes können Sie sich nach der Vorlage richten oder eine eigene entwerfen. – Kettfäden aushängen und die Schlingen verknoten. Fadenenden und -anfänge mit einer Nadel verwahren. Durch die oberen Schlingen einen Stab ziehen, die unteren Schlingen zu Fransen aufschneiden.

Vor Beginn der Arbeit die ganze Anleitung durchlesen

28 Webbild „Birne"

Musterzeichnung auf Bogen H
Größe: ca. 31,5 x 31,5 cm

Material: Dünnes Baumwollgarn in Rot; Wollreste in Orange, Hellgrün, Beige und Braun; 8 Holzperlen in Dunkelbraun; 1 Sortiment Tapeziernägel, 1 alter Bilderrahmen; 1 Stramin- oder Webnadel; burda-Kopierpapier.

Ausführung: Zuerst werden am oberen und unteren Rand des Bilderrahmens die Nägel eingeschlagen. Dazu wird auf die Rückseite des Rahmens auf die bestimmten Leisten eine Linie über die ganze Leistenmitte gezogen. Etwa ½ cm über und unter diesem Strich werden die Nägel im Abstand von 1 cm eingeschlagen, so daß sie noch einige Millimeter hervorstehen. Die Nägel der Reihe über dem Strich müssen jeweils versetzt zu denen unter dem Strich stehen. Die Kettfäden aus Baumwollgarn spannt man um jeweils 1 Nagelpaar. – Mit dem Spannen der Kette oben links beginnen, dann den Faden abwärts führen, um das untere Nagelpaar, wieder aufwärts um das nächste Nagelpaar usw., bis der ganze Rahmen bespannt ist. Nun beginnt das Weben. Als Webvorlage dient die Musterzeichnung. Mit Hilfe von Kopierpapier wird diese auf ein weißes Papier (35 x 35 cm) übertragen. Die Konturen mit einem Filzstift nachzeichnen. Den Rahmen nun mit der Vorderseite so auf die Vorlage legen, daß die Kettfadenrichtung längs mit dem Motiv verläuft. Mit Klebestreifen die Vorlage am Rahmen befestigen, damit diese nicht verrutschen kann. Nun weben, in einfacher Leinwandbindung. Es wird grundsätzlich von unten nach oben, bei entsprechender Farb- und Musterfolge von der Mitte nach außen bzw. von links nach rechts gewebt. Am unteren Rand mit der Farbe Orange beginnen. Über alle Kettfäden 2,3 cm hoch weben. Danach über 4 Kettfäden am äußeren linken Rand über die ganze Bildhöhe weben. Rahmen um 180° drehen und die gleiche Arbeit wiederholen. Für die Birne in der unteren Mitte mit Braun über 2 Kettfäden beginnen. Dann nach der unterlegten Musterzeichnung mit Grün weiterarbeiten. Darauf achten, daß die Arbeit nach der Kelimtechnik gewebt wird, d. h. an den Konturen der Musterzeichnung wendet man die Reihen der einzelnen Partien jeweils an der gleichen Stelle, so daß Schlitze entstehen. Birnenmitte mit Beige genauso arbeiten. Blüte in Braun weben. Nach dem Weben die braunen Holzperlen mit einem braunen Wollfaden aufnähen. Evtl. Bildaufhängung befestigen.

29 Webbild „Apfel"

Musterzeichnung auf Bogen H
Größe: ca. 31,5 x 31,5 cm

Material: Dünnes Baumwollgarn in Grün; Wollreste in Grün, Orange, Beige und Braun; 8 Holzperlen in Dunkelbraun; 1 Straminnadel; 1 alter Bilderrahmen; 1 Sortiment Tapeziernägel; burda-Kopierpapier.

Ausführung: Siehe Webbild „Birne" 28. Farbaufteilung s. Modellbild.

30 Webbild „Regenbogen"

Musterzeichnung auf Bogen K
Größe: ca. 31,5 x 31,5 cm

Material: Dünnes Baumwollgarn in Weiß; Wollreste in Grau, Natur, Weiß, Blau, Petrol, Grün, Goldgelb, Orange und Rot; 1 Stramin-oder Webnadel; 1 alter Bilderrahmen; 1 Sortiment Tapeziernägel; burda-Kopierpapier.

Ausführung: Das Bild wird über die ganze Fläche des Rahmens gewebt. Ansonsten verfahren wie bei Webbild „Birne" 28. Farbaufteilung siehe Modellbild.

31 Webbild „Sonnenaufgang"

Musterzeichnung auf Bogen I
Größe: ca. 31,5 x 31,5 cm

Material: Dünnes Baumwollgarn in Weiß; Wollreste in Grau, Natur, Weiß, Goldgelb, Hellgelb, Orange und Rost; 1 Straminnadel; 1 alter Bilderrahmen; 1 Sortiment Tapeziernägel; burda-Kopierpapier.

Ausführung: Das Bild wird über die ganze Fläche des Rahmens gearbeitet. Ansonsten verfahren wie bei Webbild „Birne" 28. Farbaufteilung siehe Modellbild.

32 Großes Webbild in Blau/Grau/Grün-Tönen

Musterzeichnung auf Bogen M
Größe: ca. 77 x 51 cm (ohne Fransen)

Material: Ca. 150 m Paketschnur, ∅ 1 mm; Wollreste in den Farben Moosgrün, Dunkelgrün, Hellgrau, Dunkelgrau, Hellblau, Dunkelblau, Mittelblau; 1 Webrahmen mit mind. 60 cm Breite (Kamm 20/10); 1 Bambusstab ca. 75 cm lang, ∅ 1,5 cm.

Ausführung: 102 Kettfäden mit einer Länge von 120 cm im Abstand von 0,5 cm einziehen. Musterzeichnung vom Bogen auf Transparentpapier durchpausen, unter die Kette legen und am Rahmen mit Klebeband befestigen. Schußfäden lt. Modellbild in Leinwandbindung einweben. Fransen je nach gewünschter Florhöhe (ca. 4–7 cm) und Farbe zuschneiden und einknüpfen. Die Schlingenreihe, die sich zur Begrenzung von Flächen oder Motiven eignet, folgendermaßen ausführen: Über den Kettfaden eine Schlinge legen, den Faden hinter dem Kettfaden durchführen und durch die Schlinge ziehen. Eine neue Schlinge bilden usw. Die Schlingen bei unserem Modell sind jeweils über 2 Kettfäden gelegt. Für den blauen und grauen Schlingenflor den Ghiordes-Knoten knüpfen, mit jeweils 2 Schußreihen in Leinwandbindung befestigen. Eine fliehende Fläche (Keil) wird erreicht, indem immer auf der gleichen Seite um einen Kettfaden eher gewendet wird. Eine steigende Fläche mit einer kurzen Reihe beginnen und dann beim Wenden jeweils einen oder mehrere Kettfäden mit aufnehmen.

Fertigstellung: Die Noppen nachträglich ins Gewebe einziehen. Für 1 Noppe den Wollfaden ca. 6mal umwickeln, Noppen lt. Modellbild auf blauem Grund verteilen. Kettfäden aus dem Rahmen schneiden, für die untere Fransenreihe jeweils 2 Kettfäden miteinander verknoten. Für die obere Fransenreihe bzw. Aufhängung ebenfalls 2 Kettfäden verknoten und 2 weitere Knotenreihen jeweils versetzt im Abstand von ca. 3 cm anschließen. Jeweils 4 Kettfäden um den Bambusstab schlingen und verknoten.

33 Webbildchen „Südländisches Städtchen"

Musterzeichnung auf Bogen H
Größe: 14 x 14 cm

Material: 1 Kartonstück ca. 12 x 12 cm; Kettgarn = Knopflochseide; Baumwollbändchen; Woll- und Garnreste in verschiedenen Farben und Stärken; 1 Straminnadel; 1 Anschlagkamm; Klebeband; Transparentpapier.

Ausführung: Am oberen und unteren Kartonrand werden Ritze im Abstand von ca. 2–3 mm eingeschnitten. Der Kettfaden wird an eine Ritze verknotet, mit einem Stück Klebeband befestigt und in Runden um das ganze Kartonstück gespannt. Das Endstück der Kette wird verknotet. Musterzeichnung vom Bogen auf Transparentpapier übertragen, so unter die Kette legen, daß die Kettfäden waagrecht über das Motiv verlaufen (Gobelintechnik, s. Lehrgang) und mit Klebeband am Kartonrand festkleben. Schußfäden in Leinenbindung einweben (s. Lehrgang). Beim Webvorgang darauf achten, daß alle Webreihen locker angeschlagen werden, damit das Einweben des Gewebes vermieden wird (s. Lehrgang). Fadenenden mit einweben oder am Schluß verwahren. Nach Beendigung der Arbeit fertiges Gobelinbildchen auf Kartonstück aufgespannt lassen. Je nach Belieben in einen Rahmen einpassen.

Weitere Erklärungen zum Weben im Lehrgang auf Seite 34 bis 37

34 Webbildchen „Landschaft"

Musterzeichnung auf Bogen C
Größe: 17 x 12 cm

Material: 1 Kartonstück ca. 15 x 10 cm; Kettgarn Lurexgarn (z. B. Gold); Baumwollbändchen; Woll- und Garnreste in verschiedenen Farben und Stärken; 1 Straminnadel; 1 Anschlagkamm; Klebeband; Transparentpapier.

Ausführung: An der oberen und unteren Längsseite des Kartonstücks werden im Abstand von ca. 3 mm Ritzen eingeschnitten. Der Kettfaden wird an einer Ritze festgeknotet und in Runden um das ganze Kartonstück gespannt. Das Endstück der Kette wird verknotet. Musterzeichnung vom Bogen auf Transparentpapier übertragen, unter die Kette legen und mit Klebeband am Kartonrand befestigen. Schußfäden in Leinenbindung (s. Lehrgang) einweben, Farbfolge und Farbwechsel s. Musterzeichnung und Modellbild. Beim Webvorgang darauf achten, daß alle Webreihen locker angeschlagen werden, so bleibt die Webkante gerade. Fadenenden mit einweben oder am Schluß verwahren. Nach beendeter Arbeit Webbildchen auf Kartonstück aufgespannt lassen und je nach Belieben einrahmen.

35 Wandbild in Erdtönen

Musterzeichnung auf Bogen I
Größe: ca. 30 x 19 cm

Material: 1 Simex-Webbrett; Kettgarn = Baumwollgarn, ca. 2 mm ∅; Woll- und Garnreste in Naturfarben (z. B. Braun, Weiß, Beige, Grau); Lurexgarn (z. B. Gold, Kupfer); 1 Webnadel; 1 Anschlagkamm; Transparentpapier.

Ausführung: Kette mit 55 Fäden spannen. Musterzeichnung vom Bogen auf Transparentpapier übertragen, unter die Kette legen und mit Klebeband am Webbrett befestigen. Schußfäden in Leinenbindung (s. Lehrgang) einweben, Farbfolge s. Modellbild. Mit einem anderen Farbton ein paar kleine Flächen vorausweben, welche dann in Leinenbindung eingerahmt werden (s. Lehrgang – Einrahmtechnik). Beim Webvorgang darauf achten, daß alle Webreihen locker angeschlagen werden, so wird das Verziehen, d. h. das Einweben des Gewebes vermieden. Fadenenden mit einweben oder am Schluß versäubern. Ist die Arbeit beendet, werden die Kettfäden ausgehängt und die Schlingen verknotet. Damit das Deckchen Fransen erhält, werden die verknoteten Schlingen aufgeschnitten und auf die gewünschte Länge gekürzt.

36 Gobelin „Chinon"

Musterzeichnung auf Bogen J
Größe: ca. 25 x 25 cm

Material: Für die Kette Leinen 16/2 (100-g-Rolle); für Ordnungskette Vor- und Nachgewebe Baumwollgarn 12/3 (z. B. Cordonettgarn); für Schuß möglichst hartgesponnene Wolle (s. Farbeinteilung); für besondere Betonungen reine Seide; 1 Gobelinrahmen mit 40 cm Webbreite und einer Einteilung 40 bzw. 50 Kettfäden auf 10 cm; Gobelinpinne mit ca. 12 mm ∅ (z. B. von Leclerc); Transparentpapier.

Ausführung: Musterzeichnung vom Bogen auf Transparentpapier übertragen und evtl. farbig anlegen lt. Farbeinteilung. Die Zeichnung ist bereits um 90° gedreht und spiegelverkehrt, so daß sie direkt übernommen werden kann. Gobelinrahmen über 25 cm möglichst straff bespannen, jeweils die äußeren Kettfäden doppelt spannen. Zum Ordnen der Kettfäden zunächst eine Häkelkette arbeiten, an die sich ca. 0,5 cm Vorgewebe anschließen. Musterzeichnung unter die Kette legen und befestigen, d. h. z. B. am Vorgewebe festnähen und mit einer Arbeitsleiste, die an den Seitenleisten des Webrahmens befestigt wird, festhalten. Mit der Gobelinpinne in Leinwandbindung die Schußfäden eintragen. Dabei immer „aufbauend" arbeiten, auf keinen Fall dürfen freie Kettfäden stehen bleiben oder übersprungen werden, da ein geschlossener Anschlag erforderlich ist. Es wird also immer ein gewebtes Stück benötigt, an das das nächste angeschlagen werden kann. Hierzu beginnt man am besten mit einem Dreieck, wie es in der Musterzeichnung als Feld A, B, C etc. angegeben ist und sucht rechts, links sowie oben die Anschlüsse. Der Pfeil in der Musterzeichnung zeigt die Webrichtung an. Es wird mit linker Seite zum Weber hin gearbeitet, die Enden bleiben auf dieser Seite stehen. Das Gewebe mit einem Nachgewebe, ca. 0,5 cm, abschließen. Gewebe aus dem Rahmen nehmen und Geweberand sichern, Fransen evtl. auf die linke Seite nähen.

Farbeinteilung:

1 = Gelb
2 = Hellorange
3 = Hell-Lila
4 = Mittellila
5 = Hellgrau
6 = Dunkellila
7 = Rotbraun
8 = Mittelbraun
9 = Orange
10 = Hellbraun
11 = Dunkelbraun
12 = Oliv, wenn möglich 3 Töne

37+38 Heidschnucken

Musterzeichnung auf Bogen H
Größe: je ca. 18 x 20 cm

Material: Für die Kette Leinen 16/2 (100-g-Rolle); für Ordnungskette, Vor- und Nachgewebe Baumwollgarn 12/3 (z. B. Cordonettgarn); für Schuß möglichst hartgesponnene Wolle (s. Farbeinteilung); für besondere Betonungen reine Seide; ein Gobelinrahmen mit 40 cm Webbreite und einer Einteilung 40 bzw. 50 Kettfäden auf 10 cm; Gobelinpinne mit ca. 12 mm ∅ (z. B. von Leclerc); Transparentpapier.

Ausführung: Musterzeichnung vom Bogen auf Transparentpapier übertragen und evtl. farbig anlegen lt. Farbeinteilung. Die Zeichnung ist bereits um 90° gedreht und spiegelverkehrt, so daß sie direkt übernommen werden kann. Gobelinrahmen über 18 cm möglichst straff bespannen, jeweils die äußeren Kettfäden doppelt spannen. Zum Ordnen der Kettfäden zunächst eine Häkelkette arbeiten, an die sich ca. 0,5 cm Vorgewebe anschließen. Musterzeichnung unter die Kette legen und befestigen, d. h. z. B. am Vorgewebe festnähen und mit einer Arbeitsleiste, die an den Seitenleisten des Webrahmens befestigt wird, festhalten. Mit der Gobelinpinne in Leinwandbindung die Schußfäden eintragen. Dabei immer „aufbauend" arbeiten, auf keinen Fall dürfen freie Kettfäden stehen bleiben oder übersprungen werden, da ein geschlossener Anschlag erforderlich ist. Es wird also immer ein gewebtes Stück benötigt, an das das nächste angeschlagen werden kann. Der Pfeil in der Musterzeichnung zeigt die Webrichtung an. Es wird mit linker Seite zum Weber hin gearbeitet, die Enden bleiben auf dieser Seite stehen. Das Gewebe mit einem Nachgewebe, ca. 0,5 cm, abschließen. Gewebe aus dem Rahmen nehmen und Geweberand sichern, Fransen evtl. auf die linke Seite nähen.

Zu Modell 37 „unartige Heidschnucke"
Farbeinteilung:

1 = Weiß
2, 3, 4, 5 = Hell- bis Dunkelgrün
6 = Beige
7, 8, 9, 10 = Zartlila bis Violett, in beliebigem Wechsel
11, 12, 13, 14 = Hell- bis Dunkelgrau

Zu Modell 38 „artige Heidschnucke"
Farbeinteilung:

1 = Weiß
2, 3, 4, 5 = Hell- bis Dunkelgrün
6 = Beige
7, 8, 9, 10 = Hell- bis Dunkelgrau
11, 12, 13, 14 = Zartlila bis Violett

39 Paradiesvogel

Musterzeichnung auf Bogen J

Größe: 24 x 36 cm

Material: Für die Kette Leinen 16/2 (100-g-Rolle); für Ordnungskette, Vor- und Nachgewebe Baumwollgarn 12/3 (z. B. Cordonettgarn); für Schuß möglichst hartgesponnene Wolle (s. Farbeinteilung); für besondere Betonungen reine Seide; ein Gobelinrahmen mit 40 cm Webbreite und einer Einteilung 40 bzw. 50 Kettfäden auf 10 cm; Gobelinpinne mit ca. 12 mm ∅ (z. B. von Leclerc); Transparentpapier.

Ausführung: Musterzeichnung vom Bogen auf Transparentpapier übertragen und evtl. farbig anlegen lt. Farbeinteilung. Die Zeichnung ist bereits um 90° gedreht und spiegelverkehrt, so daß sie direkt übernommen werden kann. Gobelinrahmen über 24 cm möglichst straff bespannen, jeweils die äußeren Kettfäden doppelt spannen. Zum Ordnen der Kettfäden zunächst eine Häkelkette arbeiten, an die sich ca. 0,5 cm Vorgewebe anschließen. Musterzeichnung unter die Kette legen und befestigen, d. h. z. B. am Vorgewebe festnähen und mit einer Arbeitsleiste, die an den Seitenleisten des Webrahmens befestigt wird, festhalten. Mit der Gobelinpinne in Leinwandbindung die Schußfäden eintragen. Dabei immer „aufbauend" arbeiten, auf keinen Fall dürfen freie Kettfäden stehen bleiben oder übersprungen werden, da ein geschlossener Anschlag erforderlich ist. Es wird also immer ein gewebtes Stück benötigt, an das das nächste angeschlagen werden kann. Hierzu beginnt man am besten mit einem Dreieck, wie es in der Musterzeichnung als Feld A, B, C etc. angegeben ist, und sucht rechts, links sowie oben die Anschlüsse. Der Pfeil in der Musterzeichnung zeigt die Webrichtung an. Es wird mit linker Seite zum Weber hin gearbeitet, die Enden bleiben auf dieser Seite stehen. Das Gewebe mit einem Nachgewebe, ca. 0,5 cm, abschließen. Gewebe aus dem Rahmen nehmen und Geweberand sichern, Fransen evtl. auf die linke Seite nähen.

Farbeinteilung:

1 = Wollweiß (Himmel)
2 = Rotbraun (Ast)
3 = Orange (Krönchen, Schnabel, Krallen)
4 = Kastanienbraun (Kronenspitzen, Augen)
5, 6, 7, 8 = Blau-grüne Töne (Blätter)
9, 10, 11, 12, 13 = Gelb bis Orange (Vogel)
Bei 3 und 4 möglichst Seide verwenden!

Vor Beginn der Arbeit die ganze Anleitung durchlesen

40 + 41 Baumscheibe

Musterzeichnung auf Bogen K

Größe: ca. 32 cm ∅

Material: 1 Holzreifen 32 cm ∅, 1,5 cm stark; Kokosschnur ca. 8 m Länge = 100 g; Hanf- oder Flachsschnur ca. 100 m Länge = 50 g (erhältlich in Bastel- oder Gartenbedarfgeschäften); verschiedene Wollgarne insgesamt 250 g für 2 Seiten Gewebe und 150 g für gewickelte Pilze, 100 g beige und 50 g grau; fürs Gewebe glatte und Bouclegarne in Naturweiß sowie grüne und bräunliche Farbtöne; 4 bis 5 Webnadeln.

Ausführung: Kokosfaser dicht um den Holzreifen wickeln, Enden innen unsichtbar verknoten. Hanf oder Flachsschnur über die Kokosfaser fest um den Reifen wickeln. Es entstehen auf der Vorder- und Rückseite 2 Kettschichten, die sich in der Mitte kreuzen und eine sehr getrennte, enge Kettdichte ergeben, zum äußeren Rand des Reifens aber eine Dichte von 20 auf 10 cm haben. Deshalb die Arbeit von der Mitte aus beginnen in Leinenbindung, ca. 2 cm über jeweils 3 Kettfäden, s. Feld A auf der Musterzeichnung; dann 3 cm über 2 Kettfäden, s. Feld B und bis zum äußeren Rand des Reifens über 1 Kettfaden, s. Feld C. Die Schußdichte beträgt ca. 10 Fäden auf 1 cm.

Zu 40: Von der Mitte aus ca. 5–6 cm jeweils 2 Schuß Dunkelbraun und Blaugrün im Wechsel wirken; 9–10 cm jeweils 2 Schuß Dunkelbraun und Gelbgrün im Wechsel, s. Modellbild. **Pilze:** Aus Pappe 3 verschiedene Schablonengrößen nach Vorlage jeweils doppelt ausschneiden. Beiges und graues Wollgarn abwechselnd über die Schablonen wickeln, s. Abb. Zwischen den Pappen den äußeren Bogen aufschneiden, das Faserbündel straff mit einem Faden umbinden und ihn festknoten, wie bei der Pomponherstellung. Dem Faserbündel eine breite Querform wie ein Baumpilz geben und ihn fest an das Gewebe nähen. Die Form noch durch Zurechtschneiden verfeinern.

Zu 41: Die zweite Baumscheibe wird wie die erste von der Mitte aus gearbeitet, die Farbverteilung dem Bogen sowie Modellbild entnehmen. Beim Weben darauf achten, daß aufbauend gearbeitet wird, d. h. z. B. wenn Farbfelder eingearbeitet werden, zuerst alle Farben auf gleiche Höhe weben, dann die Felder schließen. Es empfiehlt sich die Kelimtechnik.

Hinweis: Die Baumscheibe entweder frei in den Raum hängen oder beide Seiten getrennt auf zwei verschiedene Reifen arbeiten. Dabei verdoppel sich der Verbrauch des Kettmaterials.

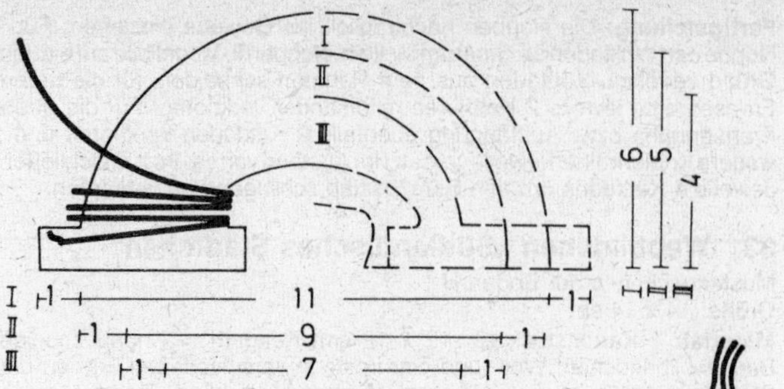

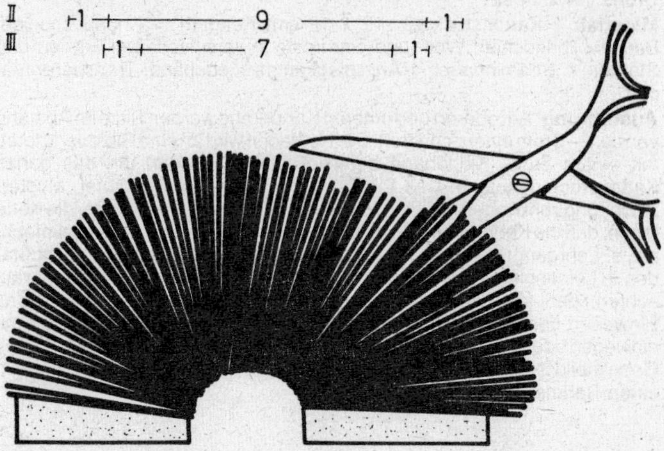

42 Gewebter Lampenschirm mit Trockengräsern

Größe: ∅ unten ca. 27 cm, ∅ oben ca. 16 cm, Höhe ca. 23 cm

Material: 1 Lampenschirmgestell (z. B. v. Trex Textil Hobby); ca. 100 g Baumwollgarn (z. B. von Trex Textil Hobby) für Kette und Schuß; Klarlack; Transparentpapier; 1 Anschlagkamm; Trockengräser; Getreide usw.

Ausführung: Oberen und unteren Schirmrand mit Baumwollgarn in Langettenstichen umstechen, ebenso die 8 Verbindungsstäbchen. Kettfaden am unteren Gestellrand festknoten, zum oberen Rand führen, einmal umschlingen und dann zum unteren Rand zurückführen. Diesen im Abstand von ca. 0,5 cm zum ersten Knoten ebenfalls umschlingen. So das Gestell fortlaufend rundherum bespannen. Dabei beachten, daß eine ungerade Anzahl von Kettfäden am Ende besteht. Nun Schußfäden nach eigener Fantasie einweben. Bevor man mit dem Einweben von Gräsern und Halmen beginnt, muß beachtet werden: Zarte Blätter oder Ästchen werden mit Klarlack bepinselt oder besprüht, damit sie stabiler und haltbarer werden. Man webt dann bis zu der Stelle, an der das Objekt sitzen soll. Ist es flach, wird es in das offene Fach gelegt. Dann webt man oberhalb des Objekts weiter. Der Anschlag muß vorsichtig erfolgen. Zur Festigung werden ca. 16 Reihen fest in Leinenbindung gewebt. Für das durchbrochene Gewebe wird die Raffschlingentechnik angewandt (s. Lehrgang). Bei dieser durchbrochenen Bindeart werden die Kettfäden zu Gruppen zusammengefaßt und abgebunden. Zur Festigung immer wieder glatte Reihen in Leinenbindung weben und locker anschlagen. Für den unteren Lampenschirmrand werden 480 Fäden in der Länge von 26 cm zugeschnitten, je 10 Fäden zu einem Strang für eine Kordel zusammennehmen und am unteren Rand als Schlinge festknüpfen. Dies um den ganzen Schirm fortführen. (In jedem Bogenteil 6 Kordeln anknüpfen.)

Füttern des Lampenschirms: Baumwoll- oder Leinenstoff in Beige, ca. 60 x 75 cm groß. Für das Füttern des Lampenschirms muß erst ein Schnitt angefertigt werden: Gestell auf das Transparentpapier legen und die Ansatzlinie entlang eines Stäbchens auf dem Papier markieren. Mit einem Bleistift entlang der oberen und unteren Rundung fahren. Man erhält ein Teilstück (z. B. ⅛ des Lampenschirms). Papierschnitt ausschneiden und Stoffteile mit 1,5 cm Zugabe zuschneiden. Stoffteile versäubern. Teile am oberen und unteren Rand des Gestells feststecken, Zugabe eingeschlagen und bündig mit dem Schirmrand mit kleinen Stichen festnähen.

43 Gardine

Größe: ca. 67 x 70 cm (mit Fransen)

Material: 100% Baumwoll-Flammégarn, 100 g gebleicht, 50 g natur; 1 Webgerät in der Schachtel, das auch entsprechendes Zubehör enthält, zusätzlich 4 Schärklammern.

Ausführung: Die Gardine setzt sich aus 3 Streifen, je ca. 22–23 cm breit, zusammen. Sie werden nacheinander mit einer Kette gewebt. Zunächst eine Kette mt 51 Fäden und einer Kettlänge von 2,80 m nach folgendem Schärplan schären (s. auch Patrone):

Anzahl der Kettfäden

gebleicht	5		5		5			5		5		5	
natur		3		3		3	3		3		3		3

Kette in das Webgerät einziehen (s. beiliegende Bedienungsanleitung) nach folgender Patrone:

L = Lochreihe
S = Schlitzreihe
■ = gebleicht
X = Naturfarbig
□ = freilassen

Gewebt wird nach eigener Vorstellung abwechselnd in Leinwandbindung und Dreherbindung, Schußdichte in Leinwandbindung 30/10. Für die Dreherbindung werden 3 oder 5 Kettfäden mit der Hand ohne Fachbildung verdreht. Durch jede Verdrehung wird sofort das Schiffchen mit dem Schuß gezogen, s. Abb. Sind 62 cm gewebt, ist der 1. Streifen beendet und das Gewebe wird mit Hohlsaumstichen befestigt. Für die Fransen ca. 8 cm der Kettfäden frei stehen lassen und den 2. Streifen beginnen. Diesen Anfang ebenfalls mit Hohlsaumstichen festigen, die Spannleiste in den 2. Streifen klemmen. Nun erst den 1. Streifen abschneiden. Bevor der 2. Streifen beendet wird, diesen mit dem 1. auf die gleiche Länge überprüfen. Den 3. Streifen ebenso arbeiten. Die 3 Streifen werden Webkante an Webkante mit feinem Nähgarn zusammengenäht.

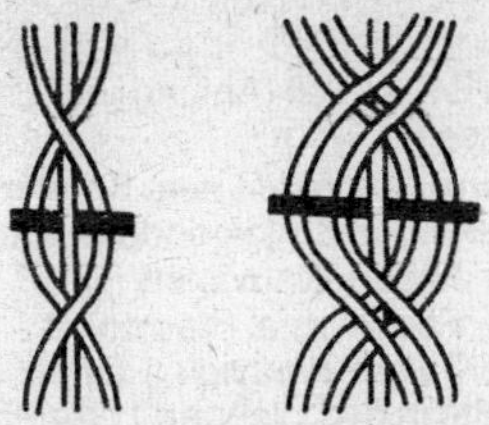

Weitere Erklärungen zum Weben im Lehrgang auf Seite 34 bis 37

44 Webbild „Orientalische Stadt"

Musterzeichnung auf Bogen J
Größe: ca. 29 x 39 cm
Material: Metallrahmen 30 x 40 cm; Kettgarn: ca. 50 g Baumwollgarn weiß (z. B. MEZ Rot Tulpe); Schußgarn: ca. 50 g Baumwollgarn, hellbeige (z. B. MEZ Sonja), ca. 50 g Baumwollgarn natur (z. B. MEZ Bela) sowie 50 g Baumwollgarn weiß (wie für Kette); 1 Webnadel; 1 Straminnadel; 1 Webkamm.
Ausführung: Rahmen mit weißem Baumwollgarn mit Langettenstichen umstechen. Kettfäden am oberen Rahmenrand festknoten, zum unteren Rahmenrand führen, einmal umschlingen und zum oberen Rand zurückführen. Diesen im Abstand von ca. 3 mm zum 1. Knoten ebenfalls umschlingen. So den Rahmen fortlaufend bespannen. Musterzeichnung vom Bogen auf Transparentpapier übertragen. Die Musterzeichnung zeigt die Konturen der einzelnen Teile, die entstandenen Schlitze sind durch schwarze Flächen gekennzeichnet. Musterzeichnung hinter die Kettfäden legen und mit Klebeband am Rahmen befestigen. Schußfaden natur in Leinenbindung (s. Lehrgang) einlegen und 2 Reihen zur Festigung und genaueren Einteilung der Kettfäden weben. Schußreihen mit dem Webkamm locker anschlagen. Bei diesem Modell werden, damit der Spitzeneffekt voll zur Geltung kommen kann, verschiedene Webtechniken angewandt, s. Lehrgang. Für Fenster, Türen und Minaretts die Raffschlingen- und Dreherbindung anwenden (s. Lehrgang), das gibt dem Gewebe Lockerung und einen gewissen Spitzeneffekt. Um eine unterschiedliche Struktur der einzelnen Häuser zu erhalten, einmal eine Hausfassade in Panamabindung (s. Lehrgang) weben, diese Bindung wirkt in ihrer Optik grob und plastisch, wenn beim Weben für den Schuß nicht nur ein, sondern mehrere, z. B. 3 Fäden zusammen verwendet werden. Das Gegenteil, also das feine Aussehen der Gesamtoptik, wird bei der Anwendung der Leinenbindung (s. Lehrgang) erreicht. Sie verhält sich beim Bildweben im Gegensatz zur Panamabindung zurückhaltend und verleiht der Gesamtoptik in Verbindung mit Spitzeneffekten ein edles Aussehen. Fadenenden werden entweder mit eingewebt oder am Schluß verwahrt. Nachfolgend weitere Erläuterungen zu Ausschnitten in einer speziellen Technik:

Fenster in Raffschlingtechnik
Aus dem Kopfstück in Leinenbindung werden 12 Kettfäden zusammengefaßt und abgebunden. Mustersatz 3mal wiederholen.

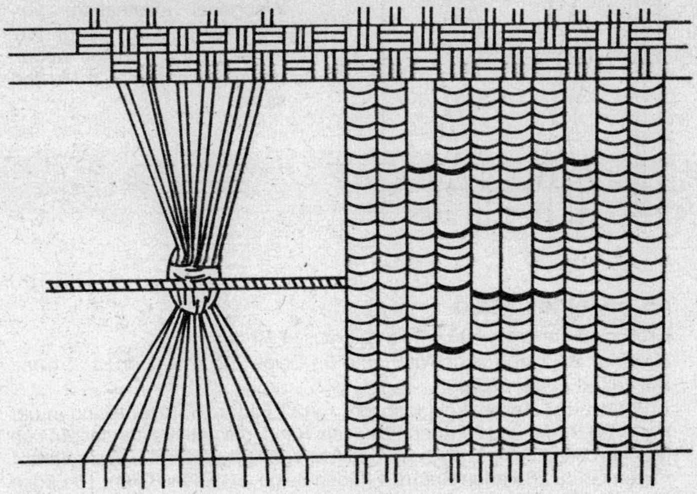

Fenster in Raffschlingtechnik mit umwickelten Kettfäden
Für 1 Fenster ein ungewebtes Stück von ca. 5,5 cm mit 15 Kettfäden freilassen. Mittlere 9 Kettfäden zur Raffschlinge zusammenfassen und abbinden. Beidseitig die äußeren 3 Kettfäden mit je 2 Kettfäden des Mittelstücks zur Mitte hin zusammen umstopfen, so entstehen Stege. Äußere Kettfäden im mittleren Teil mit Schußgarn umwickeln. Mustersatz 3mal wiederholen.

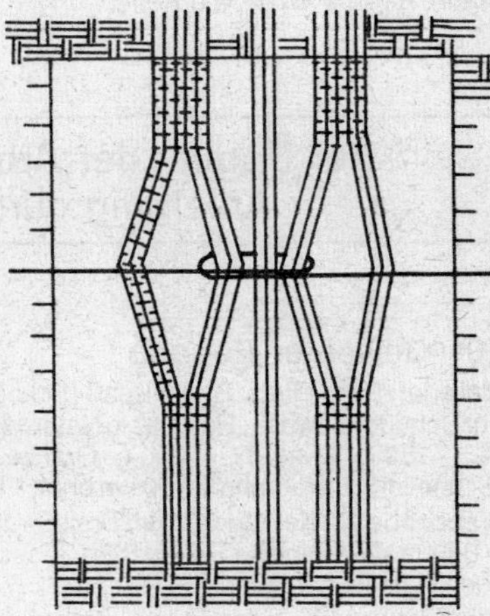

Tor in Umwickeltechnik
Fürs Tor ein ungewebtes Stück von ca. 10 cm mit ca. 54 Kettfäden freilassen. Kettfäden nach Belieben oder nach unserem Modell zusammenfassen und umstopfen. Die umstopften Kettfäden teilen, wiederum – jedoch zur Vorreihe versetzt – zusammenfassen und umstopfen. Stege entstehen durch Umwickeln von 2 oder 3 Kettfäden. Torhälfte zur Vervollständigung nach Mustersatz nochmals wiederholen.

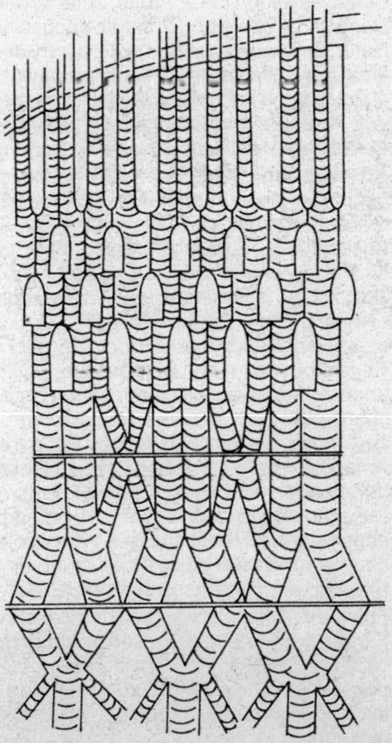

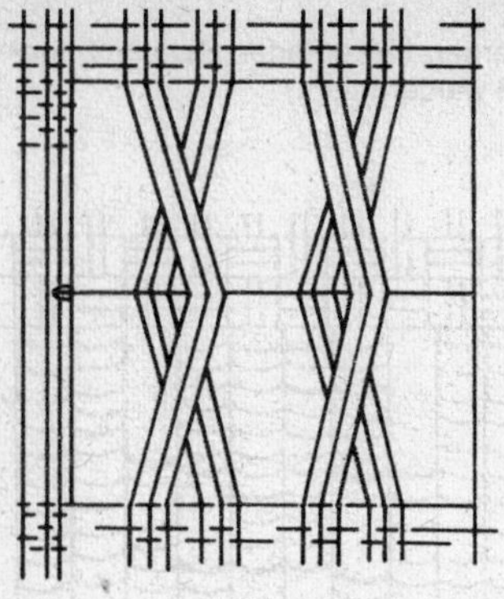

Fenster in Dreherbindung
Aus dem Kopfstück in Leinenbindung werden 4mal 6 Kettfäden in einer halben oder ganzen Drehung mit Hilfe einer Webnadel miteinander verdreht (s. Dreherbindung). Mustersatz für 1 Fenster wiederholen, 2 Fenster = 4 Mustersätze.

45 Kleines Plaid

Größe: 78 cm breit, 100 cm lang, Fransen 10 cm

Material: Bouclé-Wolle in Weiß ca. 175 g, Beige 55 g, Oliv-Grün ca. 35 g und Dunkelbraun ca. 130 g.

Ausführung: Gesamtkettfadenzahl = 182 Fäden. Farbverteilung in der Kette: 32 Braun und 2 Fäden Braun am Rand, die nebeneinander auf den gleichen Schaft eingezogen werden (zur Verstärkung der Ränder), dann 4 Fäden Grün, 20 Fäden Braun, 4 Fäden Beige, 10 Fäden Grün, 16 Fäden Beige, 8 Fäden Weiß, 4 Fäden Beige, 80 Fäden Weiß und 2 Fäden für den Rand = 178 und 4 Randfäden. Die Kettlänge ist 135 cm, Fadendichte 2/cm, Kamm 20/10, in Leinwandbindung gewebt. Farbfolge im Schuß: 40 cm in Weiß, 4 cm in Weiß, 4 cm in Beige, 4 cm in Weiß, 8 cm in Beige, 45 cm in Braun, gleiche Wolle wie Kette.

Vor Beginn der Arbeit die ganze Anleitung durchlesen!

46 Gewebter Poncho

Material: Für Kette z. B. Wollspaß (Schoeller) in Rohweiß, 09 = ca. 300 g. Für Schuß Webwolle „Rumba" in Natur 13 = 400 g, Beige 12 = 200 g, Petrol 20 = 150 g, Curry 07 = 200 g, Orange 08 = 100 g, Braun 06 = 200 g (Schoeller); 1 Webrahmen 60 cm breit; 1 Perl-INOX-Wollhäkelnadel Nr. 6.

Webprobe: 22 Kettfäden in der Breite = 10 cm; 20 Schußfäden in der Höhe = 8,5 cm. Zwei gleiche Teile weben. Jedes Teil ist ca. 55 cm breit und 100 cm hoch (Leinwandbindung).

Ausführung: Für jedes Teil der rohweißen Wolle (Wollspaß) 120 Kettfäden von je 150 cm Länge aufbringen. Mit der übrigen Webwolle folgende Streifen weben: 28 R. Dunkelbraun, 4mal abwechselnd je 2 R. Beige und 2. R. Dunkelbraun, 14 R. Beige, 2mal abwechselnd je 2 R. Orange und 2 R. Beige, es folgen 8 R. Orange, 2mal abwechselnd je 2 R. Petrol und Orange. Danach 14 R. Petrol, 3mal abwechselnd je 2 R. Natur und Petrol, 20 R. Natur, 5mal abwechselnd je 2 R. Curry und 2 R. Natur. Es folgen 16 R. Curry, 2mal abwechselnd je 2 R. Dunkelbraun und Curry, 10 R. Dunkelbraun, 2mal abwechselnd je 2 R. Beige und Dunkelbraun, 4 R. Beige, 2mal abwechselnd je 2 R. Beige und Orange, je 2 R. Orange, Petrol, Orange. Danach 4 R. Petrol, 3mal abwechselnd je 2 R. Natur und Petrol, enden mit 12 R. Natur.

Ausarbeiten: Beide Teile je 1 Schmalseite und 1 Längsseite (am Rand beginnen) aneinandernähen (s. Modellbild). Den Halsausschnitt mit der rohweißen Wolle wie folgt umhäkeln: **1. Rd.:** Den Faden mit 1 Km. an einer Ausschnittkante anschlingen, 4 Lm., * 1 Stb. in die 4. folgende Webreihe, 1 Lm., ab * wiederholen, enden mit 1 Km. in die 3. Lm. zum Rd.-Anfang. **2. Rd.:** 3. Lm., * Reliefstb. um das folgende Stb. (1 Stb. von rechts nach links hinter der Arbeit um den Kopf des Stb. der Vor-Rd. einstechen), 1 Lm. Ab * stets wiederholen, dabei in der 2. Ausschnittkante ohne Lm., dazwischen 3 Reliefstb. zusammen abmaschen (von jedem Stb. nur 1mal 2 Schlingen abmaschen, dann mit einem neuen Umschlag alle 4 auf der Nadel befindlichen Schlingen zusammen abmaschen), am Ende der Rd. 1mal 2 Reliefstb. zusammen abmaschen und die Rd. mit einer Km. in die obere Lm am Rd.-Anfang schließen. **3. Rd.:** 3 Lm., * 1 Reliefstb. um das folgende Stb., 1 Pikot (3 Lm. und 1 f. M. zurück in die 1. Lm). Ab * stets wiederholen. An der 2. Ausschnittkante wie in der 2. Rd. arbeiten, enden mit 2 zusammen abgemaschten Reliefstb. und 1 Km. in die obere Lm. am Rd.-Anfang. – Aus 4facher rohweißer Wolle eine Kordel von 2 m Länge drehen und in die obere Stb.-Rd. am Halsausschnitt einziehen.

Fransen: Am äußeren Rand des Ponchos Fransen in den entsprechenden Farben der gewebten Streifen einknüpfen. Für jede Franse einen Faden von ca. 23 cm zuschneiden. Für je 2 gewebte R. stets eine Franse anknüpfen. An den beiden rohweißen Rändern jeweils 4 Kettfäden miteinander verknoten. In die Zwischenräume aus der Webwolle in gleicher Farbe noch 1 Franse einknüpfen.

47 Mantel mit Seidenband

Größe: 38–42

Material: Für die Kette = Horstia Webwolle 100% Schurwolle, Nm 8/2, 100 g = 400 m; Farbe 19 = 100 g, Farbe 40 = 100 g; für den Schuß = Horstia Webwolle 100% Schurwolle, Nm 2/1, 100 g = 200 m; Farbe 19 = 400 g, Farbe 40 = 300 g, Farbe 38 = 300 g, Farbe 39 = 100 g, Farbe 52 = 100 g, Farbe 70 = 100 g, Farbe 71 = 100 g; Wollschere Mohair, 80% Kid-Mohair / 20% Schurwolle 100 g = 220 m, Farbe 4413 = 150 g, Farbe 4414 = 150 g; für das Band: Aura Seide 100% Schappeseide, Nm 8/2, 100 g = 400 m, Farbe P 56 = 50 g, Farbe N 51 = 50 g; 1 Webgerät in der Schachtel (von Hainer Webstube) mindestens 4 Schärklammern.

Ausführung: Der Mantel setzt sich aus 5 verschiedenen, jeweils 23 cm breiten Streifen zusammen, s. Schnittschema. Zunächst werden die Ketten für die Streifen geschärt, Fadenanzahl pro Kette = 33. Für Teile A, C und D 6,90 m in Farbe 40, für Teile B und E 7,90 m in Farbe 19. Jeweils eine Kette in das Webgerät einziehen, Einzugsfolge s. Patrone für Kleid 49. Gewebt wird in folgender Reihenfolge: 3 Schuß Leinwandbindung, 1 Schuß Dreher (s. Abb. links usw., wobei jeder Schuß aus 2 Fäden Webwolle und 1 Faden Mohair besteht. Die Schußdichte beträgt 20–30 cm auf 10 cm. Die einzelnen Streifen werden wie folgt gewebt:

Teil	Länge	Kettfarbe	Schußfarbe
A Rückenteil	110 cm	40	40, 39 und 4413
B Seitenteile	2 x 220 cm	19	19, 38 und 4414
C Zwischenteile	2 x 85 cm	40	40, 70 und 4413
D Ärmel oben	2 x 60 cm	40	40, 71 und 4414
E Ärmel unten	2 x 50 cm	19	19, 52 und 4414

An jedem Teil (Anfang und Ende) jeweils 8 cm Kette zum Abknoten stehen lassen.

Band: Zunächst eine Kette mit insgesamt 55 Fäden und einer Länge von 400 cm nach folgendem Plan schären:
8 Fäden Blauviolett (Nr. P 56)
40 Fäden 1mal Blauviolett / 1mal Rotviolett im Wechsel (Nr. N 51 / P 56)
7 Fäden Blauviolett (Nr. P 56).
Kette in das Webgerät einziehen, in jedes Loch und jeden Schlitz. Gewebt wird in Leinwandbindung, 1 Schußfaden besteht aus 2 Fäden Blauviolett P 56. Für die Ärmel 2mal 54 cm weben, für den Halsausschnitt 160 cm nach dieser Schußfolge: 11 Schußreihen, Schußfaden abschneiden und befestigen (mit einer Stricknadel zurückstopfen), dann 3 cm ungewebt stehen lassen, 6 Schußreihen weben und wieder 2 cm frei stehen lassen, 6 Schußreihen und wieder 3 cm frei stehen lassen. Nun ca. 115 cm weben und die Musterendgestaltung wie am Bandanfang vornehmen. Die Bandbreite beträgt 2,5 cm, jeweils 9 Fransen stehen lassen.

Fertigstellung: Es empfiehlt sich, die Teile von Hand aneinanderzunähen und zwischendurch Anproben vorzunehmen. Vorder- und Rückenteil: Beide Teile B an Teil A, Teile C an Teile B nähen. Teil A am Hals einkräuseln. Rücken- auf Vorderteil legen und Seitennähte schließen, s. Paßzeichen. Kettenenden an Saum und Hals zu Kordeln verdrehen und annähen (versäubern). Auf der Schulter wird nun an beiden Teilen B eine Falte, je 10 cm tief, gelegt und mit kleinen Stichen befestigt. Somit wird die Schulterbreite festgelegt. Für die Ärmel werden jeweils in Teil D und E die Falten x auf o gelegt. Teile aneinandernähen. An dieser Verbindungsnaht wird auf Teil E das Seidenband aufgenäht. Anstelle einer unteren Ärmelnaht die Kettenden von Paßzeichen 5 bis 6 zusammenknoten. Ärmel an Teil C bei Paßzeichen 7 anknoten, von 7 bis 8 und von 7 bis 9 anknoten. Nun Ärmel an Teil B nähen, s. Paßzeichen 10. Seidenband am Halsausschnitt annähen.

Schnittschema:

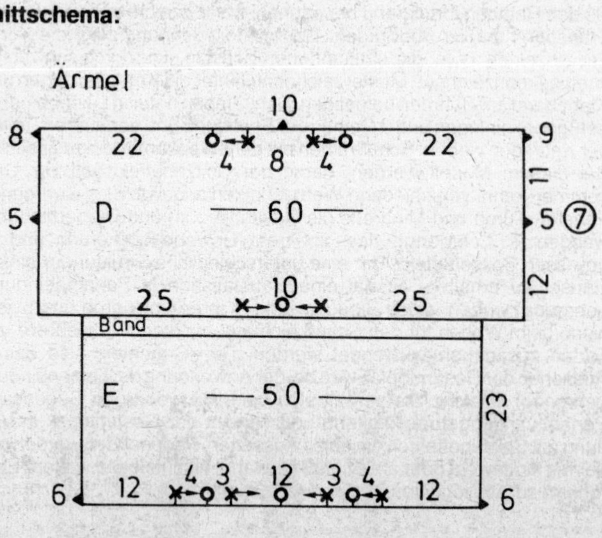

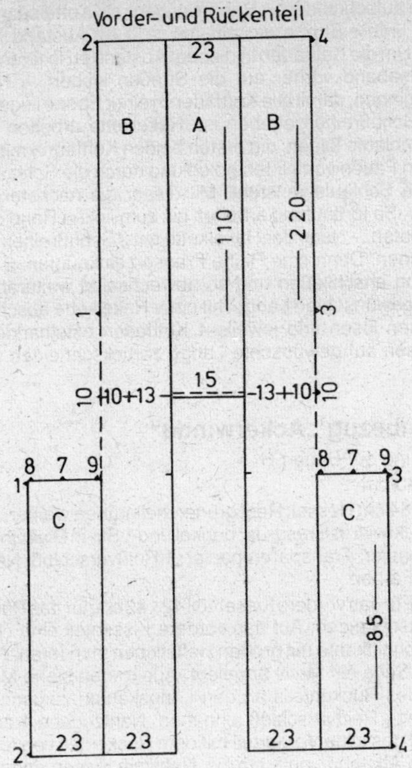

48 Rock mit Seidenbändern

Größe: Taillenweite 70 cm, Rocklänge 70 cm

Material: Rockbahnen: Für die Kette Horstia Webwolle (100% Schurwolle, Nm 8/2, Lauflänge 100 g = 400 m), je 50 g in Farb-Nr. 38, 46, 40, 26, 39, 19; für den Schuß Horstia Webwolle (100% Schurwolle, Nm 2/1, Lauflänge 100 g = 200 m) Farb-Nr. 72 = 100 g, 19 und 39 = je 150 g.
Band: Gütermann Knopflochseide (100% Schappeseide S 1003, Nm 30/3, 1 Rolle = 300 m) Farb-Nr. 910 Rot und 310 Blau je 1 Rolle. 1 Reißverschluß, 20 cm lang; 1 „Webgerät in der Schachtel" (Hainer Webstube – Diekmann) sowie mindestens 4 Schärklammern.

Ausführung: Der Rock wird aus 3 Bahnen zusammengesetzt, je 23 cm breit, die auf einer Kette gewebt werden. Für den Stoff zunächst eine Kette mit insgesamt 97 Fäden und einer Kettlänge von 6 m schären nach folgendem Schärplan:

19 Fäden = Farbe 38
5 Fäden = Farbe 46
19 Fäden = Farbe 40
11 Fäden = Farbe 26
19 Fäden = Farbe 39
5 Fäden = Farbe 46
19 Fäden = Farbe 19

Die Kette in das Webgerät einziehen (in jedes Loch und jeden Schlitz), Kettdichte ist 40/10. Gewebt wird in Leinwandbindung mit einer Schußdichte 36/10. Die 1. (obere) Bahn 124 cm in Farbe Nr. 72 weben, dann die 2. (mittlere) Bahn 164 cm in Farbe Nr. 19 und die 3. (untere) Bahn in Farbe Nr. 39 = 204 cm weben. Die Schnittkanten umstechen, Stoffbahnen leicht dämpfen.
Für das Band eine Kette mit 79 Fäden und einer Länge von 5,50 m schären nach folgendem Schärplan:

10 Fäden = Rot Nr. 910
60 Fäden = 1 Rot / 1 Blau im Wechsel, Farb-Nr. 310/910
9 Fäden = Rot Nr. 910

Kette einziehen (in jedes Loch und jeden Schlitz) und den Schuß mit Rot (910), der aus einem 3fachen Faden besteht, eintragen. Schußreihen jeweils gut anschlagen (Kettripsimitation!). Für die Taille 165 cm (incl. 2 x 5 cm Fransen), für die Naht zwischen 1. und 2. Bahn 124 cm, für die Naht zwischen 2. und 3. Bahn 164 cm weben. Fertige Bandbreite: ca. 2,30 cm.

Fertigstellung: In die obere Rockbahn werden insgesamt 6 Kellerfalten gearbeitet, hierzu jeweils auf der Bahn lt. Schnittschema die Falten markieren und x auf o legen. Mittlere Bahn auf die Länge der oberen einkräuseln, der Webkante entlang, links auf links, zusammennähen. Untere Bahn auf die Länge der mittleren kräuseln und ebenfalls aneinandernähen. Über die Nähte die Bänder nähen. Rückw. Naht bis zum Reißverschluß steppen, Reißverschluß einsetzen. Bund (= 1. Band) ansetzen, die Bandenden werden zur Schleife gebunden.

Schnittschema:

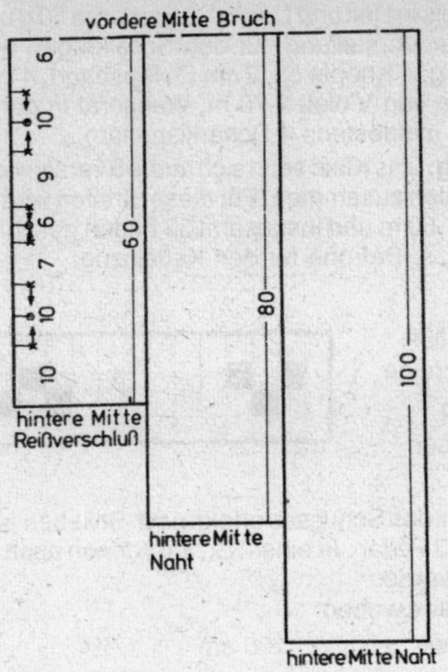

49 Kleid mit Schalkragen

Größe: 36–40

Material: Für die Kette = Horstia Webwolle 100% Schurwolle, Nm 8/2, 100 g = 400 m, Farbe 39 = 150 g; für den Schuß = Wollschere Mohair 20% Schurwolle / 80% Kid-Mohair, 220 m = 100 g; in Rot, Violett, Blau, Grün und

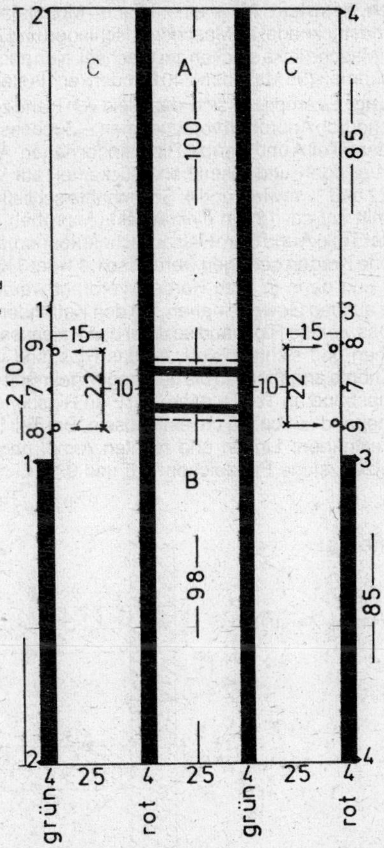

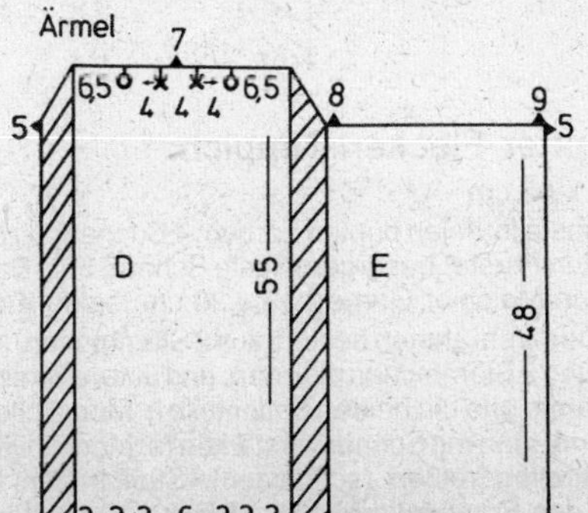

Türkis, jeweils in Hell und Dunkel, 8 Farben je 50 g und 2 Farben je 100 g – je nach eigener Vorstellung; für den Schalkragen wie Schuß in Türkis und Violett je 50 g, 4 Knöpfe ca. 2 cm ∅; Ripsband, 4 cm breit in Rot 3,10 m, in Grün 3,10 m und Violett 2,70 m; Webgerät in der Schachtel (von Hainer Webstube), mindestens 4 Schärklammern.

Ausführung: Das Kleid setzt sich aus je 5 verschiedenen, jeweils ca. 25 cm breiten Streifen zusammen. Für diese Streifen wird zunächst eine Gesamtkette von 11,50 m und insgesamt 33 Fäden geschärt und in das Webgerät eingezogen, s. Patrone für den Ketteinzug:

L = Lochreihe
S = Schlitzreihe
■ = Einzug
□ = freilassen

Die Farbwahl des Schusses erfolgt nach Belieben (s. Modellbild), ein Schuß besteht aus 3 Fäden. In einem Schuß können auch 3 verschiedene Farben verwendet werden.

Folgende Teile weben:

A	Rückenteil	100 cm
B	Vorderteil	98 cm
C	Seitenteile	2 x 210 cm
D	Ärmel oben	2 x 55 cm
E	Ärmel unten	2 x 48 cm

An jedem Teil (Anfang und Ende) jeweils 8 cm Kette zum Abknoten stehen lassen. Die Schußdichte beträgt 20 bis 30 cm auf 10 cm, die Schußfolge ist: 3 Schuß Leinwand, 1 Schuß Dreher usw. (s. Abb.).

Schalkragen, gestrickt: Mit je einem Faden Mohairgarn türkis und violett auf einer Rundstricknadel 72 Maschen anschlagen und 7 Runden 1 Masche rechts und 1 Masche links stricken, im Wechsel. Nun nach jeder 3. Masche 1 Masche zunehmen (95 Maschen). 40 Runden rechts stricken und abketten.

Fertigstellung: Es empfiehlt sich, das Kleid von Hand zusammenzunähen und zwischendurch Anproben vorzunehmen. – Zunächst die Ripsbänder an die Teile C, dann Teil A und B an die Ripsbänder nähen. An den Schultern die Falten x auf o legen und festnähen. Rückenteil auf Vorderteil legen, s. Paßzeichen 2 und 1, sowie 3 und 4, Seitennähte schließen. Teil A und B am Halsausschnitt auf ca. 18 cm einkräuseln (Anprobe!). Zusätzlich an den Kettenden der Teile A und B am Halsausschnitt können, falls gewünscht und das Kleid ohne Kragen getragen werden soll, 11mal 3 Kettfäden (Fransen) eingeknüpft und dann je 4 zu Kordeln verdreht werden. Die Kordeln in Kettrichtung auf das Gewebe nähen. Mit den Kettenden am Saum ebenso verfahren. Das violette Ripsband so unter den Halsausschnitt nähen, daß 2 cm überstehen und sichtbar sind. An das Ripsband verteilt an den vier Ecken vier Knöpfe annähen, an die der Kragen geknöpft werden kann. – Für die Ärmel Ripsband an Teil D, dann Teil E an Ripsband nähen. Teil E am unteren Ärmelrand auf ca. 18 cm einkräuseln. Bei Teil D die Falten x auf o legen und festnähen. Linken und rechten Ärmel gegengleich arbeiten! Ärmel einsetzen, siehe Paßzeichen 7, 8 und 9.

Schnittschema:

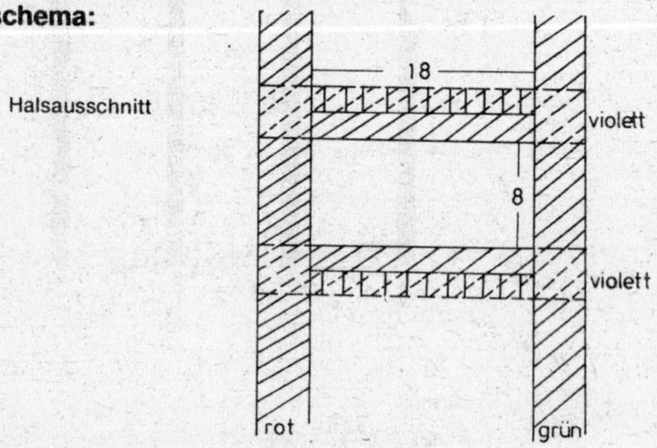

50 Geknüpfter Fleckerl-Teppich

Größe: ca. 85 x 65 cm

Material: Stoffreste in vielen bunten Farben; 4 Buchenholzstämmchen ∅ 7 cm (evtl. über den Förster besorgen); feste Schnur; 50 g Baumwollgarn (z. B. Schwalbe von Melchior Garne); 13 x 20 cm festen Karton

Ausführung: Der Webrahmen besteht aus 2 Stämmchen mit Astgabeln als Seitenstreben und 2 Stämmchen als obere und untere Strebe. Zur Stabilität den unteren Stamm und die beiden Seitenteile lt. Modellbild einkerben und diese Verbindung dann mit Schnur verstärken (s. Modellbild). – Stoffe in ca. 4 cm breite Streifen reißen (schneiden). Stoffstreifen für den Schuß aufwickeln, für den Fransenflor die Streifen auf 13 cm Länge schneiden. Hierzu als Hilfsmittel eine Schablone aus festem Karton 13 x 20 cm anfertigen, um diese mehrere Lagen wickeln und diese an der oberen und unteren Kante aufschneiden. – Baumwollgarn als Kette spannen, d. h. um die obere und untere Strebe wickeln, mit ca. 1 cm Abstand 132 Kettfäden spannen. Tip: Um die Kettfäden in diesem Abstand zu fixieren, doppelseitig klebendes Tesaband vorher auf die Streben kleben. – Nun mit einer Häkelkette beginnen, damit alle Kettfäden in einer Ebene liegen und ein Halt für die erste Schußreihe gegeben ist. Häkelkette arbeiten wie folgt: mit Schnur eine Schlaufe bilden, die ersten beiden Kettfäden mit der Schlaufe umgreifen, den Faden von hinten holen und durch die Schlaufe ziehen, so daß eine neue Schlaufe entsteht. Mit dieser die nächsten 2 Kettfäden umfassen usw. So fortlaufend arbeiten bis zum linken Rand der Kettfäden und dort verknoten. – Nach der Häkelkette mit 2 Schußreihen in Leinwandbindung beginnen. Dann eine Reihe Fransen einknüpfen. 2 Schußreihen zur Befestigung anschließen und so abwechselnd weiterarbeiten. Nach Erreichen der gewünschten Länge mit einer Häkelkette abschließen. Kette von Webrahmen lösen und jeweils 4 Kettfäden miteinander verknoten. Kettfadenfransen auf gewünschte Länge zurückschneiden.

51 Kissenbezug „Ackerwinde“

Musterzeichnung auf Bogen H

Größe: 40 x 40 cm

Material: 42 x 84 cm Nessel; Rest grüner, hellgrüner, weißer, rosafarbener Stoff; 1 Str. Sticktwist in Grasgrün, dunkel und 1 Str. in Blaßviolett; Vliesofix; burda-Kopierpapier; Transparentpapier; 1 Reißverschluß; Nähgarn in entsprechenden Farben.

Ausführung: Für das vordere Kissenteil 42 x 42 cm, für das Rückenteil 2mal 22 x 41 cm zuschneiden. Auf das vordere Kissenteil eine Linie mit 3 cm Abstand zur Schnittkante mit großen Heftstichen markieren. An diese Linie wird auf jeder Seite ein Motiv angelegt. Applizieren siehe Modell 52. Die beiden Teile des Rückenteils an den Längskanten zusammennähen, in diese Naht einen Reißverschluß einnähen, Nahtzugabe 1 cm. Das fertig applizierte und gestickte Vorderteil mit dem Rückenteil verstürzen. Auf der Vorderseite im Abstand von 1 cm zur Nahtlinie Kissen ringsum steppen.

52 Tischdecke und Servietten „Ackerwinde“

Musterzeichnung siehe Bogen H

Größe: Tischdecke ∅ 146 cm
Serviette 36 x 36 cm

Material: 2 m Nessel, 160 cm breit; Stoffreste in Dunkelgrün, Hellgrün, Weiß, Rosa; 4 Str. Sticktwist in Grasgrün, dunkel und 3 Str. in Blaßviolett; passendes Nähgarn; Vliesofix; Transparentpapier; burda-Kopierpapier.

Ausführung: Nessel waschen, damit er später nicht einläuft. Für die Decke einen Kreis mit 150 cm ∅ zuschneiden. Decke säumen, d. h. 2 cm nach links umbügeln und 1 cm eingeschlagen schmalkantig steppen. 3 cm von der Bruchkante entfernt mit großen Heftstichen einen Kreis markieren. An diesem Kreis werden die Motive angelegt. Decke durch Falten und Bügeln in Viertel einteilen. Motiv vom Bogen auf Transparentpapier übertragen. Mittels Kopierpapier in jedes Viertel der gehefteten Linie entlang 4 Motive kopieren. Dabei innerhalb der Motivlinien bleiben, so daß sie durch die Applikation später abgedeckt sind. Auf die unbeschichtete Seite vom Vliesofix 16mal jedes Teil des Motivs, das appliziert wird, d. h. Blätter, Blüte, Knospe, spiegelverkehrt kopieren. Motivteile ausschneiden und auf die linke Seite der entsprechenden Stoffe bügeln. Motivteile ausschneiden, Papier abziehen. Teile auf die markierten Stellen der Decke bügeln. Alle Kanten mit eng eingestelltem Zickzackstich überkurbeln. Stiele und Blattadern mit grünem, geteiltem Sticktwist im Stielstich aussticken, Blütenmitte mit Spannstich, Konturen der Blüte und Knospe in Stielstich in violettem, geteiltem Sticktwist sticken.

Für 1 **Serviette** 40 x 40 cm zuschneiden und Serviette säumen. In eine Ecke ein Motiv applizieren, s. Ausführung Decke.

53 + 54 Tischdecke und Set mit Applikation

Deckengröße: 115 x 115 cm
Setgröße: 45 x 25 cm
Musterzeichnung siehe Bogen I

Material: Baumwollstoff in Leinencharakter. Für die Decke in Blau 1,50 m, 140 cm breit; für die Blüten und Blätter: Hellgrün, Hellblau, Gelb, Orange, Rot und Weiß je 0,30 m, 140 cm breit; Nähgarn = 1 Röllchen in Blau; je 2 Röllchen in Gelb, Orange, Rot, Hellblau und Hellgrün. Das Nähgarn zum Applizieren um 1–2 Töne dunkler wählen, als der Stoff ist. Die applizierten Blüten wirken dadurch plastischer. 90 cm Vliesofix; burda-Kopierpapier.

Ausführung: Von dem blauen Stoff 120 x 120 cm für die Decke zuschneiden. Davon sind 2,5 cm Saumzugabe. Decke säumen. Rundum 20 cm vom Rand zur Deckenmitte entfernt Punkte mit Schneiderkreide markieren. Mit großen Heftstichen die Punkte miteinander verbinden. Es entsteht somit ein Quadrat von 75 x 75 cm (Tischplattengröße). Mit Hilfe von Kopierpapier nach der Musterzeichnung je eine Schablone von der Blüte, Blütenmitte und vom Blatt anfertigen. Auf die linke Seite der bunten Stoffe Vliesofix bügeln. Mit der Schablone die Motive auf das aufgebügelte Vliesofix aufzeichnen und ausschneiden. Auf der Tischdecke sind 4 weiße, 3 hellblaue, 2 rote und 2 orange Blüten. 30 Blätter in Grün, für Blütenmitte 11 Kreise in Gelb.

Papierschicht vom Vliesofix unter den Motiven abziehen. In das markierte Quadrat der Tischdecke die Blüten und Blätter legen und aufbügeln (Farbverteilung siehe Modellbild). Die Blätter immer unter die Blüten bügeln. Als Gag können Sie an einer Tischecke ein Blatt auf den Überfall bügeln. Mit schmalen, sehr eng eingestellten Zickzackstichen Blütenränder, Blütenmitte, Blätter und Konturen applizieren.

Set

Ausführung: Vom gleichen Stoff wie die Tischdecke 30 x 50 cm zuschneiden und säumen (2,5 cm Saumzugabe). Je 1 rote und 1 hellblaue Blüte applizieren. Wie Sie auf dem Modellbild sehen, ragen bei der roten Blume 3 Blütenblätter, bei der hellblauen Blume 4 Blütenblätter über die Stoffkante. Während des Aufbügelns hier ein Stück Stoff extra unterbügeln. Ansonsten wie bei der Tischdecke verfahren. Nach dem Applizieren den überstehenden Stoff knapp abschneiden. Auf der Rückseite von Hand versäubern.

55 Kinderdecke

Schemazeichnung

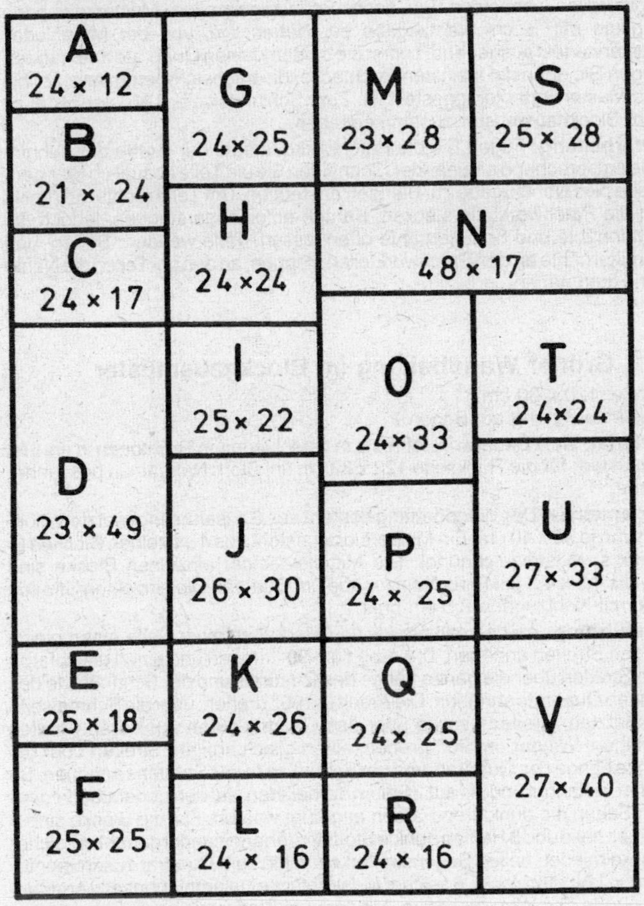

Musterzeichnungen auf Bogen N

Größe: ca. 140 x 107 cm

Schemazeichnung s. o.

Material: Viele bunte Stoffreste; für Unterseite und Umrandung 2,40 x 0,90 m Baumwollstoff; 2,00 x 1,50 m Dacron-Watte als Vlies; Vliesofix; Nähgarn in passenden Farben; burda-Kopierpapier; Transparentpapier.

Ausführung: Rechteckige Motive A – V vom Bogen auf Transparentpapier übertragen. Nach diesen Rechtecken je ein Rechteck plus Nahtzugabe aus Stoffresten zuschneiden. Für die Applikation auf die linke Seite weitere Stoffreste mit Vliesofix bügeln. Mit Kopierpapier auf die rechte Stoffseite Motiv übertragen und ohne Nahtzugabe ausschneiden. Motive auf die Rechtecke bügeln (Haftvlies-Papier vorher abziehen!) und mit eng eingestelltem Zickzackstich den Kanten entlang applizieren, Gesichter usw. aufsticken. Nun diese Rechtecke mit Streifen zu unterstehenden Maßen ergänzen, d. h. Stoffstreifen rechts auf rechts ringsum annähen. Nun aus Dacron-Watte ebenfalls Rechtecke, die ca. 0,5 cm an jeder Seite größer als die Stoffrechtecke A – V sind, zuschneiden und unter die entsprechenden Stoffrechtecke heften. Nun in der Naht, die die Rechtecke und die Stoffstreifen verbindet, ringsum steppen, dabei die Watte mitfassen. So erhält jedes Motiv-Rechteck eine zusätzliche plastische Wirkung. Nun die einzelnen Rechtecke lt. Schemazeichnung zusammennähen. Für die Rückseite 1,10 x 0,90 m und 1,10 x 0,55 m zuschneiden und diese an den Längsseiten zusammennähen, die restlichen Stücke in Streifen von 5 cm plus Nahtzugabe zuschneiden. Die Streifen ringsum an die Decke rechts auf rechts annähen. Dacronwattevlies von fertiger Deckengröße = 140 x 107 cm zuschneiden, unter die Decke legen. Deckenvorder- und -rückseite verstürzen, dabei Wattevlies zwischenfassen. Zum Schluß in der Naht auf der Vorderseite zwischen Umrandung und Decke ringsum steppen, dabei wird das Wattevlies in seiner Lage fixiert.

56 Patchworkdecke aus Quadraten

Größe: ca. 205 x 135 cm

Material: Stoffreste aus Baumwolle in verschiedenen Hell- und Dunkeltönen, uni und gemustert; als Unterstoff 4,10 m Baumwollstoff uni, 90 cm breit; 3 Röllchen Nähgarn; 220 cm Dacron-Watte (Polyester), 150 cm breit.

Ausführung: Die Decke wird aus 24 Quadraten von je 34 x 34 cm zusammengesetzt. Ein einzelnes Quadrat besteht wiederum aus 16 kleinen Quadraten, von 8,5 x 8,5 cm (+ Nahtzugabe). Von diesen 16 Quadraten 8 in hellen und 8 in dunklen Tönen, in Stufen versetzt, zusammennähen. Ein zusammengesetzter Streifen = 4 Quadrate; 4 solcher Streifen zusammengenäht ergeben ein Quadrat von 34 x 34 cm. Alle anderen Quadrate ebenso arbeiten. Nach Fertigstellung der 24 Quadrate (4 Quadrate in der Breite, 6 Quadrate in der Länge) alle miteinander verbinden. Dabei wieder darauf achten, daß die hellen mit den dunklen Quadraten zusammenstoßen. Dacron-Watte unter das Stoffstück heften. Uni Stoff zum Bruch legen und auseinanderschneiden. Längsnaht nähen, dabei eine Öffnung lassen. Naht ausbügeln. Rechts auf rechts auf die Decke legen und 1 cm breit am Rand zusammensteppen. Überstehenden Stoff und Dacron-Watte abschneiden, Ecken abschrägen und durch die offengelassene Naht wenden. Öffnung von Hand zunähen. An den Kanten locker durchheften. Um die 24 Quadrate mit doppeltem Nähgarn quilten (s. Modellbild).

57 Fisch, ca. 75 cm lang

Schnitte 13 bis 17 unter dieser Kontur —x—x—x—x—x—x—
auf Bogen M

Stoffverbrauch: Gelber Stoff 85 x 60 cm. Orangefarbener Stoff 30 x 25 cm. Gemusterter Stoff für die Rückseite 80 x 40 cm. Verschiedenfarbige, gemusterte Stoffreste für die Schuppen. Grünes Schrägband 0,50 m, 2,5 cm breit. Dacron-Wattevlies (Polyester). 35 Perlen. Stickgarnreste.

13 Körper
14 Seitenflosse
15 Rückenflosse
16 Bauchflosse
17 Schuppe

Zuschneiden: Für die Rückseite zuerst das Körperteil aus gemustertem Stoff zuschneiden. Dann den Papierschnitt für das Körperteil entlang den eingez. Nahtlinien auseinanderschneiden. Den Kopf aus orangefarbenem Stoff, das abgeschnittene vord. Körperteil und das restliche Körperteil mit der angeschnittenen Schwanzflosse aus gelbem Stoff zuschneiden. Seitenflosse, Rückenflosse und Bauchflosse je 2mal aus gelbem Stoff zuschneiden. Die Stoffreste für die Schuppen jeweils doppelt legen und daraus insgesamt 84 Schuppen zuschneiden.

Alle Teile plus Nahtzugabe zuschneiden.

Schnittübersicht

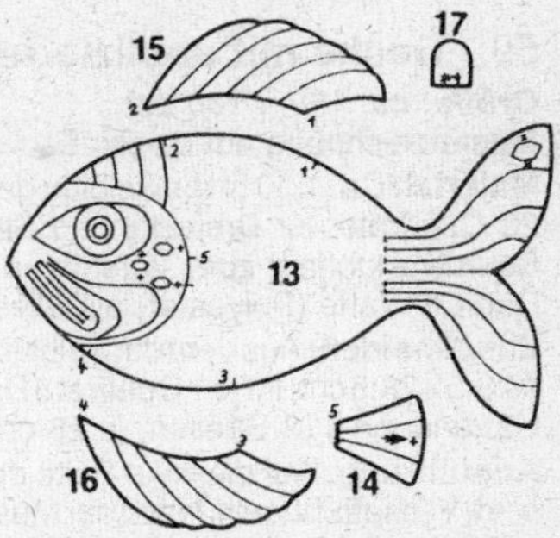

Verarbeitung: An allen Teilen, außer den Schuppen, Dacron-Watte unterheften, für die Flossen jeweils nur an einem Teil. Flossen (außer der Schwanzflosse) an den Außenkanten verstürzen, dann wie eingez. absteppen. Schuppen jeweils an den Außenkanten verstürzen. Falte x auf o legen und heften. Schuppen lt. Abb. Reihe für Reihe auf das gelbe Körperteil steppen. Dabei wird am hinteren Ende begonnen und die jeweils folgenden Reihen so aufgesteppt, daß die Schuppen jeweils gerade den Ansatz der vorherigen Reihe verdecken. Am vord. Körperteil und am Kopf die Zugaben der Ansatzkanten (Nahtlinien) auf ½ cm Breite zurückschneiden und mit dem grünen Schrägband einfassen. Vord. Körperteil und dann den Kopf dicht neben dem Einlaß auf das Körperteil steppen, Seitenflosse wie eingez. zwischenfassen. Rückenflosse und Bauchflosse an das Körperteil steppen. Körperteil mit der Rückseite verstürzen, unten einen Schlitz zum Wenden offen lassen. Teil wenden, Schwanzflosse absteppen. Körper mit Dacron-Watte füllen. Schlitz zunähen. Für das Auge einen roten Stoffrest aufheften und mit Kettenstich aufnähen. Die Augenmitte mit dichten Plattstichen füllen, mit Kettenstichen begrenzen. Als Pupille eine große Perle aufnähen. Zähne mit Langettenstich, dazwischen eine Reihe Hexenstiche sticken. Restliche Linien an Kopf und vord. Körperteil im Kettenstich aufsticken. Für die Verzierungen an Schwanzflosse und Kopf die im Schnitt eingez. Sechsecke der Länge nach mit Spannstichen aussticken. Die Spannstiche in der Mitte mit ein paar Stichen zusammenfassen und daneben die Perlen aufnähen (am Kopf nur das vord. Sechseck in der Mitte zusammenfassen). Die übrigen Flossen wie eingezeichnet mit Spannstichen und aufgenähten Perlen verzieren.

58 Hühner als Kissen und als Deckenapplikation

Schnitteile 9 bis 12 unter dieser Kontur ••••••••••••••••••••••••••••••••••
siehe Bogen M

Verbrauch: Stoffreste. Dacron-Watte (Polyester). Je Huhn 1 Plastikauge oder 1 Knopf. Stoff für Krabbeldecke 100 x 100 cm oder fertige Decke, Vliesofix für die Applikation.

Schnittübersicht

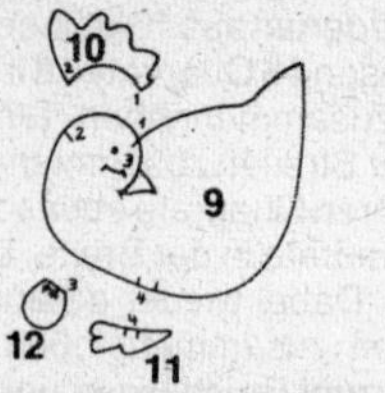

9 Körper
10 Kamm
11 Fuß
12 Kehllappen

Zuschneiden (pro Kissen): Körper, Kamm, Fuß und Kehllappen je 2mal, den im Schnitt eingez. Schnabel 1mal. Für die Applikation alle Teile je 1mal. Alle Teile mit Nahtzugabe zuschneiden.

Verarbeitung: Kissen: Den Schnabel auf ein Körperteil applizieren (siehe Decke). Entlang der eingez. Stepplinie mit dicht eingestelltem Zickzackstich steppen. Die beiden Fußteile rechts auf rechts aufeinanderlegen und an den Außenkanten aufeinandersteppen (zwischen den Querstrichen offen lassen). Zugaben schmal zurückschneiden, an den Rundungen und in die Ecken bis dicht an die Stiche einschneiden. Teil wenden und bügeln. Fuß an ein Körperteil heften. Kamm ebenso verstürzen, Ansatzkante offen lassen. Kamm an ein Körperteil heften. Die beiden Körperteile rechts auf rechts aufeinanderlegen und -steppen, dabei werden Kamm und Fuß zwischengefaßt. Unten einen Schlitz zum Wenden offen lassen. Teil wenden. Kissen mit Dacron-Watte füllen. Schlitz zunähen. Kehllappen verstürzen, offene Ansatzkanten von Hand zunähen. Falte x auf o legen und Kehllappen an das Körperteil nähen. Entlang der Stepplinie für den Kopf mit kleinen Stichen durchnähen. Auge aufnähen.

Decke: Decke ringsum schmal säumen. **Applikation:** Vliesofix auf die linke Stoffseite der zugeschnittenen Teile bügeln. Zugaben abschneiden. Trägerpapier am Vliesofix abziehen und die Teile auf die Decke bügeln. Mit dicht eingestelltem Zickzackstich entlang den Kanten und der eingez. Linie steppen. Auge aufnähen.

59 Decke mit applizierten Kreisen aus Dreiecken

Größe: ca. 160 x 180 cm
Musterzeichnung auf Bogen E

Material: Ca. 1,50 m dunkelblau geblümter Baumwollstoff, 120 cm breit für 20 Quadrate; für Dreiecke und Streifen Stoffreste von kleingemusterten Baumwollstoffen; zum Verstürzen Baumwollstoff in Blau 165 x 185 cm; Dacron-Watte (Polyester) als Vlies 4 cm dick, 160 x 180 cm; Vliesofix.

Zuschneiden: Aus dem dunkelblau geblümten Baumwollstoff 20 Quadrate à 28,5 x 28,5 cm; für je 1 Quadrat 8 Dreiecke in verschiedenen Farben; für die Umrandung 118 Streifen, je 28 cm lang und 6 cm breit.

Ausführung: Auf die linke Seite der Stoffe, die für die Dreiecke bestimmt sind, Vliesofix bügeln. Nach der Musterzeichnung (Dreieck) eine Schablone anfertigen. 8 Dreiecke auf ein Quadrat legen. Papierschicht des Vliesofix abziehen, Dreiecke aufbügeln und mit eng eingestellten Zickzackstichen applizieren. So alle 20 Quadrate vorbereiten. Quadrate aneinandernähen: je 4 Quadrate zu 5 Reihen zusammensteppen (1 cm Nahtzugabe). Nahtzugaben auseinanderbügeln. Die 5 Reihen aneinandernähen, Nahtzugaben auseinanderbügeln. Für den Streifenrand 2mal 26 Streifen (Breite) und 2mal 33 Streifen (Länge) aneinandernähen, Nahtzugabe jeweils 0,5 cm. Nahtzugaben auseinanderbügeln. Die Streifenreihen lt. Modellbild an die zusammengesetzten Quadrate steppen (1 cm Nahtzugabe). Das ganze Stück mit dem unifarbenen Baumwollstoff verstürzen; falls erforderlich, den unifarbenen Baumwollstoff zu einem Teil von 162 x 182 cm zusammensteppen. Beide Teile rechts auf rechts aufeinanderlegen, Kanten aufeinandersteppen (mit 1 cm Nahtzugabe), dabei eine Naht von ca. 50 cm zum Wenden offenlassen. Decke wenden, bügeln und mit Dacron-Watte füllen. Offene Naht zunähen. Decke entlang den Quadraten des Mittelfeldes durch alle Lagen mit kleinen Vorstichen durchsteppen (quilten).

60 Weste im Blockhausmuster, Größe 34

Schnitteile 6 und 7 unter dieser Kontur ~~~~~~~~~~
auf Bogen M sowie die Musterzeichnung für das Blockhausmuster auf Bogen F.

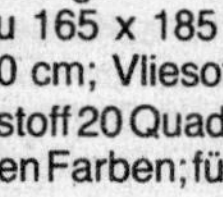

Stoffverbrauch: Uni Stoff für Blenden und Innenseite 0,55 m, 140 cm breit. Verschieden gemusterte Stoffreste in hellen und dunklen Tönen.

Zuschneiden: Vorderteil 2mal, Rückenteil 1mal sowie die im Schnitt eingezeichneten Blenden jeweils plus Nahtzugabe aus uni Stoff zuschneiden.

Schnittübersicht

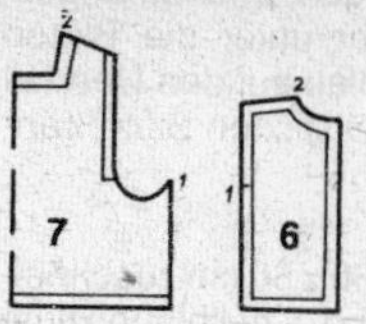

6 Vorderteil
7 Rückenteil

Zuschneideplan

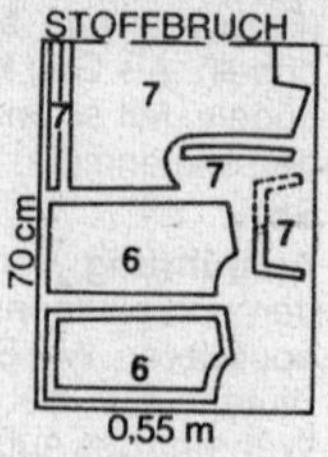

Patchwork: Das Blockhausmuster (siehe Musterzeichnung) setzt sich aus 4 gleichen Quadraten zusammen, die jeweils wiederum aus kleinen Quadraten und Rechtecken zusammengesetzt werden. Wichtig ist, daß für den Musterrand (schraffierte Flächen in der Musterzeichnung) Stoffe in dunklen Tönen verwendet werden, für die Mustermitte Stoffe in hellen Tönen. Die Stoffstreifen schneiden Sie nach der originalgroßen Musterzeichnung ringsum mit ½ cm Nahtzugabe zu. Nähen Sie, von der Mitte jedes Musterviertels ausgehend, zuerst die beiden kleinen Quadrate aneinander. Fügen Sie dann die kleinsten Rechtecke, die nächstgrößeren usw. an, bis das Musterviertel fertiggestellt ist. Zum Schluß jeweils 4 Musterviertel zu dem Blockhausmuster zusammennähen.

Verarbeitung: Fügen Sie die Patchworkquadrate der Größe der Schnittteile entsprechend aneinander. Schneiden Sie die Teile abzüglich Blendenbreite plus Nahtzugabe zu. Blenden ansteppen. Uni Teile rechts auf rechts auf die Patchworkteile stecken, Kanten aufeinandersteppen, jedoch die Seitennähte und Schulternähte offen lassen. Teile wenden. Seiten- und Schulternähte an den Patchworkteilen steppen, an den uni Teilen die Nähte von Hand nähen.

61 Grüner Wandbehang im Blockhausmuster

Größe: 120 x 80 cm
Musterzeichnung auf Bogen F

Material: Viele Baumwollstoffreste in verschiedenen Grüntönen in uni und gemustert; für die Rückseite 122 x 82 cm uni Stoff; Nähgarn in passender Farbe.

Allgemeines: Der Wandbehang besteht aus 6 zusammengesetzten Blökken von je 40 x 40 cm. Ein Musterblock besteht aus 4 einzelnen Blöcken (1 Block s. Musterzeichnung). Die Mittelfelder der einzelnen Blöcke sind jeweils 4,5 x 4,5 cm (plus Nahtzugabe) im Quadrat. Die einzelnen Streifen sind mit Nahtzugabe 2,5 cm breit.

Ausführung: An das mittlere kleine Quadrat an einer Seite einen gleich langen Streifen annähen. Die Arbeit um 90° drehen und einen gleichfarbigen Streifen über die ganze Länge des Quadrats und der Schmalseite des kleinen Quadrats annähen. Die Arbeit um 90° drehen, über die Schmalseite des letzten Streifens sowie über das Quadrat einen dunkleren Streifen annähen. Wieder um 90° drehen, einen gleichfarbigen Streifen über die ganze Länge des Quadrats und der Schmalseite des Streifens annähen. So weiter verfahren, indem auf 2 Seiten die helleren, auf den gegenüberliegenden Seiten die dunkleren Farben angefügt werden. Für die Blöcke sind 3 Reihen helle und 3 Reihen dunkle Stoffstreifen aneinandergenäht. 4 solcher Blöcke mit den hellen Seitenstreifen zur Mitte zum Quadrat zusammenfügen (= 1 Musterblock). 6 solcher Musterblöcke zusammengesetzt ergeben die Größe des Wandbehangs. Mit dem uni Stoff verstürzen, wenden und bügeln. Ober- und Unterstoff miteinander verbinden, indem um die einzelnen Musterblöcke mit kleinen Vorstichen durchgeheftet wird.

62 Bettdecke „Wildrose" und Nackenrolle

Bettdeckengröße: 200 x 138 cm
Nackenrolle: Ø 25,5 cm, 90 cm breit, Umfang 80 cm
Musterzeichnung auf Bogen M

Material: 5,15 m Synthetik-Satin in Lachsrosa, 140 cm breit; 3,00 m Dacron-Watte (Polyester), 150 cm breit; 1 Röllchen passendes Nähgarn; 2 Röllchen Knopflochseide in Rot zum Quilten.

Ausführung: Für die Decke ein Stück von 405 x 140 cm zuschneiden. Rechts auf rechts zur Hälfte legen und Längsnähte 1 cm breit steppen. Auf die rechte Seite wenden. Kanten bügeln. Mit Hilfe von Kopierpapier die Musterzeichnung auf Stoffmitte übertragen. Von der Dacron-Watte ein Stück von 200 x 140 cm zuschneiden. Zwischen Ober- und Unterstoff einschieben. Auf den Fußboden legen, gut glatt streichen und alle 3 Lagen locker zusammenheften. Die offene Naht an der Einschuböffnung 2,5 cm nach innen umschlagen, von Hand zusammennähen.

Quilten: Mit Knopflochseide, im Abstand von 4 cm zum Rand, mit kleinen Vorstichen durchsteppen (quilten). Das Rosenmotiv in der Deckenmitte sorgfältig den Konturen nach durchsteppen.

Nackenrolle: Vom gleichen Stoff ein Stück von 93 x 83 cm zuschneiden. Zur Rundung schließen und mit 1,5 cm Nahtbreite zusammennähen. Dabei eine ca. 25 cm große Öffnung lassen. Vom Stoffrest 2 Kreise im Ø von 25,5 cm (plus 1,5 cm Nahtzugabe) zuschneiden. Oben und unten an dem Stoffschlauch einheften. Mit einer Nahtbreite von 1,5 cm festnähen. Mit Dacron-Watte füllen. Die Füllöffnung sorgfältig von Hand zunähen.

63 Decke mit Kissen

Maße: Decke ohne Volant ca. 155 x 175 cm
Kissen 70 x 70 cm
Musterzeichnung auf Bogen F

Material für die Decke: Stoffreste für 358 Dreiecke (1 Dreieck = 12 x 12 x 17 cm); für den Volant 3,50 m passender Stoff, 90 cm breit; Stoff zum Versäubern der Decke 3,20 m, 90 cm breit; Dacron-Watte (Polyester), 155 x 175 cm.

Ausführung: Nach der Musterzeichnung (= 1 Dreieck) eine Schablone mit rundherum 0,5 cm Nahtzugabe anfertigen. Nach der Schablone 179 helle und 179 dunkle Dreiecke zuschneiden. Dreiecke so auslegen, daß sie der Farbe, dem Muster Hell/Dunkel-Effekt nach am besten zusammenpassen. Lt. Modellbild in der Breite 15 Dreiecke, abwechselnd ein helles – ein dunkles, aneinanderlegen (für Rand und Mitte die etwas kräftigen Farben der hellen Dreiecke auswählen, so wirkt die Decke interessanter). In der 2. Reihe die hellen Dreiecke unter die dunklen Dreiecke legen und umgekehrt. So insgesamt 20 Reihen legen. Damit die Längsseiten eine gerade Kante bilden (s. Modellbild), an jede Seite jeweils 10 dunkle Dreiecke in die Zwischenräume legen. Daran wieder abwechselnd 1 helles und 1 dunkles Dreieck, insgesamt an jeder Seite 19 Dreiecke. Der Reihenfolge nach erst die Dreiecke der Außenkanten zu je einem Stapel zusammenlegen, dann die Dreiecke der einzelnen Querreihen. Die Dreiecke der Querreihen zu 20 Streifen zusammensteppen. Nahtzugabe jeweils 0,5 cm. Nahtzugaben auseinanderbügeln. Die Streifen zur Decke zusammennähen und Nahtzugaben auseinanderbügeln. An den Längskanten die dunklen Dreiecke einsetzen, bügeln. Übrige Dreiecke der Längskanten zu Streifen zusammensteppen. Nahtzugaben auseinanderbügeln, an den Kanten ansetzen. Volant: Stoff für den Volant der Länge nach teilen, die so entstandenen 45 cm breiten Streifen an den Schmalseiten zusammennähen (darauf achten, daß die Webkanten zu einer Seite zeigen). Nahtzugabe 1 cm. Nahtzugabe zusammengefaßt versäubern und zu einer Seite bügeln. Diesen zusammengenähten Streifen mit der offenen Kante rechts auf rechts an die Kanten der Decke legen. An den Ecken jeweils 2 Falten von 1,5 cm Tiefe legen und gegensteppen. Zum Versäubern den Stoff der Breite nach teilen und so zusammensetzen, daß ein Teil von 160 x 180 cm entsteht, dabei in der Naht eine Öffnung lassen, zum Wenden der Decke. Dieses Teil rechts auf rechts auf die Decke legen. Kanten aufeinandersteppen, dabei die Volantkanten mit dazwischen fassen. Decke wenden, mit Dacron-Watte füllen und offene Naht zunähen. Decke quilten.

Material für 1 Kissen: Stoffreste für 16 Dreiecke (1 Dreieck = 12 x 12 x 17 cm); Stoff für die Umrandung des Mittelteils ca. 80 x 90 cm; für die Kissenrückseite 75 x 75 cm.

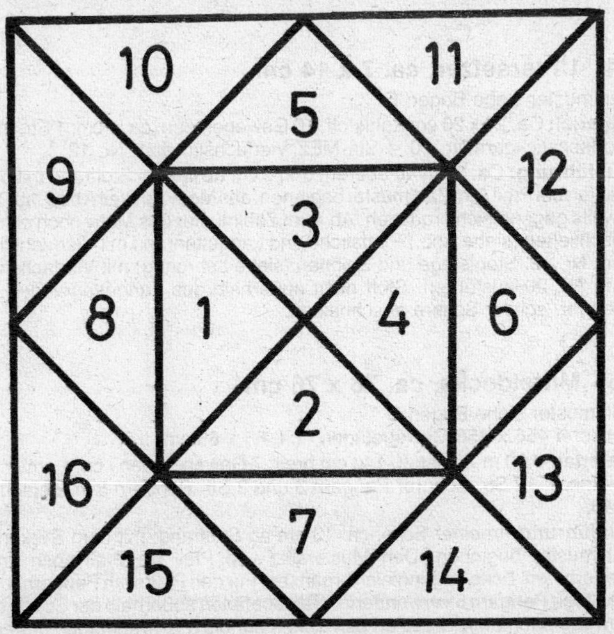

Ausführung: Mit Hilfe der Schablone 16 Dreiecke zuschneiden und nach Farbe, Muster usw. lt. Musterzeichnung auslegen. Zuerst die Dreiecke 1 und 2 sowie 3 und 4 zusammensteppen, Nahtzugabe auseinanderbügeln, beide Teile zum Quadrat zusammenfügen. An den Kanten die Dreiecke 5, 6, 7 und 8 ansetzen, Nahtzugaben auseinanderbügeln. Nun jeweils die Dreiecke 9 und 10, 11 und 12, 13 und 14, 15 und 16 zusammennähen, bügeln und lt. Musterzeichnung ansetzen. Für die Umrandung 2 Streifen je 37 x 19,5 cm und 2 Streifen je 72 x 19,5 cm zuschneiden. Die kurzen Streifen rechts auf rechts an zwei gegenüberliegenden Kanten des gearbeiteten Stückes steppen, die langen Streifen annähen und bügeln. Zum Verstürzen den Stoff rechts auf rechts auf das Kissen legen, Kanten aufeinandersteppen, dabei zum Wenden ca. 35 cm offen lassen. Kissen mit Dacron-Watte füllen und offene Naht zunähen. Lt. Modellbild oder nach Geschmack quilten.

64 Decke aus halben Sechsecken

Größe: 180 x 210 cm.
Musterzeichnung auf Bogen E

Material: Stoffreste für 354 halbe Sechsecke; für die Umrandung 2,60 m geblümten Baumwollstoff, 90 cm breit; 4,20 m schwarzen Baumwollstoff zum Verstürzen, 90 cm breit; 4,20 m Dacron-Watte (Polyester), 120 cm breit.

Ausführung: Nach der originalgroßen Musterzeichnung eine Pappschablone für das halbe Sechseck anfertigen. 177 helle und 177 dunkle Hälften aus Stoffresten, jeweils mit ¾ cm Nahtzugabe rundherum, zuschneiden. Abwechselnd 7 helle und 7 dunkle Hälften, jeweils entgegengesetzt, zu einer Reihe zusammennähen. Nahtbreite jeweils ¾ cm. Die nächste Reihe beginnt mit einer dunklen Hälfte, die folgende wieder mit einer hellen. Insgesamt sind 26 solcher Reihen zu nähen. Nahtzugaben auseinanderbügeln. Reihen so aneinandersetzen, daß die Nähte aufeinandertreffen und jeweils eine helle und eine dunkle Hälfte übereinanderliegen. Nahtzugaben wieder auseinanderbügeln. Für den Rand 2 Streifen je 30 cm breit und 212 cm lang und 2 Streifen je 30 cm breit und 130 cm lang aus dem geblümten Baumwollstoff zuschneiden. Nahtzugaben der Schmalseiten des großen Patchworkteils einschlagen (¾ cm breit) und auf die rechte Seite der kürzeren Streifen stecken, schmalkantig aufsteppen. Dann die Nahtzugaben der Längsseiten einschlagen, auf die rechte Seite der langen Streifen stecken und schmalkantig aufsteppen. Decke mit schwarzem Baumwollstoff verstürzen: Den 430 cm langen Baumwollstoff zur Hälfte teilen. Die Teile so aneinandernähen, daß sich ein Stück von 180 x 210 cm ergibt. Naht ausbügeln. Dieses Stück rechts auf rechts auf die Decke legen, Kanten aufeinandersteppen, dabei eine Öffnung zum Wenden lassen. Decke wenden, mit Dacron-Watte füllen und die Öffnung schließen. Decke lt. Modellbild quilten.

65 Patchwork-Kissen

Größe: ca. 30 x 30 cm
Musterzeichnung auf Bogen F

Material: Reste in warmen Rot-, Beige- und Brauntönen; für die Rückseite 32 x 32 cm uni Stoff; 1 Reißverschluß, 20 cm lang; Nähgarn in passender Farbe.

Allgemeines: Mit 8 x 8 cm plus Nahtzugabe großem Quadrat beginnen. Alle beigen, zu den Ecken hinlaufenden Streifen sind 3 cm (plus Nahtzugabe) breit, alle rot-braunen Streifen 2 cm (plus Nahtzugabe).

Ausführung: An das 8 x 8 cm große Quadrat je Seite einen beigen Streifen anfügen. Lt. Modellbild die schmaleren roten Streifen annähen und wiederum über Eck, die breiteren beigen Streifen anfügen. So verfahren, bis das Kissen die gewünschte Größe hat. Damit das Kissen 1 Quadrat ergibt, an den 4 Ecken Dreiecke von 7 x 7 x 10 cm (plus Nahtzugabe) annähen. Mit dem uni Stoff zum Kissen verstürzen und Reißverschluß einarbeiten.

66 Patchwork-Kissen

Größe: ca. 30 x 30 cm.

Material: Stoffreste in vielen beigen und braunen Tönen; für die Rückseite ca. 32 x 32 cm uni Stoff; 1 Reißverschluß, 20 cm lang; passendes Nähgarn.

Ausführung: Das Kissen besteht aus 4 gleichen Blöcken (s. auch Musterzeichnung Nr. 61 auf Bogen F zum grünen Wandbehang). Die Mittelfelder der einzelnen Blöcke sind jeweils 4 x 4 cm (plus Nahtzugabe) groß. Alle Streifen sind 2 cm breit, plus Nahtzugabe. An das mittlere kleine Quadrat einen Streifen anfügen. Die Arbeit um 90° drehen und einen gleichfarbigen Streifen über die ganze Länge des Quadrats und die Schmalseite des kleinen Streifens nähen. Wird mit hellen Streifen begonnen, dann mit dunkleren Streifen weiterarbeiten. Die Arbeit wieder um 90° drehen, über die Schmalseite des letzten Streifens sowie über das Quadrat annähen. Wieder um 90° drehen, mit der gleichen Farbe einen Streifen über die Schmalseite des dunkleren Streifens, die Kanten des mittleren Quadrats und die Schmalseite des nächsten Streifens nähen. So weiter verfahren, indem auf 2 Seiten die helleren und auf den gegenüberliegenden Seiten die dunkleren Farbtöne angefügt werden. Für unsere Blöcke sind je 3 Reihen helle und 3 Reihen dunkle Stoffe aneinandergenäht. Die 4 Blöcke, mit den hellen Ecken zur Mitte, zum Quadrat zusammenfügen. Mit dem uni Stoff zum Kissen verstürzen und Reißverschluß einnähen.

67 Mitteldeckchen, ca. 62 x 62 cm

Zählmuster und Schema siehe Bogen F
Stickerei 488 x 488 Gewebefäden / ca. 54 x 54 cm
Material: 0,75 m Hardangerstoff, 170 cm breit, 9 Fadenpaare / ca 1 cm (z. B. Leibfried); 15 Str. MEZ Perlgarn 5 und 3 Knl. MEZ Perlgarn 8 in Maisgelb, hellstes 300; 1 Str. MEZ Vierfachstickgarn 20 in Weiß 402.
Ausführung: Stoffzuschnitt 74 x 74 cm, Stoffkanten versäubern. In der linken, unteren Ecke, 10 cm ab Stoffrand, mit dem Sticken lt. Zählmuster beginnen. Es zeigt ¼ der Stickerei. Ab Pfeil (= Mitte) jeweils gegengleich arbeiten. Platt-, Kreuzstiche und den inneren Hohlsaum mit Perlgarn 5, Wickelstege und Spinnen mit Perlgarn 8 ausführen. Für den inneren Hohlsaum mit Schlingknoten 4 Fadenpaare bis zu den Kreuzungspunkten ausziehen, die Fadenrinne beidseitig lt. Schema im Zählmuster überstikken. Für die Stäbchenhohlnaht 0,5 cm außerhalb der fertigen Stickerei 5 Fadenpaare bis zu den Kreuzungspunkten ausziehen, Fadenenden vernähen. Ecken für einen 3 cm breiten, doppelten Saum abschrägen. Saum umlegen, heften und mit Hohlnahtstich befestigen, dabei je 2 Fadenpaare bündeln, an der gegenüberliegenden Seite die gleichen Fadenpaare erfassen. Fertiges Deckchen von links unter feuchtem Tuch bügeln.

68 Mitteldecke, ca 63 x 63 cm

Zählmuster siehe Bogen C
Stickerei 586 x 586 Gewebefäden / ca. 49 x 49 cm
Material: 0,80 m Zählstoff, 140 cm breit, 12 Gewebefäden / ca. 1 cm (z. B. Zweigart); MEZ Perlgarn 5 in Weiß 402.
Ausführung: Stoffzuschnitt 80 x 80 cm. In der linken, unteren Ecke, 15 cm ab Stoffrand mit dem Sticken lt. Zählmuster beginnen. Den Mustersatz von Pfeil bis Pfeil an jeder Seite 3mal ausführen, jedoch in Seitenmitte jeweils das innere Quadrat weglassen (siehe auch Abb.). Ecken gegengleich ergänzen. Für die Stäbchenhohlnaht 4,5 cm außerhalb der Stickerei 6 Gewebefäden ausziehen, an den Ecken nur bis zu den Kreuzungspunkten. Stoff außerhalb der Fadenrinne auf 6 cm beschneiden. Ecken für einen 2 cm breiten, doppelten Saum abschrägen. Saum umlegen, heften und an der Fadenrinne mit einfachem Hohlnahtstich befestigen, dabei je 4 Gewebefäden bündeln. Auf der Gegenseite der Fadenrinne die gleichen Fadenbündel erfassen.

69 Mitteldecke, ca. 90 x 90 cm

Zählmuster siehe Bogen C
Stickerei 774 x 774 Fadenpaare / ca. 86 x 86 cm
Material: 1 m Hardangerstoff, 170 cm breit, 9 Fadenpaare / ca. 1 cm (z. B. Leibfried); Schürer Mouliné (Sticktwist) und Schürer Perlgarn Nr. 5 in Weiß 0010.
Ausführung: Fadengerader Stoffzuschnitt 100 x 100 cm, Stoffkanten versäubern. In der linken, unteren Ecke, ca. 7 cm ab Stoffrand mit dem Sticken beginnen. Das Zählmuster zeigt bis Pfeil jeweils ¼ eines Mittelmotivs. Ab Pfeil das Muster jeweils gegengleich ergänzen. Danach das Motiv mit 2 Fadenpaaren Abstand noch einmal wiederholen (s. Abb.), gegengleich enden. Den Plattstich mit ungeteiltem Mouliné, die Stopfstege mit Perlgarn 5 ausführen. Den Mustersatz der Randbordüre (von Doppelpfeil bis Doppelpfeil) noch 6mal wiederholen, Ecke gegengleich ergänzen. Der Kreuzstich greift über 3 x 3 Fadenpaare. Für die Stäbchenhohlnaht 9 Fadenpaare außerhalb der Randbordüre 6 Fadenpaare ausziehen, an den Ecken nur bis zu den Kreuzungspunkten. Den überstehenden Stoff fadengerade auf 3 cm beschneiden. Ecken für einen 1 cm breiten, doppelten Saum abschrägen, Saum doppelt umlegen und entlang der Fadenrinne festheften. Beide Seiten der Fadenrinne mit einfachem Hohlnahtstich sichern, je 5 Fadenpaare bündeln. Auf der Außenseite den Saum mitfassen. Fertige Stickerei von links unter feuchtem Tuch bügeln.

70 Mitteldecke, ca. 85 x 85 cm

Zählmuster siehe Bogen L
Motiv 248 x 248 Gewebefäden / ca. 35 x 35 cm
Material: 1,00 m Zählstoff, 140 cm breit, 7 Gewebefäden / ca. 1 cm (z. B. Zweigart); MEZ Perlgarn Nr. 3 in Weiß 402.
Ausführung: Stoffzuschnitt 100 x 100 cm. In der linken oberen Ecke, 15 cm vom oberen und 35 cm vom seitlichen Stoffrand entfernt mit dem Sticken ab Pfeil A im Zählmuster beginnen, es zeigt ¼ eines Motivs. Ab Pfeil bzw. Pfeil A im Zählmuster die Stickerei gegengleich ergänzen, jedoch nur bis zu den Doppelpfeilen sticken, also das Rautenmotiv über den beiden Zacken weglassen (s. auch Abb.). Die folgenden Motive mit je 4 Gewebefäden Abstand jeweils gegengleich arbeiten. Für den Hohlsaum 30 Gewebefäden außerhalb der Stickerei 1 Gewebefaden ausziehen, an den Ecken nur bis zu den Kreuzungspunkten. Stoff außerhalb der Fadenrinne auf 7,5 cm beschneiden. Ecken für einen 2,5 cm breiten doppelten Saum abschrägen. Saum doppelt umlegen, heften und mit einfachem Hohlnahtstich in der Fadenrinne befestigen, dabei je 2 Gewebefäden bündeln. Fertige Stickerei von links unter feuchtem Tuch bügeln.

71 Läufer, ca. 40 x 90 cm

Zählmuster siehe Bogen G
Stickerei ca. 34,5 x 84 cm
1 Motiv ca. 5 x 5 cm
Material: 0,50 m Zählstoff, 140 cm breit, 7 Gewebefäden / ca. 1 cm (z. B. Zweigart); 6 Str. MEZ Perlgarn Nr. 3 und 1 Knl. MEZ Perlgarn Nr. 8 in Weiß 402.
Ausführung: Fadengerader Stoffzuschnitt 50 x 100 cm, Stoffkanten versäubern. An einer Schmalseite ca. 11 cm (exakt 76 Gewebefäden) von den Stoffkanten entfernt mit dem Sticken des 1. Quadrats beginnen. Lt. Zählmuster sticken, für die Plattstiche Perlgarn 3 verwenden. Mit jeweils 4 Gewebefäden Abstand noch 4 weitere Motive im Wechsel arbeiten. Für die Länge jeweils mit 92 Gewebefäden Abstand noch 4 weitere Musterreihen sticken. Die Motive in jeder folgenden Reihe versetzen. Für die Stopfstege und Spinnen (siehe Lehrgang) Perlgarn 8 verwenden. Die Randbordüre 12 Gewebefäden außerhalb der Quadrate ringsum lt. Zählmuster fortlaufend arbeiten, Ecken gegengleich ergänzen. Fertige Stickerei von links unter feuchtem Tuch bügeln. Ecken für einen 2,5 cm breiten, doppelten Saum abschrägen. Saum doppelt umlegen, heften und mit unsichtbaren Stichen gegennähen.

72 Hardangerläufer, ca. 52 x 97 cm

Zählmuster siehe Bogen C
Stickerei 266 x 538 Gewebefäden / ca. 38 x 77 cm
Material: 0,65 m Zählstoff, 140 cm breit, 7 Gewebefäden / ca. 1 cm (z. B. Zweigart); 10 Str. MEZ Perlgarn 3 und 2 Str. Perlgarn 5 in Goldbraun 309.
Ausführung: Stoffzuschnitt 64 x 103 cm, Stoffkanten versäubern. In Stoffmitte mit dem Sticken ab Stern im Zählmuster beginnen, es zeigt ¼ des Läufers. Ab Pfeil jeweils gegengleich fortfahren. 4 cm außerhalb der Stickerei ringsum 1 Gewebefaden bis zu den Kreuzungspunkten ausziehen, Stoffecken für einen 3 cm breiten, doppelten Saum abschrägen. Saum umlegen, heften und mit einfachem Hohlnahtstich in der Fadenrinne befestigen, dabei je 2 Gewebefäden bündeln. Fertige Stickerei von links unter feuchtem Tuch bügeln.

73 Weißer Untersetzer, ca. 7,5 x 7,5 cm

Zählmuster siehe Bogen B
Material: Ca. 15 x 15 cm Zählstoff, 10 Gewebefäden / ca. 1 cm; 1 Str. MEZ Perlgarn 5, 1 Knl. MEZ Perlgarn 8, beides Weiß 1.
Ausführung: Motiv in Stoffmitte anordnen, lt. Zählmuster sticken. Es zeigt von Pfeil bis Pfeil ¼ des Untersetzers. Ab Pfeil jeweils gegengleich arbeiten. Plattstiche und Langettenrand mit Perlgarn 5, Stopfstege mit Pikots mit Perlgarn 8 arbeiten (Ausführung siehe Lehrgang). Fertigen Untersetzer von links unter feuchtem Tuch bügeln. Stoff dicht außerhalb des Langettenrandes abschneiden.

74 Untersetzer, ca. 7 x 14 cm

Zählmuster siehe Bogen E
Material: Ca. 20 x 20 cm Zählstoff, 10 Gewebefäden, ca. 1 cm; 1 Str. MEZ Vierfachstickgarn Nr. 20; 1 Str. MEZ Vierfachstickgarn Nr. 12.
Ausführung: Ca. 3 cm ab oberem und 8 cm ab linkem Stoffrand mit dem Sticken bei Pfeil A im Zählmuster beginnen, das Motiv ab Pfeil A bzw. ab Pfeil jeweils gegengleich ergänzen. Ab * im Zählmuster das Motiv noch einmal anschließen (siehe Abb.) Plattstiche und Langettenrand mit Vierfachstickgarn Nr. 12, Stopfstege und Spinnen (siehe Lehrgang) mit Vierfachstickgarn Nr. 20 ausführen. Stoff dicht außerhalb des Langettenrandes mit scharfer, spitzer Schere abschneiden.

75 Mitteldecke, ca. 76 x 76 cm

Zählmuster siehe Bogen D
Stickerei 456 x 456 Gewebefäden / ca. 65 x 65 cm
Material: 0,90 m Zählstoff, 140 cm breit, 7 Gewebefäden / ca. 1 cm (z. B. Leibfried); 12 Str. Schürer Perlgarn 3 und 3 Str. Perlgarn 5 in Eierschale 2543.
Ausführung: In einer Ecke, ca. 13 cm ab Stoffrand, mit dem Sticken lt. Zählmuster beginnen. Den Mustersatz von Pfeil bis Pfeil noch 2mal wiederholen, Ecke gegengleich ergänzen. Für den Plattstich Perlgarn 3, für die Stege Perlgarn 5 verwenden. 8 Gewebefäden außerhalb der Stickerei 4 Gewebefäden ausziehen, an den Ecken nur bis 8 Gewebefäden über die Kreuzungspunkte hinaus. Mit Perlgarn 5 einen verschränkten Hohlsaum arbeiten, siehe Lehrgang. 8 Gewebefäden außerhalb des Hohlsaums ringsum 1 Gewebefaden ausziehen, an den Ecken bis zu den Kreuzungspunkten. Überstehenden Stoff fadengerade auf 9 cm beschneiden. Ecken für einen 3 cm breiten doppelten Saum abschrägen. Saum doppelt umlegen, heften und entlang der Fadenrinne mit einfachem Hohlnahtstich festnähen, dabei jeweils 2 Gewebefäden bündeln. Fertige Stickerei von links unter feuchtem Tuch bügeln.

76 Kissen, ca. 40 x 40 cm

Zählmuster siehe Bogen F
Stickerei 270 x 270 Gewebefäden / ca. 38,5 x 38,5 cm
Material: 0,50 m Zählstoff, 140 cm breit, 7 Gewebefäden / ca. 1 cm (z. B. Leibfried); 3 Str. MEZ Perlgarn 5 in Lindgrün, hell 260.
Ausführung: Stoffzuschnitt 43 x 83 cm, Stoffkanten versäubern. Lt. Zählmuster sticken, das Muster ab Mitte der Kissenvorderseite (im Zählmuster mit * gekennzeichnet) einteilen. Ausführung der Stopfstege siehe Lehrgang. Fertige Stickerei von links unter feuchtem Tuch bügeln und Kissennähte schließen.

77 Runde Decke, ca. 92 cm ∅

Zählmuster siehe Bogen L
Motiv 76 x 76 Gewebefäden / 10,8 x 10,8 cm
Material: 1,00 m Acrylzählstoff, 140 cm breit, 7 Gewebefäden / ca. 1 cm (z. B. Leibfried); 10 Str. DMC Perlgarn 3 in Weiß und 4 Str. Perlgarn 5 in Blaßgelb 745.
Ausführung: Stoffzuschnitt 100 x 100 cm. In Stoffmitte zwei Kreise von 30,5 und 64 cm ∅ mit Vorstichen markieren. Stoff fadengerade zur Hälfte, zum Viertel und zum Achtel falten, Stoffbrüche einbügeln. Auf jeden Kreuzungspunkt von Stoffbruch und Kreiskontur ein Motiv anordnen (Kreuzungspunkt = Motivmitte) und lt. Zählmuster sticken, es zeigt das äußere Mittelmotiv. Stopfstege, Blütenmitten und Steppstiche mit Perlgarn 5, Plattstich mit Perlgarn 3 arbeiten. (Ausführung der Stopfstege siehe Lehrgang). Umrandung (das Zählmuster zeigt ⅛) ab Pfeil a bzw. Pfeil b jeweils gegengleich ausführen. Stoff knappkantig an der Außenbordüre abschneiden. Fertige Decke unter feuchtem Tuch bügeln.

78 Sichtblende, ca. 45 x 90 cm

Zählmuster siehe Bogen F
Bordürenbreite 116 Gewebefäden / 16 cm
Mustersatzlänge ca. 13,5 cm
Material: 0,60 m Zählstoff, 140 cm breit, 7 Gewebefäden / ca. 1 cm (z. B. Zweigart), der Verbrauch richtet sich natürlich nach der jeweiligen Fenstergröße; 9 Str. MEZ Perlgarn 3 und 1 Str. MEZ Perlgarn 8 in Weiß 402.
Ausführung: Stoff zuschneiden, Kanten versäubern. Bordüre lt. Zählmuster sticken, mit 7 cm Abstand zur unteren und seitlichen Stoffkante beginnen. Platt- und Linienstich mit Perlgarn 3, Wickelstege (siehe auch Lehrgang) mit Perlgarn 8 ausführen. Das Motiv lt. Modell 8mal sticken, gegengleich enden, die untere Plattstichborte fortlaufend arbeiten. Über der Bordüre, mit 14 cm Abstand, die untere Plattstichborte noch einmal wdh. Für den Hohlsaum seitlich und unten mit je 4 Fäden Abstand, oben mit 60 Fäden Abstand zur Stickerei 1 Gewebefaden ausziehen, an den Ecken nur bis zu den Kreuzungspunkten. Stoff außerhalb der Fadenrinne auf 6 cm beschneiden. Ecken für einen 2 cm breiten doppelten Saum abschrägen, Saum einlegen und mit einfachen Hohlnahtstichen befestigen, stets 2 Gewebefäden bündeln.

79 Decke mit Tulpen, ca. 125 x 170 cm

Zählmuster siehe Bogen L
Bordürenbreite 80 Gewebefäden / ca. 11,5 cm
Mustersatzlänge 81 Gewebefäden / ca. 11,5 cm
Material: 1,80 m Zählstoff, 140 cm breit, 7 Gewebefäden / ca. 1 cm (z. B. Zweigart); 4 Str. MEZ Perlgarn 5 in Graublau 146, MEZ Pergarn 3 in folgenden oder ähnlichen Farben:
10 Str. Graublau 146
10 Str. Graublau, allerhellstes 144
4 Str. Creme 387
Ausführung: Mit dem Sticken ca. 5 cm ab Stoffrand beginnen. Lt. Zählmuster arbeiten. Den Plattstich mit Perlgarn 3, Stege und Füllungen mit Perlgarn 5 ausführen. An den Schmalseiten insgesamt 8, an den Längsseiten 12 Tulpen sticken. Fertige Stickerei von links unter feuchtem Tuch bügeln. Stoff außerhalb des Plattstichrandes mit scharfer, spitzer Schere vorsichtig ausschneiden.

80 Blaue Decke mit Hardangermotiv

Zählmuster siehe Bogen F
Stickerei ca. 30,5 x 30,5 cm
Material: 1,40 m Zählstoff, 140 cm breit, 10 Gewebefäden / ca. 1 cm (z. B. Zweigart); MEZ Perlgarn 5 und Perlgarn 8 in Weiß 402.
Ausführung: In Stoffmitte ein Quadrat in Stickereigröße markieren. Innerhalb der Markierung lt. Zählmuster sticken (Füllungen siehe Lehrgang). Das Muster ab Pfeil (= Mitte) jeweils gegengleich beenden. Fertige Stickerei von links sorgfältig unter feuchtem Tuch bügeln. Stoff außerhalb der Stickerei auf gleiche Breite beschneiden und säumen.

81 Läufer, ca. 45 x 125 cm

Zählmuster siehe Bogen B
Bordürenbreite ca. 17 cm
Mustersatzlänge 40 Gewebefäden / ca. 5,5 cm
Material: 0,60 m Zählstoff, 140 cm breit, 7 Gewebefäden / ca. 1 cm (z. B. Zweigart); 8 Str. MEZ Perlgarn 3 in Gletscherblau 146; 2 Knl. MEZ Perlgarn 8 in Porzellanblau 132, 1 Str. MEZ Vierfachstickgarn Nr. 16 in hellstem Gletscherblau 130.
Ausführung: Auf dem Stoff die Längsmitte markieren. Lt. Zählmuster sticken, der Doppelpfeil zeigt auf die Bordürenmitte, ab Doppelpfeil gegengleich arbeiten. Stickerei wie folgt ausführen: Plattstich mit Perlgarn 3, Steppstich mit Perlgarn 8. Den Mustersatz von Pfeil bis Pfeil lt. Modell 20mal wdh., gegengleich enden. Stoff innerhalb der Plattstichumrandung ausschneiden. Für den Hohlsaum an den Schmalseiten 2 Gewebefäden, an den Längsseiten 11,5 cm außerhalb der Stickerei einen Gewebefaden ausziehen, an den Ecken nur bis an die Kreuzungspunkte. Stoff außerhalb der Fadenrinne auf 7,5 cm beschneiden. Ecken für einen 2,5 cm breiten doppelten Saum abschrägen, Saum einlegen und mit Vierfachstickgarn mit einfachen Hohlnahtstichen befestigen, stets 2 Gewebefäden bündeln. Fertige Stickerei von links unter feuchtem Tuch bügeln.

82 Deckenmotiv, ca. 72,5 x 72,5 cm

Zählmuster siehe Bogen C
Material: Zählstoff, 10 Gewebefäden / ca. 1 cm (z. B. Zweigart); MEZ Sticktwist in folgenden oder ähnlichen Farben:
— = Violett, hellstes 97
-+- = Blaßviolett 95
Ausführung: Lt. Zählmuster sticken, es zeigt die Hälfte einer Seite. Mit 3fädigem Twist sticken, am besten in Seitenmitte beginnen. Ab Mitte (= Pfeil) gegengleich arbeiten. Erst wenn die Stickerei beendet ist, den Durchbruch beginnen.

83 Mitteldecke, ca. 81 cm ∅

Zählmuster siehe Bogen L
Stickerei 604 x 604 Gewebefäden / ca. 80 x 80 cm
Material: 0,85 m Grob-Siebleinen, 140 cm breit, 7,5 Gewebefäden / ca. 1 cm (z. B. Zweigart); 12 Str. MEZ Perlgarn 3; 4 Str. MEZ Perlgarn 5 und 6 Str. MEZ Vierfchstickgarn Nr. 20, alles in Weiß 402.
Ausführung: Stoffzuschnitt 85 x 85 cm, auf dem Stoff einen Kreis mit 83 cm ∅ um den Mittelpunkt markieren. In Deckenmitte (= * im Zählmuster) mit dem Sticken beginnen. Den Plattstich mit Perlgarn 3, die Steppstichlinien mit Perlgarn 5 und die Stege mit Vierfachstickgarn ausführen. Ab Pfeil das Zählmuster jeweils um 90° drehen und das nächste Viertel sticken. Fertige Stickerei von links unter feuchtem Tuch bügeln. Stoff entlang der markierten Kreiskontur abschneiden. Kante versäubern, knapp außerhalb der gestickten Kreiskontur nach links umlegen und hohl gegensäumen.

84 Weißer Läufer, ca. 44 x 90 cm

Zählmuster siehe Bogen F
1 Mustersatz der Plattstichbordüre 60 x 62 Fadenpaare / ca. 6,7 x 6,9 cm.
Material: 0,60 m Hardangerstoff, 170 cm breit, 9 Fadenpaare / ca. 1 cm (z. B. Leibfried); 16 Str. MEZ Perlgarn 5 in Weiß 402.
Ausführung: Stoffzuschnitt 60 x 110 cm, Stoffkanten versäubern. In Schmalseitenmitte, 11 cm ab Stoffrand mit dem Ausziehen der Gewebefäden für die 5 Längsreihen Waffelstich beginnen: Die mittleren 4 Gewebefäden stehen lassen, dann beiderseits je 4 Fd. ausziehen, 4 Fd. stehenlassen, 4 Fd. ausziehen, 4 Fäden stehenlassen, 4 Fd. ausziehen. (Fd. vorerst nur 1 Stück ausziehen und erst nach Abschluß der Plattstichbordüren fadengerade mit diesen abschließen). 5 Reihen Waffelstich sticken. Mit 8 Fd. Abstand 4 Fd. ausziehen, einen verschränkten Hohlsaum ausführen. Nach weiteren 8 Gewebefäden mit dem Sticken der Plattstichbordüre lt. Zählmuster beginnen. Den Mustersatz (von Pfeil bis Pfeil) insgesamt 12mal sticken, gegengleich abschließen. Danach 8 Gewebefäden stehen lassen, 4 Gewebefäden ausziehen und nochmals den verschränkten Hohlsaum arbeiten. Nach weiteren 8 Gewebefäden für 3 Reihen Waffelstich die Gewebefäden ausziehen (4 Fd. ausziehen, 4 Fäden stehenlassen, 4 Fd. ausziehen, 4 Fäden stehenlassen, 4 Fd. ausziehen, 4 Fäden stehenlassen, 4 Fd. ausziehen). 8 Gewebefäden außerhalb 4 Gewebefäden ausziehen, verschränkten Hohlsaum sticken. Für die zweite Läuferhälfte jeweils gegengleich vorgehen. An den Längsseiten 8 Gewebefäden außerhalb, an den Schmalseiten dicht an der Stickerei ringsum 1 Gewebefaden ausziehen, an den Ecken nur bis zu den Kreuzungspunkten. Stoff fadengerade auf 9 cm beschneiden. Ecken für einen 3 cm breiten, doppelten Saum abschrägen. Saum umlegen, heften und mit einfachen Hohlnahtstichen in der Fadenrinne befestigen, dabei jeweils 3 Gewebefäden bündeln. Fertige Stickerei von links unter feuchtem Tuch bügeln.

85 Weißer Läufer, ca. 49 x 147 cm

Zählmuster A siehe Bogen E, Zählmuster B siehe Bogen C
Stickerei 498 x 1682 Gewebefäden / ca. 41,5 x 140 cm

Material: 1,60 m Leinen, 140 cm breit, 12 Gewebefäden / ca. 1 cm (z. B. Zweigart); MEZ Sticktwist und MEZ Vierfachstickgarn Nr. 12 in Weiß 402.

Ausführung: Stoffzuschnitt 60 x 160 cm, Stoffkanten versäubern. Mitte der Längsseite markieren. In Längsseitenmitte, ca. 18 cm ab Stoffkante, mit dem Sticken lt. Zählmuster A ab Pfeil a beginnen. Plattstiche mit 3fädigem Sticktwist, Stege, Füllungen, Kästchenstich und Hohlsäume mit Vierfachstickgarn arbeiten. Für die Schmalseite das Rautenmotiv ab Pfeil b gegengleich ergänzen. Für die Längsseiten den halben Mustersatz (von Pfeil a bis c) jeweils gegengleich, insgesamt 5mal ausführen, bei der letzten Wiederholung jedoch nur noch bis Doppelpfeil sticken. Die Randbordüre lt. Zählmuster B ausführen, es zeigt die Eckbildung, bis Doppelpfeil ½ Schmalseite und von Pfeil bis Pfeil einen halben Mustersatz der Längsseite. In Schmalseitenmitte mit 23 Gewebefäden Abstand beim ∗ im Zählmuster mit dem Sticken beginnen. Zweite Hälfte gegengleich ergänzen. An den Längsseiten den Mustersatz insgesamt 14mal, jeweils gegengleich ausführen und die Ecken gegengleich ergänzen. Für die Hohlsäume zwischen Stickerei in Läufermitte und Randbordüre sowie am Läuferrand 8 Gewebefäden außerhalb der Randbordüre jeweils 7 Gewebefäden ausziehen, an den Ecken nur bis zu den Kreuzungspunkten und einen Wickelhohlsaum arbeiten. 4 Fd. tief einstechen, je 8 Gewebefäden bündeln. 4 Gewebefäden außerhalb ringsum 1 Gewebefaden bis zu den Kreuzungspunkten in den Ecken ausziehen. Stoff außerhalb der Fadenrinne auf 4,5 cm beschneiden, Ecken für einen ca. 1,5 cm breiten doppelten Saum abschrägen. Saum doppelt umlegen, heften und mit einfachem Hohlnahtstich entlang der Fadenrinne befestigen, dabei jeweils 4 Gewebefäden bündeln.

86 Richelieudeckchen, ca. 35 x 57 cm

Originalgroße Vorzeichnung siehe Bogen G oder vorzuzeichnen mit burda Bügelmuster 866/003, 4,– DM. Bezugsbedingungen siehe Seite 132.

Material: 0,40 m Bielefelder Leinen, 160 cm breit, 20 Gewebefäden / ca. 1 cm (z. B. SM 2000 von Strunkmann u. Meister); 3 Str. MEZ Vierfach-Stickgarn Nr. 20 in Weiß 402.

Ausführung: Stoffzuschnitt 40 x 62 cm. Stoffrand mit Zickzackstich versäubern. Die Vorzeichnung in Stoffmitte übertragen. Die Konturen mit 2 versetzten Vorstichreihen unterlegen, in Verbindung damit auch die Stege einarbeiten. Für jeden Steg 3 Fäden vorspannen und zurückgehend mit Langettenstich übersticken (dabei nicht in den Stoff einstechen, sondern nur die vorgespannten Fäden greifen). Alle Konturen mit dichtem Langettenstich übersticken; der Knotenrand des Stiches zeigt immer zu der Fläche, die später ausgeschnitten wird (in der Vorzeichnung grau unterlegt). Schmale Linien auf den Blättern in Stielstich sticken. Löcher mit kurzen Vorstichen umgrenzen, über Kreuz fadengerade einschneiden und den Stoff mit der Nadelspitze nach links umlegen. Den Lochrand im dichten Bindlochstich umsticken. Fertige Stickerei von links sorgfältig bügeln. Die markierten Stoff-Flächen und den Stoff außerhalb des Bogenrandes mit scharfer, spitzer Schere dicht an der Stickerei aus- bzw. abschneiden.

87 Richelieudeckchen, ca. 50 x 42 cm

Originalgroße Vorzeichnung siehe Bogen H, oder vorzuzeichnen mit burda-Bügelmuster 867/003, 4,– DM. Bezugsbedingungen siehe Seite 132.

Material: 0,50 m Bielefelder Leinen, 160 cm breit, 20 Gewebefäden / ca. 1 cm (z. B. SM 2000 von Strunkmann & Meister); 4 Str. MEZ Vierfachstickgarn Nr. 20 in Weiß 402.

Ausführung: Stoffzuschnitt 50 x 60 cm, Stoffkanten mit Zickzackstich versäubern. In Stoffmitte die Vorzeichnung (sie zeigt ¼ der Stickerei) jeweils ab Pfeil gegengleich übertragen. Ausführung der Stickerei s. Modell 86. Staubgefäße in Knötchenstich sticken. Ausfertigen des Deckchens siehe Modell 86.

88 Kissen mit Richelieustickerei

Musterzeichnung auf Bogen K

Größe der Stickerei 59 x 35 cm

Material: Ein weißer Kissenbezug 80 x 80 cm: MEZ Vierfachstickgarn Nr. 20, in Weiß; 1 feine Sticknadel; 1 scharfe Stickschere; burda-Kopierpapier in Gelb; Transparentpapier.

Ausführung: Die Musterzeichnung vom Bogen (= ½) auf Transparentpapier übertragen. Auf der Vorderseite des Kissens die senkrechte Mitte markieren. Mit ca. 11 cm Abstand zur oberen Stoffkante das Muster mittels Kopierpapier so auf den Stoff übertragen, daß dessen Mitte (= Pfeil) auf der markierten Mitte liegt. Die 2. Hälfte des Musters gegengleich übertragen. Nun zunächst die äußeren Konturen des Musters mit 2 versetzten Vorstichreihen unterlegen. Dabei bereits die äußeren Stege über 3 vorgespannte Fäden im Langettenstich (s. Abb.) ausführen. Danach die äußeren Konturen mit Langettenstich umstechen, wobei darauf zu achten ist, daß der geschlossene Rand des Langettenstichs an den Stoffrand zu liegen kommt, der später beschnitten werden soll. Um diese Konturen noch plastisch hervorzuheben, werden 2 Fäden mitgeführt und überstickt (s. Abb.). Die Konturen von Blüten und Blättern mit Kettenstichen unterlegen und darüber die Langettenstiche arbeiten. Die inneren Teile der Blüten ebenfalls mit Kettenstichen unterlegen und im Plattstich ausarbeiten. Die „Adern" in den Blüten und Blättern mit Stielstichen sticken. Fertige Stickerei bügeln und Stoff ausschneiden. Zunächst den Stoff von rechts über Kreuz einschneiden, dann von links mit spitzer Schere sehr sorgfältig nach und nach abschneiden. Sollte es notwendig sein, nach Fertigstellung der Arbeit das Kissen zu waschen, wird das Ausschneiden erst danach ausgeführt.

89 Läufer in verschiedenen Arten der Weißstickerei, ca. 88 x 50,5 cm groß

Originalgroße Musterzeichnung auf Bogen I.

Material: Ein Stück feines, weißes Leinen, ca. 110 x 70 cm groß; beigefarbenes MEZ-Vierfachstickgarn Nr. 20; eine feine Sticknadel; eine scharfe Stickschere; Transparentpapier und gelbes burda-Kopierpapier.

Ausführung: In den Stoff für die Mitte in Querrichtung einen Bruch einbügeln. Das Muster auf Transparentpapier übertragen, das Muster an der gestrichelten Linie ansetzen. Danach das Muster über dem unterlegten Kopierpapier auf den Stoff zeichnen, dabei darauf achten, daß die gestrichelte Linie des Musters auf die eingebügelte Mitte trifft. Anschließend das Muster um 180° drehen und auf die andere Hälfte des Stoffes aufzeichnen. Die Blütenmotive und die Bogen, welche zum Ausschneiden bestimmt sind, mit kleinen Vorstichen umstechen und dabei die Stege über 3 vorgespannte Fäden im Langettenstich (s. Modell 88) arbeiten. Die Blütenblätter und Bogen mit nach innen liegenden Langettenstichen aussticken. Die nach außen liegenden Bogen der beiden großen Blüten mit Kettenstichen unterlegen und mit nach außen liegendem Langettenstich besticken. Die runden Löcher mit Vorstichen umstechen, kreuzweise in der Mitte einschneiden und im Bindlochstich umstechen. Die Ranken im Stielstich ausführen. Die Blätter mit Kettenstichen unterlegen und im Plattstich übersticken. Den Außenrand mit Vorstichen unterlegen und mit nach außen liegenden, schmalen Langettenstichen umstechen. Die fertige Arbeit waschen, bügeln und dann erst das Ausschneiden der Motive und des Außenrandes vornehmen. Danach nochmals bügeln.

90 Richelieudecke, ca. 170 cm ∅

Originalgroße Vorzeichnung siehe Bogen K
Mittelmotiv ca. 55 cm ∅

Material: 1,80 m Zählstoff, 180 cm breit, 7 Gewebefäden / ca. 1 cm (z. B. Zweigart); MEZ Sticktwist in Creme, hell 926.

Ausführung: Auf den Stoff 2 Kreise mit 55 und 170 cm ∅ markieren. Innerhalb der äußeren Markierung den Musterabschnitt von Pfeil a bis b 6mal, in Deckenmitte den Abschnitt von Pfeil a bis Doppelpfeil (z. Teil gestrichelt gezeichnet) 3mal übertragen. Stickerei wie folgt ausführen: Alle Konturen mit 2 versetzten Vorstichreihen unterlegen – Twist ganzfädig verwenden. Dabei gleichzeitig für die Stege je 3 Fäden vorspannen und rückgehend mit Langettenstichen dicht übersticken (nicht in den Stoff einstechen). Konturen mit dichten Langettenstichen übersticken, die geschlossene Stichkante liegt an dem Rand, der später ab- bzw. ausgeschnitten werden soll (mit Raster unterlegte Flächen). Überstehenden Stoff mit scharfer, spitzer Schere aus- bzw. abschneiden.

90a Tulpenmotive in Richelieu, 20 x 25 cm

Originalgroße Vorzeichnung siehe Decke 90

Material: Stickbatist, 140 cm breit (z. B. Leibfried); für ein Motiv 2 Str. MEZ Sticktwist in Gelbgrün, hellstes 278 und 1 Str. Rosenrosa, dunkel 26.

Ausführung: Motiv auf den Stoff übertragen. Stickerei mit 2fädigem Twist ausführen, siehe Anleitung zur Decke 90. Farbverteilung lt. Abbildung.

91 Richelieumotiv-Anemonen, 19,5 x 19,5 cm

Originalgroße Vorzeichnung siehe Bogen G

Material: Stickbatist, 140 cm breit (z. B. Leibfried); für ein Motiv je 1 Str. MEZ Sticktwist in folgenden oder ähnlichen Farben:

1 = Ginstergelb, allerhellstes 292
2 = Ginstergelb, hell 295
3 = Ginstergelb, dunkel 298
4 = Heidegrün, 280
5 = Gelbgrün, dunkel 281
6 = Olivgrün, dunkelstes 846

Ausführung: Motiv auf den Stoff übertragen. Die Stickerei mit 3fädigem Twist lt. Anleitung 90 ausführen. Blütenmitten im unterlegten Plattstich, Staubgefäße im Knötchenstich sticken, Farbverteilung siehe Vorzeichnung.

92 Kaffeewärmer, ca. 22 x 32 cm

Originalgroße Vorzeichnung auf Bogen I

Material: 1 Stück feines, weißes Leinen 25 x 100 cm; 0,50 m grüner Futterstoff, 140 cm breit; 25 cm Dacron-Wattevlies (Polyester), 120 cm breit; 6 Strg. MEZ Vierfachstickgarn Nr. 16, Weiß 402.

Ausführung: Auf das Leinen die Musterzeichnung 3mal übertragen. Bogenkante zum Halboval ergänzen. Für die Richelieustickerei die Konturen mit 2 versetzten Vorstichreihen unterlegen. Für jeden Steg 3 Fäden vorspannen und zurückgehend mit dichten Langettenstichen sichern (dabei nicht in den Stoff einstechen, sondern nur die vorgespannten Fäden greifen). Die Blatt- und Blütenadern im Stielstich sticken. Alle weiteren Konturen im dichten Langettenstich ausführen. Der Knotenrand der Stiche zeigt immer zu der Fläche, die später ausgeschnitten wird (in der Vorzeichnung grau unterlegt). Die Bogenkante ebenfalls im Langettenstich sticken. Fertige Stickerei sorgfältig bügeln. Die markierten Stoff-Flächen mit scharfer, spitzer Schere dicht an der Stickerei ausschneiden, ebenso die Bogenkante. Am unteren Rand etwa 2 cm Stoff stehenlassen.

Die 3 gestickten Teile an einer Seite, links auf links, bis zum oberen Mittelpunkt dicht an der Bogenkante (s. gestrichelte Linie) zusammensteppen. Aus dem Futterstoff nach der Vorzeichnung (gestrichelte Linie) 6 Halbovale mit 1 cm Nahtzugabe, aus dem Dacron-Vlies 3 Halbovale zuschneiden. Die Futterstoff- und Dacron-Vlies-Teile zu 3 Hauben aus jeweils 3 Teilen zusammennähen, Futterstoffnähte auseinanderbügeln, Hauben wenden, ineinanderschieben, die Dacron-Vlies-Haube dazwischenlegen; Unterkante eingeschlagen zusammensteppen. Die gestickte Haube darüberstülpen, an der Unterkante einschlagen und von Hand unsichtbar annähen.

93 Mitteldeckchen – Schattenstickerei, 83 x 83 cm

Originalgroße Vorzeichnung auf Bogen K
Stickereigröße 52,5 x 52,5 cm

Material: 85 x 85 cm zartgrüner Baumwoll-Batist; 4 Strg. Schürer Mouliné (Sticktwist) Weiß 0010.

Ausführung: Stoffränder mit Zickzackstich versäubern. In Stoffmitte mit Vorstichen ein Quadrat in Stickereigröße markieren. Innerhalb dieser Umgrenzung die Vorzeichnung (sie zeigt ¼ der Stickerei) in jede Ecke einmal übertragen. Die Blütenstiele zeigen nach außen, die kleinen Blüten zur Deckenmitte (s. Abb.). Sticktwist 4fädig verwenden. Blüten und Schleifen in Schattenstich, Blätter und Blütenmitten in Plattstich, Stiele in Stielstich ausführen. Fertige Stickerei von links unter feuchtem Tuch bügeln. Stoffrand 1 cm breit ein- und umlegen, heften und steppen.

94 Richelieuläufer, 35 x 91 cm

Originalgroße Vorzeichnung auf Bogen H

Material: 0,45 m weißes Bielefelder Leinen, 160 cm breit, 20 Gewebefäden/ca. 1 cm; 10 Strg. MEZ Vierfachstickgarn Nr. 16 in Weiß 402.

Ausführung: Stoffzuschnitt 45 x 102 cm. Stoffränder mit Zickzackstich versäubern. 5 cm ab Stoffrand das Motiv übertragen, ab Pfeil in der Vorzeichnung das Muster um 180° drehen und ergänzen. Die Konturen mit 2 versetzten Vorstichreihen unterlegen, in Verbindung damit auch die Stege einarbeiten. Für jeden Steg 3 Fäden vorspannen und zurückgehend mit dichtem Langettenstich übersticken (dabei nicht in den Stoff einstechen, sondern nur die vorgespannten Fäden greifen). Kleine Blättchen und Punkte im unterlegten Plattstich sticken, für die schmalen Linien Stielstich verwenden. Alle weiteren Konturen sowie die Randbogen in dichtem Langettenstich ausführen. Der Knotenrand des Stichs zeigt immer zu der Fläche, die später ausgeschnitten wird (in der Vorzeichnung schraffiert). Fertige Stickerei sorgfältig bügeln, die markierten Stoff-Flächen und die Bogenränder mit scharfer, spitzer Schere dicht an der Stickerei ausschneiden.

95 Lochstickereidecke, ca. 140 x 185 cm

Originalgroße Vorzeichnungen A–C auf Bogen K + L

Material: 2 m Bielefelder Leinen, 160 cm breit, 20 Gewebefäden ca. 1 cm (z. B. Strunkmann & Meister SM 2000); MEZ Vierfachstickgarn Nr. 20 und MEZ Sticktwist.

Ausführung: In Stoffmitte ein Rechteck mit 53 x 95 cm Seitenlänge markieren und entlang der Markierung eine 0,5 cm breite Fadenrinne anlegen. Die Fäden nur bis zu den Kreuzungspunkten ausziehen! An den Schmalseiten, 4,5 cm innerhalb der Fadenrinne, mit dem Ausziehen der Fäden für das Hohlsaumgitter beginnen. Lt. Schema arbeiten, der Pfeil zeigt auf die Seitenmitte (= Anfang). Die Zahlen im Schema geben die cm an. An den Endpunkten der Fadenrinnen die ausgezogenen Fäden 2 cm lang abschneiden und zurückstopfen, evtl. zusätzlich mit Knopflochstichen sichern. Die Fadenrinnen beiderseits mit Hohlnahtstichen sichern, je 4 Gewebefäden greifen. Auf der Gegenseite jeweils dieselben Fadenbündel erfassen, so daß eine Stäbchenhohlnaht entsteht. In die Mitte des Rechtecks das Motiv lt. Vorzeichnung A (¼) übertragen. Außerhalb des Hohlsaum-Rechtecks Kreisbordüre und Eckmotiv lt. Vorzeichnung B und C anordnen. Die Kreise lt. Modellbild fortlaufend wdh. Insgesamt sind an den Schmalseiten 15, an den Längsseiten 21 Kreise. Das über dem 5. Kreis gezeichnete Sträußchen lt. Modellbild über dem Mittelkreis anordnen. Die Stickerei wie folgt auszuführen: Löcher mit geteiltem Twist mit kurzen Vorstichen umgrenzen, über Kreuz fadengerade einschneiden, Stoff mit der Nadelspitze nach links streifen und die Kontur im Bindlochstich dicht übersticken. Blättchen mit Sticktwist im Plattstich, Stiele im Schnur- oder Linienstich sticken. Für den Hohlsaum 5 cm außerhalb der Stickerei 10 Gewebefäden ausziehen, an den Ecken nur bis zu den Kreuzungspunkten. Stoff außerhalb der Fadenrinne auf 9 cm beschneiden; Ecken für einen 3 cm breiten, doppelten Saum abschrägen. Saum einlegen und mit Hohlnahtstichen befestigen. Auf der Gegenseite dieselben Fadenbündel erfassen.

96 Decke mit Blumenkörbchen, ca. 145 x 145 cm

Originalgroße Vorzeichnung A, B + C siehe Bogen K + L
Stickerereigröße der Außenbordüre 114 x 114 cm
Mittelmotiv 25 cm ∅

Material: 1,60 m weißes Bielefelder Leinen, 160 cm breit, 20 Gewebefäden/ca. 1 cm (z. B. SM 2000 von Strunkmann & Meister); 14 Str. MEZ Vierfachstickgarn Nr. 16; für den Hohlsaum 6 Str. MEZ Vierfachstickgarn Nr. 25 – beides Weiß 402.

Ausführung: Stoffränder mit Zickzackstich versäubern. Ca. 22 cm ab Stoffrand in jede Ecke einmal Vorzeichnung A übertragen. Den Mustersatz der Blattranken (vom Pfeil bis Pfeil) nach jeder Seite fortlaufend wdh., in Seitenmitte treffen die Ranken lt. Vorzeichnung B aufeinander. In Deckenmitte Vorzeichnung C übertragen (Blätterkreis ergänzen). Ranken und Linien im Körbchen in Stielstich, Blätter und Punkte im unterlegten Plattstich sticken. Für die im Körbchen ausgestickten Flächen (in der Vorzeichnung gepunktet) Knötchenstich verwenden. Die Blütenkonturen mit 1 Reihe Vorstiche unterlegen, den Stoff innerhalb der Vorstiche fadengerade über Kreuz einschneiden, Stoff nach links umlegen und die Konturen im dichten Bindlochstich umsticken. Den links noch überstehenden Stoff dicht an der Stickerei abschneiden. 11 cm außerhalb der Außenbordüre ringsum für einen 1 cm breiten Hohlsaum ca. 20 Gewebefäden ausziehen, an den Ecken nur bis zu den Kreuzungspunkten. Den Stoff außerhalb der Fadenrinne auf 9 cm beschneiden. Ecken für einen 3 cm breiten doppelten Saum abschrägen. Saum doppelt und fadengerade bis dicht an die Hohlsaumrinne umlegen, anheften und mit einfachem Hohlnahtstich befestigen, jeweils 5 Gewebefäden bündeln. Die Gegenseite ebenso mit Hohlsaumstichen sichern, dabei die gleichen Fadenbündel erfassen (= Stäbchenhohlnaht). In Hohlsaummitte je 2 Fadenbündel mit einem Schlingenknoten zusammenfassen, Ecken jeweils mit einer Spinne ausfüllen. Fertige Stickerei sorgfältig von links unter feuchtem Tuch bügeln.

Vor Beginn der Arbeit die ganze Anleitung durchlesen

97 Weiße Richelieudecke, ca. 110 x 110 cm

Originalgroße Vorzeichnungen auf Bogen G + J

Material: 1,20 m Halbleinen, 140 cm breit (z. B. Zweigart); 41 Strg. MEZ Sticktwist, Farbe Antikrosé 894.

Ausführung: Stoffzuschnitt 115 x 115 cm. In Stoffmitte mit Vorstichen ein Quadrat in Stickereigröße (46 x 46 cm) markieren. Innerhalb dieser Umgrenzung Vorzeichnung A (= ¼ der Mitte) übertragen. 3 cm ab Stoffrand Vorzeichnung B (= ¼ der Decke) 4mal abbildungsgemäß auf den Stoff übertragen. Sticktwist ganzfädig verwenden. Für die Blütenmitten von innen nach außen folgende Sticharten ausführen: Kettenstich, Spannstich, Knötchenstich. Über die restlichen Musterlinien Langettenstich sticken; die geschlossene Stichkante liegt außen bzw. an dem Rand, an dem später der Stoff abgeschnitten wird. Die in der Vorzeichnung markierten Stoffflächen und den am Deckenrand überstehenden Stoff mit scharfer, spitzer Schere sorgfältig aus- bzw. abschneiden.

98 + 99 Decken mit Obstmotiven, ca. 14 cm ∅

Originalgroße Vorzeichnungen auf Bogen H

Material: je 20 x 20 cm Bielefelder Leinen; 20 Gewebefäden/ca. 1 cm; je 1 Strg. MEZ Sticktwist und MEZ Vierfachstickgarn Nr. 25, Weiß 402.

Ausführung: Vorzeichnung auf den Stoff übertragen. Wie folgt sticken: Alle Konturen mit kurzen Vorstichen mit geteiltem Twist nachziehen. Für die Stege je 3 Fäden vorspannen und zurückgehend in Langettenstich dicht übersticken. Über den Musterlinien ebenfalls Langettenstich (mit Vierfachstickgarn) ausführen, die geschlossene Stichkante liegt an dem Rand, der aus- oder abgeschnitten werden soll. Blattadern mit Twist aufsticken. Fertige Stickerei von links sorgfältig bügeln. Überstehenden Stoff ab- bzw. ausschneiden.

100 Leinendecke mit Durchbruch, ca. 130 x 160 cm

Material für Decke und vier Servietten: 2,20 m weißes Leinen, 170 cm breit, 11 Gewebefäden/ca. 1 cm (z. B. Zweigart); 20 Str. MEZ Vierfachstickgarn Nr. 12, Weiß 402.

Ausführung Decke: Stoffzuschnitt 150 x 180 cm. 14 cm ab Stoffrand auf jeder Seite 22 Gewebefäden ausziehen, an den Ecken nur bis zu den Kreuzungspunkten, Enden auf ca. 2 cm beschneiden und auf der linken Stoffseite verwahren. Der Durchbruch wird folgendermaßen im Stopf- und Wickelstich gearbeitet (s. auch Modellbild):

1. Gruppe: 3x je 6 Gewebefäden mit Stopfstich bündeln
2. Gruppe: 1. Drittel der Durchbruchbreite: 5 Fd. umwickeln, die nächsten 2x 5 Fd. mit Stopfstich bündeln und nochmals 5 Fd. umwickeln. Im 2. Drittel jeweils 2x 5 Fd. mit Stopfstichen bündeln. 3. Drittel wie das 1. arbeiten. 1. und 2. Gruppe fortlaufend wiederholen.

Die Ecken mit „Spinnen" füllen. Dafür von Ecke zu Ecke und von einer Seitenmitte zur gegenüberliegenden jeweils 5 Fäden vorspannen, in Mitte eine Spinne einstopfen. Die „Spinnenbeine" im Wickelstich umwickeln. Stoff außerhalb des Durchbruchs auf 12 cm beschneiden. Ecken für einen 4 cm breiten doppelten Saum abschrägen, Saum umlegen, heften und am Rand des Durchbruchs annähen.

Serviette: Stoffzuschnitt 34 x 34 cm. 3 cm ab Stoffrand auf jeder Seite 11 Gewebefäden ausziehen (siehe oben). Für die 1. Gruppe des Durchbruchs je 4 Gewebefäden – für die 2. Gruppe je 3 Gewebefäden bündeln, für die Spinnen je 3 Fäden vorspannen. Einen 1 cm breiten doppelten Saum arbeiten. Arbeitsweise siehe Decke.

101 Tafeldecke mit Richelieustickerei, 130 x 170 cm

Originalgroße Musterzeichnung: burda-Bügelmuster 631/006; DM 6,–; Bezugsbedingungen siehe Seite 132.
Stickerei ca. 88 cm ∅.

Material: 1,80 m reines Leinen, 140 cm breit (z. B. Zweigart); 10 Str. weißes Vierfach-Stickgarn Nr. 20; 4 Str. weißes Vierfach-Stickgarn Nr. 25; 3 Str. MEZ Sticktwist, Schneeweiß 1.

Ausführung: Auf dem Stoff in beiden Richtungen die Mitte markieren. Musterzeichnungen lt. Anweisung des Bügelmusters auf den Stoff aufbügeln. Beim Übertragen des Musters darauf achten, daß die Blütenmotive mit Stiel, die am Rand in eine Zacke auslaufen, fadengerade – also in Schuß- und Kettrichtung liegen. Punkte im Plattstich, Blattadern im Stielstich mit geteiltem Twist sticken. Die Langettenränder mit Vierfachstickgarn 25 unterlegen, in Verbindung damit auch die Stege ausführen (je 3 Fäden vorspannen, rückgehend mit Langettenstich dicht übersticken oder umwickeln, so daß man jeweils zum Ausgangspunkt zurückkommt). Sollte es notwendig sein, die Decke nach dem Sticken zu waschen, so sollte dies vor dem Ausschneiden erfolgen (vor dem Ausschneiden muß die Decke sehr sorgfältig gebügelt worden sein). Man verwendet dafür eine kleine, scharfe und spitze Schere. Ecken für einen 5 cm breiten Saum abschrägen. Saum einschlagen und mit der Hand säumen.

102 Richelieuläufer, 33 x 83 cm

Naturgroße Vorzeichnung auf Bogen I
Stickereigröße 27 x 77 cm

Material: 0,45 m weißes Bielefelder Leinen, 160 cm breit, 20 Gewebefäden/ca. 1 cm (z. B. SM 2000 von Strunkmann & Meister); 10 Strg. MEZ Vierfachstichgarn Nr. 16 und 5 Strg. MEZ Sticktwist in Weiß 402.

Ausführung: Stoffzuschnitt 45 x 95 cm. Stoffränder mit Zickzackstich versäubern. Die gerade Umgrenzungslinie der Vorzeichnung (sie zeigt die Hälfte der Stickerei) mit 9 cm Abstand zum Stoffrand übertragen (die Blattspitzen ragen teilweise in den Saum). Mit Vierfachstickgarn die Konturen mit 2 versetzten Vorstichreihen unterlegen, in Verbindung damit auch die Stege einarbeiten. Für jeden Steg 3 Fäden vorspannen und zurückgehend mit dichtem Langettenstich sichern (dabei nicht in Stoff einstechen, sondern nur die vorgespannten Fäden greifen). Blütenmitte und Punkte in den kleinen und schraffierten Flächen in der großen Blume mit Twist im unterlegten Plattstich sticken, für die schmalen Linien in den Blättern Stielstich verwenden. Alle weiteren Konturen im dichten Langettenstich ausführen. Der Knotenrand des Stiches zeigt immer zu der Fläche, die später ausgeschnitten wird (in der Vorzeichnung grau unterlegt). Fertige Stickerei sorgfältig bügeln. Die markierten Stoff-Flächen mit scharfer, spitzer Schere dicht an der Stickerei ausschneiden. Ecken für einen 3 cm breiten, doppelten Saum abschrägen. Saum fadengerade nach links umlegen, heften und mit unsichtbaren Stichen über dem Langettenrand annähen.

103 Richelieudecke, 140 x 175 cm

Naturgroße Vorzeichnung für den Rand und für das Mittelmotiv vorzuzeichnen mit burda Bügelmuster 817/007, DM 7,–, Bezugsbedingungen siehe Seite 132.
Stickereigröße 125 x 160 cm

Material: 2 m Bielefelder Leinen, 160 cm breit, 20 Gewebefäden/ca. 1 cm (z. B. SM 2000 von Strunkmann & Meister); MEZ Sticktwist und MEZ Vierfachstickgarn Nr. 16 in Weiß 402.

Ausführung: Auf die Stoffmitte ein Rechteck mit 125 x 160 cm Seitenlänge und in beiden Richtungen die Mitte markieren. Muster wie folgt übertragen: in die Ecke 1 große Rose, für die Schmalseite 1mal, für die Längsseite 2mal den Abschnitt von Pfeil a bis Pfeil b übertragen, dann den Rest ergänzen. In der Mitte die Raute lt. Modellbild anordnen. Ausführung der Stickerei siehe Läufer 102. 4 cm außerhalb der Stickerei eine ca. 7 mm breite Fadenrinne anlegen, Fäden nur bis an die Kreuzungspunkte ausziehen. Stoff außerhalb der Fadenrinne auf 9 cm beschneiden. Ecken für einen 3 cm breiten, doppelten Saum abschrägen. Saum nach links umlegen und mit einfachem Hohlnahtstich befestigen, stets 6 Gewebefäden bündeln. Auf der Gegenseite der Fadenrinne dieselben Fadenbündel erfassen. Zum Schluß mit einem Faden je 2 Fadenbündel verschränken.

104 Richelieudeckchen, 56 cm ∅

Naturgroße Vorzeichnung (¼ des Musters) auf Bogen K

Material: 0,60 m weißes Bielefelder Leinen, 160 cm breit, 20 Gewebefäden/ca. 1 cm (z. B. SM 2000 von Strunkmann & Meister); 5 Strg. MEZ Vierfachstickgarn Nr. 16, Weiß 402.

Ausführung: Auf dem Stoff mit Vorstichen einen Kreis mit 56 cm ∅ markieren. Innerhalb dieser Umgrenzung das Motiv 4mal auf den Stoff übertragen, ab Pfeil in der Vorzeichnung das Muster jeweils wdh. (siehe Modellbild). Alle Konturen mit 2 versetzten Vorstichreihen unterlegen, im gleichen Arbeitsgang auch die Stege einarbeiten. Für jeden Steg 3 Fäden vorspannen und zurückgehend mit dichtem Langettenstich übersticken (dabei nur die vorgespannten Fäden greifen, nicht in den Stoff einstechen). Die ovalen Konturen in den Blütenblättern in dichtem Bindlochstich, die Blattrippen in Stielstich ausführen. Alle weiteren Konturen sowie die Randbogen in dichtem Langettenstich arbeiten. Der Knotenrand des Stiches zeigt immer zu der Fläche, die später ausgeschnitten wird (in der Vorzeichnung grau unterlegt). Die fertige Stickerei von links unter feuchtem Tuch bügeln, markierte Flächen und Bogenrand mit scharfer, spitzer Schere dicht an der Stickerei ausschneiden.

Allgemeine Hinweise

Vor Beginn einer Arbeit den Anleitungstext aufmerksam durchlesen. Stoffe stets fadengerade zuschneiden. Schnittkanten durch Umstechen oder mit einer Zickzacknaht vor dem Ausfransen sichern. Wenn nicht anders vermerkt, Muster immer von der Mitte der betreffenden Fläche aus anordnen. Fertige Stickerei auf weicher Unterlage von links sorgfältig bügeln – evtl. unter feuchtem Tuch. In der Regel den Saum als letzte Arbeit ausführen. Das fertige Modell zunächst von links auf weicher Unterlage, dann die unbestickten Flächen von rechts überbügeln (Bügeltuch in jedem Falle auflegen).

Bügelmuster

Wie man Bügelmuster bestellt, steht auf der Seite 132. Für Stickereien nach Bügelmuster eignen sich ausschließlich glatte Stoffe. Bei feingliedrigen Mustern sowie Kreuzstichmustern sollten Gewebe mit nicht weniger als 10 besser 12 Gewebefäden/1 cm verwendet werden. Je nach Sticktechnik können großzügige Entwürfe auf Stoffe bis minimal 7 Gewebefäden/1 cm gebügelt werden. In der Bügelmusterbeilage findet man den Material- und Stickvorschlag und die Bügelanleitung. Bügelmuster sind nur zu jenen Stickerein lieferbar, bei denen es in der Anleitung – in der Regel im Anschluß an die Überschrift – vermerkt ist. Einzelanfertigungen von Bügelmustern sind nicht durchführbar.

Fäden vernähen

Bei Zählstickereien wird der Fadenanfang durch die ersten Verbindungsstiche auf der Rückseite gehalten. Beim Sticken mit Wolle genügt es, 3 oder 4 Verbindungsstiche über den Fadenanfang zu führen, bei Baumwoll-, Metall- oder Seidengarn müssen es mehr Stiche sein. Das Fadenende ist in Richtung der Verbindungsstiche auf der Stoffrückseite zu vernähen.

Bei Plattstich nach freier Zeichnung kann man den Fadenanfang mit einigen Vor- und einem Rückstich innerhalb der Motivform vernähen, bzw. verwahren. Bei Linienstichen den Fadenanfang zu Beginn der Arbeit ca. 6–8 cm hängen lassen und in einigen Verbindungsstichen über der Rückseite vernähen. Fadenende in den Verbindungsstichen auf der Rückseite vernähen.

Farberklärung

Bei vielfarbigen gezählten Stickereien – vor allem Kreuzstich und Gobelin – sind die Farben im Anschluß an die Materialangaben in der Beilage erläutert. Sind größere Flächen innerhalb eines Motives in einer Farbe zu sticken, so ist die Type (das Zeichen, das in der Farberklärung steht) nicht in jedes Feld des Karonetzes eingetragen. Die Fläche ist durch eine Linie begrenzt, und innerhalb dieser Begrenzung steht die Zahl, die in der Farberklärung neben der Type aufgeführt ist.

Man erleichtert sich das Zurechtfinden unter vielen Farben wie folgt: Auf kleine Klebeetiketts (man bekommt sie in Papierfachgeschäften) überträgt man Type und Farbzahl und klebt diese dann auf das entsprechende Garn- oder Wolle-Etikett über dem Strängchen. Außerdem bündelt man die verschiedenen Nuancen einer Farbe, so daß man nie lange suchen muß, um den richtigen Faden zu finden.

Zählmuster

Die Musterbogen und die Beilage enthalten neben den Musterzeichnungen auch Zählvorlagen. Erfahrene Handarbeiter wissen den Wert dieser Zählmusterbogen zu schätzen und behandeln sie entsprechend schonend. Bei umfangreichen, vielfarbigen Arbeiten lohnt sich auch die Mühe, das Zählmuster auf Kästchenpapier mit größerer Karoeinteilung zu übertragen – für das Auge eine wesentliche Entlastung. Kästchenpapier, auch Patronenpapier genannt, ist in guten Papiergeschäften zu haben. Man kann dann natürlich ein Muster vervollständigen, indem man ein Typenmuster, das auf den Bogen nur ein Viertel zeigt, zur Hälfte oder ganz zeichnen.

Kreis und Oval

Soll auf einer Decke der Umfang eines Kreises – eines Ovals – markiert werden, zeichnet man die Konturen am besten auf die Stoffrückseite, und um sie auf die Oberseite zu übertragen, wird die Vorzeichnung mit Heftstichen nachgezogen, für die man Garn in abstechender Farbe verwendet.

Beim Kreis wird im Mittelpunkt eine Reißzwecke befestigt und um diese eine Fadenschlinge gelegt, die in der Länge genau mit dem Halbmesser des Kreises übereinstimmt. Die Spitze des Bleistiftes zieht die Schlinge straff, und in exakt senkrechter Haltung wird der Kreisumfang mit dem Bleistift vorgezeichnet. Abbildung siehe rechts oben!

Für ein Oval wird die Längsachse markiert und auf dieser – mit gleichem Abstand zur Mitte – zwei Reißzwecken aufgesteckt. Je nachdem, ob das Oval länglich oder mehr dem Kreis genähert ausfallen soll, muß der Abstand zur Mitte größer oder kleiner sein (je flacher das Oval, desto größer). Um die Reißzwecken wird eine Fadenschlinge lt. Abbildung gelegt, deren Länge sich nach der Form des Ovals richtet. Sie muß – straffgezogen – die beiden Scheitelpunkte erreichen. Die richtige Länge der Fadenschlinge muß ausprobiert werden. Bei straffgezogener Schlinge mit dem Bleistift, der senkrecht zu halten ist, das Oval aufzeichnen. Bei großen ovalen Decken einen Tischschnitt anfertigen, der mit Stecknadeln auf den Stoff geheftet

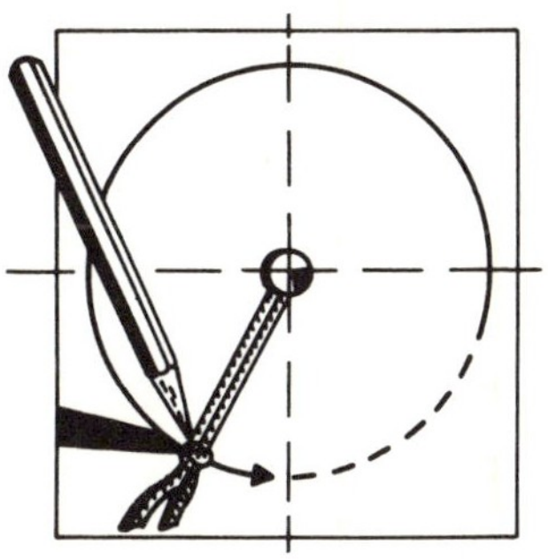

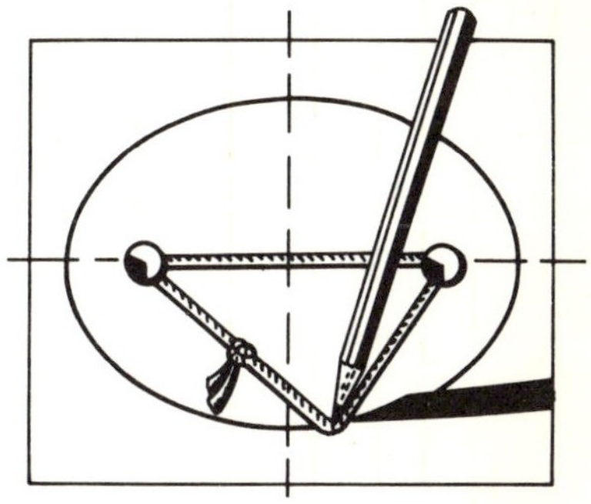

wird. In dem Abstand, wie die Decke überhängen soll, wird auf dem Stoff ein Oval markiert. – Bei Bildern immer vor Stickbeginn den Rahmen besorgen und davon direkt die Fondform übertragen. Dadurch wird die Fertigmontage wesentlich erleichtert.

Musterzeichnung

Die Vorzeichnung wird von der Vorlage (vom Musterbogen) auf Transparentpapier übertragen. Bei runden, quadratischen, rechteckigen und ovalen Formen, bei denen die Zeichnung symmetrisch um die Mitte angeordnet ist, muß mindestens ein Viertel vorgezeichnet werden. Bei fortlaufenden Bordüren sollte man nicht nur einen Mustersatz, sondern wenigstens zwei, besser drei Mustersätze vorzeichnen. Je größer die Vorzeichnung, um so seltener müssen diese und das Kopierpapier beim Übertragen verschoben und wieder neu befestigt werden (dabei sind die Ansatzstellen genau zu beachten).

Stoff rechtwinklig und glatt auf eine harte Unterlage legen, am besten mit Reißnägeln befestigen. Mitte markieren (entweder fadengerade einbügeln oder mit farblich abstechenden Vorstichen bezeichnen).

Bei dünnen, durchsichtigen Stoffen wendet man das Durchzeichnen an. Das Muster liegt in der vorgesehenen Anordnung unter dem Stoff, mit gut gespitztem Bleistift werden alle Linien nachgezogen. Die Vorzeichnung kann auch auf die Stoffrückseite übertragen werden – in diesem Falle allerdings spiegelverkehrt. Auf dichtgewebte Stoffe wird mittels Kopierpapier übertragen. Man schiebt das Kopierpapier – die färbende Seite liegt unten, also direkt auf dem Stoff – zwischen Musterzeichnung und Stoff. Mit spitzem Bleistift, besser mit einer Galalithstricknadel mit nicht zu scharfer Spitze, werden alle Musterlinien nachgezogen oder nur punktiert. Außerhalb der Linien ist jeglicher Druck zu vermeiden, da jede Druckstelle als Farbfleck auf dem Stoff erscheint.

Beim Nachziehen der Linien ist zu bedenken, daß beim Sticken nach Vorzeichnung knapp außerhalb der Musterlinien ein- und auszustechen ist, damit die Farbränder der Linien von der Stickerei eingeschlossen bzw. überdeckt werden. Beim Vorzeichnen und Übertragen deshalb äußerst exakt arbeiten!

Muster mit Bügelmusterstift vorzeichnen

Mit dem DEKA-Bügelmusterstift spart man bei symmetrischen Mustern einen Arbeitsgang. Man kann das Muster sofort mit dem Bügelstift auf Transparentpapier nachzeichnen, und diese Vorlage kann man bereits wie ein Bügelmuster benützen. Bei unsymmetrischen Mustern muß man nach wie vor zunächst die Zeichnung mit gutgespitztem Bleistift übertragen. Danach sind die Musterlinien auf der Rückseite (später die „Bügelseite") mit dem gespitzten Bügelstift nachzuziehen. Diese Seite muß auf den Stoff zu liegen kommen. Die Gebrauchsanleitung ist in allen Punkten genau zu beachten. Mit ein bißchen Fingerspitzengefühl sind zwei Abdrucke erzielbar.

Bei Motiven, die gegengleich anzuordnen sind, kann man dieselbe Vorlage für die gegengleiche Darstellung verwenden, man zieht die Bleistiftlinien mit dem Bügelstift nach und verfährt dann wie vorher beschrieben.